监狱服刑人员
心理咨询实务

赵　丽◎著

云南出版集团
云南人民出版社

图书在版编目（CIP）数据

监狱服刑人员心理咨询实务 / 赵丽著 . —昆明：云南人民出版社，2018.8（2021.7）

ISBN 978-7-222-17244-9

Ⅰ. ①监… Ⅱ . ①赵… Ⅲ . ①犯罪分子—心理咨询 Ⅳ . ① D916.7

中国版本图书馆 CIP 数据核字（2018）第 116142 号

责任编辑：赵　红　任　娜
责任校对：王　逍
责任印制：代隆参
装帧设计：李富昱

监狱服刑人员心理咨询实务

JIANYU FUXING RENYUAN XINLI ZIXUN SHIWU

赵　丽　著

出版　云南出版集团　云南人民出版社
发行　云南人民出版社
社址　昆明市环城西路609号
邮编　650034
网址　www.ynpph.com.cn
E-mail　ynrms@sina.com
开本　787mm×1092mm　1/16
印张　17.25
字数　300千
版次　2018 年 8 月第 1 版　2021 年 7 月第 3 次印刷
印刷　昆明理煋印务有限公司
书号　ISBN 978-7-222-17244-9
定价　58.00元

云南人民出版社微信公众号

如需购买图书、反馈意见，请与我社联系

总编室：0871-64109126　发行部：0871-64108507　审校部：0871-64164626　印制部：0871-64191534

前　言

2004 年 3 月，司法部颁发了经过修订的《监狱服刑人员行为规范》，其中明确规定，监狱服刑人员要接受心理健康教育，配合心理测试，养成健康心理素质。在这一规范中，值得注意的有两点：其一，对监狱押犯的称谓从“罪犯”转变为“服刑人员”。这是以规范性文件的方式确立了“服刑人员”的这一称谓。随着司法刑罚执行理念的发展，改称“服刑人员”是对罪犯人性人权的尊重的表现，是监狱法治发展的一个重要标志①。其二，进一步强调服刑人员心理矫正的必要性，也预示着我国的服刑人员心理咨询工作将会得到更为蓬勃的发展。为了不引起读者的混淆，本书中以往资料涉及的“罪犯”概念外延限定为监禁环境中的服刑人员，即“因被判处刑罚而在监狱中依法服刑的人员”。目前，我国刑事司法系统已经普遍对服刑人员开展心理咨询工作，现有一大批经专业培训后的基层民警以及社会咨询力量都在积极地投身于这一事业，并取得了显著的成绩。就笔者所在地区而言，90% 的监狱和强戒所都设置了专门的心理咨询室，配备了专职或兼职的心理咨询员，对服刑人员做个别咨询或丰富多样的团体咨询，帮助他们缓解或解决具体的心理问题。这些有益的尝试维护了监狱的稳定秩序，并有助于提高对服刑人员的改造质量。自 2000 年以来，监狱工作者十几年的努力解决了心理矫正从无到有的主要任务。已完成的工作确实缓解了大部分服刑人员轻度的心理困扰，但是面对需要个体咨询与辅导的服刑

① 刘宏，曾小斌．犯人，罪犯抑或服刑人员——从称谓转变看监狱服刑人员法律地位的回归［M］．

人员，心理咨询工作似乎还有很大的提高空间。监管工作期待更加突出的心理矫正实效。对心理健康水平普遍偏低、心理障碍多发的服刑人员群体开展更为有效的心理咨询是心理矫正发展的下一个工作重点，同时也有利于心理健康教育、心理团辅活动的开展。服刑人员心理咨询在心理矫正体系中与心理健康教育、心理评估、团体辅导、危机干预相辅相成。

目前服刑人员心理咨询面临的困境也较多：监管场所咨询者的警员双重身份；社会心理咨询力量不了解“服刑人员”心理的特殊性，容易受到该群体掩饰、欺骗性的蒙蔽；刚入职的咨询者带着“拯救”的心态为服刑人员工作，往往感到精疲力竭，于是觉得这个群体“不可救药”；咨询者的专业技能似乎不能引领咨询对象（服刑人员）对内心的探讨走得更远；心理咨询的效果似乎不如预期的那么明显和突出。这些问题的解决意味着服刑人员心理咨询师必须很熟悉服刑人员群体的特殊心理现象，同时也能熟练运用专业的咨询技术。

服刑人员心理咨询工作的专业性，主要是从心理咨询技术的理念和实操来讲。对此，我国早期的罪犯心理矫正工作者对此已有论述：叶俊杰主编的《罪犯心理咨询与矫正》、郭晶英《罪犯心理咨询话语研究》、李金华《罪犯心理咨询的理论与方法》概述一般心理咨询工作结合罪犯实际案例在监狱开展的流程，着重于咨询双方具体的谈话技术，从微观层面对罪犯心理咨询工作给予说明。这些微观角度的总结强调咨询形式和对罪犯的治疗，强调咨询的态度和治疗关系，强调咨询的过程、策略和干预技术。笔者认为这些研究结果解决的是服刑人员心理咨询的专业性问题。

在心理咨询中，咨询对象是一个什么样的人比这个人生什么样的病更为重要。我们在实施所有的专业技术时，我们还需要考虑“服刑人员是什么样的群体”。我们可以而且有必要从服刑人员的群体心理特征角度出发，描画服刑人员全面而准确的“肖像”、他们所面临的问题，从而找到服刑人员心理咨询工作者大致的策略和方向。当然必须要说明的是，为了更加有效地开展服刑人员心理咨询工作，这两个角度的知识和技能都必须掌握。两者相互辅助，缺一不可。

总之，工作在刑事司法系统第一线的心理咨询师一方面需要提高自身心理咨询的理念与谈话技巧（专业性），另一方面还需要了解咨询对象即服刑人员的群体心理特征，把控该特殊群体的心理咨询策略与要点（针对性）。

与我国相比，国外的罪犯心理咨询工作起步比较早，从事这方面的研究人员和实践工作者很多，已形成了成熟的咨询理论和技术。借鉴学习国外罪犯心理咨询的理念和方法，成为有效提高我国服刑人员心理咨询水平的重要途径。鉴于此，本书会呈现部分国外罪犯心理咨询开展的经验，以期对国内的心理咨询工作有所启发。本书借鉴的国外咨询经验主要参考 R.E. 马斯特斯（Ruth E.Masters）《罪犯心理咨询》一书。他人的成熟经验移植到本土，我们也会关心是否会水土不服。因此，笔者参阅了国内学者对我国文化背景下服刑人员心理特征的研究结果加以总结呈现。

本书的大部分章节列出了本章的参考资料、拓展书目、实训任务。这些内容有助于学习者以探究的思维来学习服刑人员心理咨询活动，拓展知识范畴，并通过实训任务训练而进行体验式学习。

这本《监狱服刑人员心理咨询实务》的读者对象主要是刑事司法系统的服刑人员心理咨询师，学习犯罪学、犯罪心理学等相关学科的学生，以及任何从事刑事司法、社区矫正等相关工作的其他人员。

本书共分为六章。第一章为监狱服刑人员心理咨询概述；第二章阐释了监狱服刑人员心理咨询工作组织流程；第三章阐述了监狱服刑人员心理咨询的专业过程；第四章强调对监狱服刑人员情绪问题的处理；第五章根据服刑人员不同的群体特征对不同性别服刑人员、创伤性服刑人员、不同年龄阶段服刑人员以及其他问题类型的服刑人员咨询要点进行阐述；第六章总结陈述了服刑人员心理咨询基于的理论。

本书在完成的过程中，得到诸多同行的帮助。其中有云南省第二女子监狱潘志敏警官、云南省小龙潭监狱第三分监区的牛黎警官、云南省五华监狱的文鑫警官。他们对本书的成稿提供了详细准确的实践经验分享，增加了本书与咨询实践的贴合性。

由于国内对服刑人员的心理咨询工作仍旧处于探索发展时期，在编写过程中，笔者借鉴和总结了国内外对服刑人员心理咨询的各个角度的分析探讨，所得的结论还有值得商榷之处，加之笔者水平有限，时间仓促，错误和不足之处在所难免，希望读者提出批评意见，以便笔者有机会修正。

赵　丽

2018 年 3 月

目　录

技术实训篇

绪 论

当“服刑人员”这四个字映入还未曾实际接触过该群体的学习者的眼帘时，那一瞬间心中必定满是疑惑，甚或有些隐忧。谈论到对“服刑人员心理咨询”时，学习者的脑袋里，可能更要爆裂了，“这是要干什么？”“我要怎么做？”“他们到底是什么样的人？”……是的，对于任何一个要学习服刑人员心理的工作者来说，都可能曾经经历过这样的一个过程，有着瞬间不知所措的体验。

服刑人员群体虽然有些“特殊”，但仍是社会有机整体的一个组成部分，对他们开展一系列的工作也是人类有史以来存在的一种现象，无论这些工作是体罚、禁闭、虐待还是感化、教育、辅导……总之，我们总要做点什么来对这样一个影响社会正常运转的群体施加干预。阅读本书的学习者在此之前或许已经了解了对该类人群的管理方式方法的演变。历史发展到今天，我们对个体违反社会法律、道德规范原因的理解是多元的。这些原因可能包含了遗传的、教养的、生理的、神经的、社会的、心理的等等。对服刑人员开展心理咨询，正是在对该群体认识不断提升背景下逐渐发展起来的。

在我们系统地介绍服刑人员心理咨询之前，我想，有必要让学习者对我们的工作对象有一个初步的认识。如有可能，我当然希望各位学习者有机会去真正接触监禁环境下的服刑人员，不过，如果目前不可行，暂且通过以下的书面资料来满足我们的好奇心。

服刑人员说：“我们也是一个个生动鲜活的个体，我们也有着七情六欲，我们也不清楚自己为何会犯下如此罪行。”

资料 1　汪恒（化名），19 岁，进入监狱不到 1 年。

他曾经是一个很文静，有礼貌，也是很有理想很有抱负的男孩子。在初中时成绩非常出色，是父母的骄傲，老师的宠儿，同学心中的榜样。刚进高中时进行了摸底考试，结果成绩离理想相去甚远，想到自己曾经的辉煌不由失落感倍增。特别是初中的同学陈民（化名），又是高中的同桌，其成绩远远超过了他，这无疑使他更受打击。他强烈地想把成绩搞上去，总怕自己上课漏听了什么，结果，他一听到上课铃声心就会猛烈跳动，整个上课过程就像得了严重的心脏病似的，很难受，可一下课就一切正常了。每次考试他都想着要翻本，可事实是一次比一次差，甚至拿到试卷就会发抖，脑中一片空白。从此他一度萎靡，上课提不起精神，甚至连头也不敢抬，总感觉老师和同学都在笑话他，都在歧视他，认为同学陈民更是有过之而无不及。就在这时他和陈民在宿舍因一点小事发生了冲突，经过老师的教育和开导，事情很容易就解决了。陈民也没再把这件事放在心上，可汪恒却认为这是陈民对他轻视、挑衅的突出表现，又联想到从开学到现在很多次他自认为陈民侮辱他的事情，断定自己有今天全是陈民这个小人背后搞的鬼，他越想越气，决心要报复，但又没胆量，总这样憋着，渐渐地感觉胸闷、心慌、头痛和厌食。最后，他终于无法控制自己，向陈民发出了挑战书，邀陈民晚上到厕所决斗，去时他身带一把水果刀，见到陈民就拔刀相向，造成陈民重伤，结果他被判刑 10 年。

进监狱以后，一直感到压抑。他打不起任何精神，什么兴趣都提不起，茶不思，饭不想，整天低头无语。想想自己以前对大学的期盼，父母与老师的期待，再想想父母因为自己身陷囚牢而现在身体大不如以前，感到非常自责，对整个人生失去了兴趣。

（案例来源大墙内外心理问题探秘）

资料 2　新闻如此说：

在银川市公安局在押人员中，凌刚年龄最小，13 岁 3 个月又 26 天，资格最老，关押整整 3 个月。

1988 年 10 月 3 日下午，凌刚翻墙进入一个居民小院，撬锁行窃时被当场捉住，扭送派出所，因不够“少管”年龄，凌刚被收容站一再“挽留”。

小凌刚命运多舛。6 岁时父母离异，9 岁时父亲酒后打伤了派出所的指导员，被判刑入狱。从此，他领着 7 岁的妹妹自谋生路。

兄妹俩不会做饭，只好变卖锅碗瓢盆换钱填肚子。实在没什么可卖了，他们又把被子里的棉花掏出来卖。不到半月光景，全部家当被他们全部吃进了肚子。家徒四壁，腹中饥肠辘辘，兄妹俩已经一天没吃东西了。夜幕降临时，饥火中烧的凌刚带着哭哭啼啼的妹妹，来到东方红电影院旁边的一家小商店。一个年轻妇女刚称好一包饼干，刚转过脸去付钱，凌刚抓起饼干就跑。到没人的地方，他把饼干递给急不可待的妹妹，自己一块都没吃。深夜，两人又来到一家副食品店门前，饿昏了头的凌刚四顾无人，砸烂玻璃，偷出两盒饼干、一筒午餐肉和三瓶罐头。

第一次偷窃的成功，使小凌刚尝到了甜头。从此后，兄妹俩肚子饿了就偷，走到哪儿偷到哪儿，越偷胆越大，竟然干起撬门别锁的勾当。街道居委会的张大妈跑到派出所要求予以惩治，末了却又叹口气。他虽偷了我们的东西，但也实在太可怜了。派出所的干警把凌刚抓来，审问完了，还要掏出一元钱，让他到街上吃顿饭。凌刚小兄妹的偷窃活动，引起了街道办事处和派出所的注意。鉴于小兄妹无依无靠，他们将凌刚和妹妹送进宁夏社会福利院。

来到社会福利院的第三天，兄妹俩正在花坛边玩，一个精神病人突然从背后掐住凌刚的脖子，差一点结束了他的生命。当天下午，恐慌万状的小凌刚便携带妹妹逃出了福利院。回到家他们发现门上贴了封条，房子被父亲的单位——银川市运输公司汽车九队没收了。从此，两兄妹白天流落市井，夜晚露宿街头，重新开始了偷窃生涯。派出所把他们抓住后送往福利院，送的人前脚走，兄妹俩后脚又逃了出来。

1987 年春节前，孩子们在爸爸妈妈的陪伴下，纷纷走上街头，购买鞭炮。凌刚和妹妹躲在一旁，顾影自怜。入夜，凌刚偷来一书包鞭炮，跑到自家门前燃放起来。公安人员沿街搜捕，兄妹俩无处可藏，连夜逃回 20 里外的福利院。

几经折腾，跑乏了的妹妹再也不愿跟哥哥四处流窜。而变得野性的凌刚，只身跑了出来，混迹于乞丐与小偷中间。白天一起偷摸讨要，夜晚挤睡在烤饼炉旁。一天夜里，炉膛里掉下来的火炭，将凌刚的两条腿烧成重伤。

1985 年，公安部部长刘复之来银川视察，发现关着一个 11 岁的小偷，就对公安局的领导说我们公安局不是“渣滓洞”，你们怎么抓了个“小萝卜头”。赶快放了！想不到两年后，凌刚真成了“小萝卜头”。

1987 年深冬，正在宁夏明水湖劳改农场服刑的凌志霄，听说儿子凌刚从福利院跑失之后，请假出来寻子。他在管教人员的看押下寻遍了银川的大街小巷，最后终于找到了爬着行乞的儿子。

我们的假设和疑问：

1. 这个故事的哪一点触动到你？

2. 你觉得汪恒在哪些方面是可以改进的？

3. 如果你是咨询师，你将把汪恒的故事带到哪一个方向？

4. 你可能会如何做？

5. 你对结果的预期是什么？

当学习者阅读完以上材料，对服刑人员群体有着什么样的体验与感受呢？此时此刻，浮现在你们的脑海里的词语可能有什么呢？他们都是凶神恶煞，冷漠无情，圆滑世故抑或悲情可怜？监狱心理咨询师的专业工作将如何展开？监狱服刑人员群体与社会一般群体的心理咨询活动有何异同？前者的工作特殊性在哪？如何有效开展咨询工作？这些问题将在后续的内容中来一一回答。

在讨论监禁环境下的特殊心理咨询活动之前，本书首先说明该书称谓的由来。

首先，犯人、罪犯、服刑人员称谓的演变影响对咨询活动对象的界定。服刑人员心理咨询这个概念称呼在目前的行业及学术研究中还比较少见。以往的称呼往往是“罪犯心理咨询”。在谈及针对这一特殊群体进行的心理咨询活动时，首先需要界定该活动所针对的对象群体及名称，这不仅有利于我们明确活动开展的情境，还有利于心理咨询理念的体现。

1954年我国第一部监狱法律规范《中华人民共和国劳动改造条例》将监狱押犯称为“犯人”。1994年《中华人民共和国监狱法》采用了罪犯一词作为对监狱押犯的称谓。广义上的罪犯一般是指实施了犯罪行为并被人民法院依法判处刑罚的犯罪分子。狭义上的罪犯意即监狱学上的罪犯，指被人民法院判处死刑缓期二年执行、无期徒刑、有期徒刑，监狱内执行刑罚的犯罪人。2003年全国在北京、天津、上海、江苏、浙江和山东6个省市实行社区矫正工作试点。以此为起点，罪犯概念的外延扩展到在社区矫正环境下接受刑罚执行的犯罪人。无论是接受监狱矫正还是社区矫正，罪犯称谓中的核心内容没有变，即犯罪行为的实施者。对罪犯概念有所反思的是：从犯罪主体来看，犯罪行为的实施者包含了已决犯和未决犯；从事实状态来看，所有在押犯是否全部具有严重危害社会的犯罪行为也是值得商榷的。因此，接受刑罚和矫正的对象称谓开始转变。

2004年司法部颁布《监狱服刑人员行为规范》，对监狱押犯的称谓由“罪犯”转变为“服刑人员”。服刑人员从其字义上来看，仅指经人民法院刑事判决生效判处监禁刑罚，被依法剥夺人身自由而在监狱依法服刑的人员。这里更多的是强调其服刑的状态。

因此本书对监狱押犯的称呼，也采取“服刑人员”的称谓，对该群体的心理咨询活动称为服刑人员心理咨询。本书的阅读者需要了解到这一称谓采用的缘由，便于与之前的研究形成知识链接，但在叙述与呈现以往的研究时，本书为保持以往研究陈述的原貌，会出现“罪犯心理咨询”“罪犯心理矫正”等这样的称呼。读者需要知道这两者所指群体为同一对象。

其次，读者还需要明确，本书中所指的服刑人员主要指的是在监狱接受刑罚、矫正的人员。社区服刑人员主要是被判处管制、被宣告缓刑、被裁定假释，并在社会上服刑、被暂予监外执行的5种罪犯。其中罪行较轻、主观恶性不大的未成年犯、老弱病残犯、女犯以及罪行较轻的初犯、过失犯等是重点对象。社区服刑人员的自身犯罪行为特点及接受刑罚、矫正的环境与监狱服刑人员的差异性较大。本书所述的心理咨询内容主要针对监狱服刑人员，也可参考运用于社区服刑人员。

再次，本书主要集中讨论个体心理咨询的方案与技术，而不涉及团体心理咨询的相关内容。

本书对咨询活动中两个主体的称谓。咨询活动的主导者以“监狱心理咨询师”作为称谓。“监狱服刑人员”或“求询者”称谓则分别从刑事法学角度和心理咨询活动另一参与者的角度来称谓。本书在不同的讨论情境中会运用到不同的称谓，学习者需要了解到具体所指对象相同。

为了更好地理解刑事司法领域的服刑人员心理咨询活动，本书在前面一、二章节将为大家初步展示监狱服刑人员个体心理咨询工作的全貌。这相当于从高空俯瞰工作地图，有利于我们能快速了解全局。学习者后续可进一步从三、四、五、六这几个章节了解服刑人员心理咨询实务技术的具体展开。

知识概述篇

第一章　监狱服刑人员心理咨询概述

第一节　监狱服刑人员心理咨询相关概念辨析

一、犯人、罪犯、服刑人员称谓的演变

服刑人员心理咨询这个概念称呼在目前的行业及学术研究中还比较少见。以往的称呼往往是“罪犯心理咨询”。在谈及针对这一特殊群体进行的心理咨询活动时，首先需要界定该活动所针对的对象群体及名称，这不仅有利于我们明确活动开展的情境，还有利于心理咨询理念的体现。

1954 年我国第一部监狱法律规范《中华人民共和国劳动改造条例》将监狱押犯称为“犯人”。1994 年《中华人民共和国监狱法》采用了罪犯一词作为对监狱押犯的称谓。广义上的罪犯一般是指实施了犯罪行为并被人民法院依法判处刑罚的犯罪分子。狭义上的罪犯意即监狱学上的罪犯，指被人民法院判处死刑缓期二年执行、无期徒刑、有期徒刑，监狱内执行刑罚的犯罪人。2003 年北京、天津、上海、江苏、浙江和山东 6 个省市实行社区矫正工作试点。以此为起点，罪犯概念的外延扩展到在社区矫正环境下接受刑罚执行的犯罪人。无论是接受监狱矫正还是社区矫正，罪犯称谓中的核心内容没有变，即犯罪行为的实施者。对罪犯概念有所反思的是：从犯罪主体来看，犯罪行为的实施者包含了已决犯和未决犯；从事实状态来看，所有在押犯是否全部具有严重危害社会的犯罪行为也是值得商榷的。因此，接受刑罚和矫正的对象称谓开始转变。

2004 年司法部颁布《监狱服刑人员行为规范》，对监狱押犯的称谓由“罪犯”转变为“服刑人员”。服刑人员从其字义上来看，仅指经人民法院生效刑

事判决判处监禁刑罚，被依法剥夺人身自由而在监狱依法服刑的人员。这里更多的是强调其服刑的状态。

因此本文对监狱押犯的称呼，也采取服刑人员的称谓，对该群体的心理咨询活动称为服刑人员心理咨询。本书的阅读者需要了解到这一称谓采用的缘由，便于与之前的研究形成知识链接，但在叙述与呈现以往的研究时，本书为保持以往研究陈述的原貌，会出现“罪犯心理咨询”“罪犯心理矫正”等这样的称呼。读者需要知道这两者所指对象相同。

二、监狱服刑人员心理矫正与社区服刑人员心理矫正

本书中所指的服刑人员主要指的是在监狱接受刑罚、矫正的人员。社区服刑人员主要是被判处管制、被宣告缓刑、被裁定假释，并在社会上服刑、被暂予监外执行的 5 种罪犯，其中罪行较轻、主观恶性不大的未成年犯、老弱病残犯、女犯以及罪行较轻的初犯、过失犯等是重点对象。社区服刑人员的自身犯罪行为特点及接受刑罚、矫正的环境与监狱服刑人员的差异性较大。本书所述的心理咨询内容主要针对监狱服刑人员，也可以有选择地适用于社区服刑人员。

三、个体心理咨询与团体心理咨询

本书主要讨论个体心理咨询的方案与技术，而不涉及团体心理咨询的相关内容。个体心理咨询技术主要指的是来访者和咨询师单独的、一对一的治疗形式。如果将有相似问题的来访者组成小组，在一个咨询师的指导下进行小组讨论和分享就是心理咨询的另外一种形式：团体咨询。

团体咨询有其独特的优势，例如低成本，咨询师可以同时面对多个来访者；来访者可以看到其他人如何看待和处理同样的问题；治疗师和来访者可以看到其他来访者如何与人互动；可以得到与自己有相同或相似问题的人群的社会和情绪支持。有研究表明，由于战争而患上抑郁症的青春期少女接受团体咨询或治疗后抑郁水平显著下降。还有研究表明接受团体咨询的乳腺癌患者相比较于接受一对一的咨询或者不接受心理咨询的患者，其存活率和康复率更高。

当然团体治疗并不适用于所有的情况，它也有着某些劣势：有着更多的人

知道来访者的秘密，某些来访者缺乏安全感，不愿自由发言；极度害羞的个体可能在团体环境中难于表达自己。

一项有关一对一咨询和团体咨询疗效的对比研究发现，团体治疗只在长期治疗中有效，并且当治疗目标是提升社交力而非改善某些带有个体特征的心理问题症状时更加有效。

考虑到监狱心理咨询活动开展的条件（服刑人员因客观原因中断咨询以及人格、认知、情绪和行为症状的严重性），个体心理咨询应当同团体咨询结合使用，如有条件，可以配合生物医学疗法共同实施。

四、罪犯心理矫治与罪犯心理矫正

探讨服刑人员的心理干预时，"罪犯心理矫治"与"罪犯心理矫正"常引起我们的混淆。研究者对这两者做了怎样的诠释呢?

学者章恩友在其《罪犯心理矫治》一书中，对"罪犯心理矫治"的界定是："监狱运用心理科学的原理和方法，通过对罪犯开展心理健康教育、心理评估、心理咨询与治疗、心理危机干预等一系列活动，帮助他们消除犯罪心理及其他心理问题，维护心理健康，重塑健全人格，提高适应社会的能力，以促进改造目标的实现。"①

学者马立骥在其《罪犯心理与矫正》一书中对"罪犯心理矫正"的界定是：系统运用心理学的理论与方法技术，矫正罪犯的不良心理结构或心理障碍，改造罪犯心理结构，完善其人格的一种活动；心理矫正是一种改造手段，通过改变罪犯的认知、情绪和行为，完善他们的人格，使他们更好地适应社会，不致再重新犯罪②。

前者对罪犯心理矫治的界定，主要从方法角度列举了主要的措施与手段；后者则是从方法和手段工作的不同心理层面进行阐述。前者认为所有的心理干预工作是促进改造的有效辅助工具；后者则认为其本身就是改造手段，对心理干预的作用的评定提升到与劳动、监管同等的位置。两者具有相同的目标，期望有更好的人格建立，适应社会，都认为采取心理干预是实现改造目标的手段。

---

① 章恩友．监狱心理矫治［M］．北京：中国民主法治出版社，2007：3.

② 马立骥．罪犯心理与矫正［M］．北京：中国政法大学出版社，2013：22.

罪犯心理矫治、罪犯心理矫正之间的概念区分似乎交错融合，很难清楚找到这两者之间的本质区别点。据笔者对现有资料的调查了解，目前这两者的界定，还没有一个确切的判断。从笔者角度来看，两种称呼所指称的活动内容与目的有很大的重合性，之所以有不同的称呼，主要是从不同的角度来看待这一活动。

罪犯心理矫治主要是从医学的角度审视罪犯群体的不良心理特征，将其看成一种“疾病”，矫治是一种治疗；罪犯心理矫正则更多的是从社会化的角度把罪犯群体的不良心理特征看成其“社会化失败”的表现。“社会化失败”可能表现在“不完全社会化”与“错误社会化”两个方面。所谓“不完全社会化”，指的是个体的社会化程度没有达到该社会中正常人（大多数人）的水平；而“错误社会化”，则是指个体在成长过程中，接受了与社会规范背道而驰的反社会观念，形成了反社会的人格，以致同正常的社会生活格格不入。面对这些社会化的“失败者”，要想使其重新回归正常社会，就需要经历一个“再社会化”（resocialization）的过程，即“改变原已习得的价值标准和行为规范，建立新的价值标准和行为规范，确立新的生活目标的过程”（周晓虹，1997：161）。矫正是为了让其经历“再社会化”过程能重新回归正常的社会生活。

以上对两个概念的区分，着重从理论探讨的角度来分析，实践工作者无须刻意强调自己的工作是罪犯心理矫治还是罪犯心理矫正。在这两种称谓的争论中，实践工作者将目光投向工作实践更加具有实际意义。本书以罪犯心理矫正概念指代相关内容。

五、罪犯心理咨询与罪犯心理矫正

如前所述，学者章恩友在其《罪犯心理矫治》一书中，对“罪犯心理矫治”的界定是：“监狱运用心理科学的原理和方法，通过对罪犯开展心理健康教育、心理评估、心理咨询与治疗、心理危机干预等一系列活动，帮助他们消除犯罪心理及其他心理问题，维护心理健康，重塑健全人格，提高适应社会的能力，以促进改造目标的实现。”[①] 从中可以看到，罪犯心理矫正（矫治）涵盖“心理健康教育、心理评估、心理咨询与治疗、心理危机干预等一系列活动”。心理

---

① 章恩友．监狱心理矫治［M］．北京：中国民主法治出版社，2007：3.

咨询与心理治疗是矫正的主要手段与方法，是心理矫正体系的一个组成部分。

心理科学是一门外延极广的学科，几乎所有对服刑人员开展的工作，都能找到心理学的理论依据，但并不是所有的工作都能称为心理矫正工作。比如思想教育运用强制灌输遵纪守法、互助互爱的理念来改变认知；通过强制性的劳动破除和矫正好逸恶劳的恶习；对严重违规违纪服刑人员采取的“禁闭”和“单独管理”措施，是应用“感觉剥夺”来惩戒以及“静省”来反思过错。“严管”或“高戒备管理”中运用强制性的“行为矫正”来塑造遵纪行为等。以上工作虽然都能找到心理学的依据和原理，但是并不能称之为心理矫正工作，更不能称之为心理咨询工作。

鉴于此，笔者在本书中将服刑人员心理咨询看作是罪犯心理矫正活动的组成。罪犯（服刑人员）心理咨询着重强调个体双方之间的会谈技术、干预技术、关系建立。它与罪犯心理评估、罪犯心理教育、罪犯心理危机干预紧密相连，互为补充，共同构成了罪犯心理矫正活动。

六、监狱服刑人员心理咨询与一般心理咨询

研究者马立骥在 2014 年《监狱心理咨询的探索与展望》中对罪犯心理咨询的概念进行了定义：心理咨询师在监狱帮助服刑咨询者解决心理问题的过程。服刑人员心理咨询与一般心理咨询的关系主要表现在以下几个方面。

服刑人员心理咨询是针对特殊对象开展的心理咨询活动。一般心理咨询活动的技术及原则是服刑人员心理咨询的基础。两者的联系与区别在于：

第一，两者都以强调建立良好的人际关系为基础。其中服刑人员心理咨询中的实施主体为监狱心理咨询师，以社会心理咨询人员为辅。咨询的对象是在监狱接受改造的服刑人员。

第二，它们在理论和措施方法上存在共通和交替使用的情况，传统的精神分析疗法、行为疗法、求询者中心疗法等理论和技术，在服刑人员心理咨询和心理治疗中都可以运用。

第三，它们都是为服刑求询者提供心理帮助的过程，直接目标是为了转变服刑求询者不合理认知，稳定消极情绪，提高适应性行为，最终目标是纠正心理偏差，提高服刑人员心理健康水平，完善健康人格，维护监狱安全稳定，提

高服刑人员改造质量，降低刑满释放人员重新犯罪率。[①]

七、心理咨询与心理治疗的区分

在历史的沿袭上，由于广义和狭义的不同理解，口语化的表述，监狱心理咨询、心理矫治、心理治疗这些概念存在混淆和混用的情况，甚至一些从事服刑人员心理工作的监狱心理咨询师对此也存在着认识模糊，在表述上也较为随意。在监狱心理咨询普及推广的初级阶段，这样的情况似乎并未造成多大的困扰！但从长远的发展来看，对这些概念进行认真区分，有利于明确监狱心理咨询在心理矫正体系中的定位，有利于推动监狱心理咨询、心理矫正更专业、更健康地发展。

在我国，心理咨询与心理治疗的区分也引起学者对它们的讨论。有研究者认为，从事心理咨询的工作者没有处方权，他们开展的是“发展性咨询”；而从事心理治疗的工作者则具备这样的权利，他们似乎面对的是“障碍性咨询”。也许这样的表述更有助于我们的理解。考虑到对来访者干预的效用，对这两者在实践中进行区分，似乎意义并不大。为解决初学者对这两个概念产生的疑惑，在此做简略说明。

咨询（counseling）和治疗（psychotherapy）这两个概念常常被咨询者交替使用。两个概念其目的具有共性，都是帮助求助者形成健康的心理素质，能够以更加积极有效的行为应对自身的问题，并拥有个人效能感和做出负责任的决策（Hatcher，1978），但也有一定的区别。

哈恩（M.E.Hahn）1953 年曾经说过：“就我所知，极少有咨询工作者和心理治疗家对于已有的在咨询与心理治疗之间明确的区分感到满意……意见最一致的几点可能是：（1）心理咨询与心理治疗是不可能完全区别开的；（2）咨询者的实践在心理治疗家看来是心理治疗；（3）心理治疗家的实践又被咨询者看作是咨询；（4）尽管如此，心理咨询和心理治疗还是不同的。”[②] 这段表述虽不甚明确，但却是迄今为止对心理咨询与心理治疗关系最为恰当的表述，较好地表达

① 马立骥 . 监狱心理咨询的探索与展望［M］. 武汉：武汉大学出版社，2014：2.

② 钱铭怡 . 心理咨询与治疗［M］. 北京：北京大学出版社，2001：5.

了学者们的意见分歧之所在。

在香港城市大学任教的岳晓东博士曾经提出过心理健康与咨询中的“灰色区”概念，认为人的精神的正常与不正常没有明确界限，是一个连续变化的过程①（见下图）。

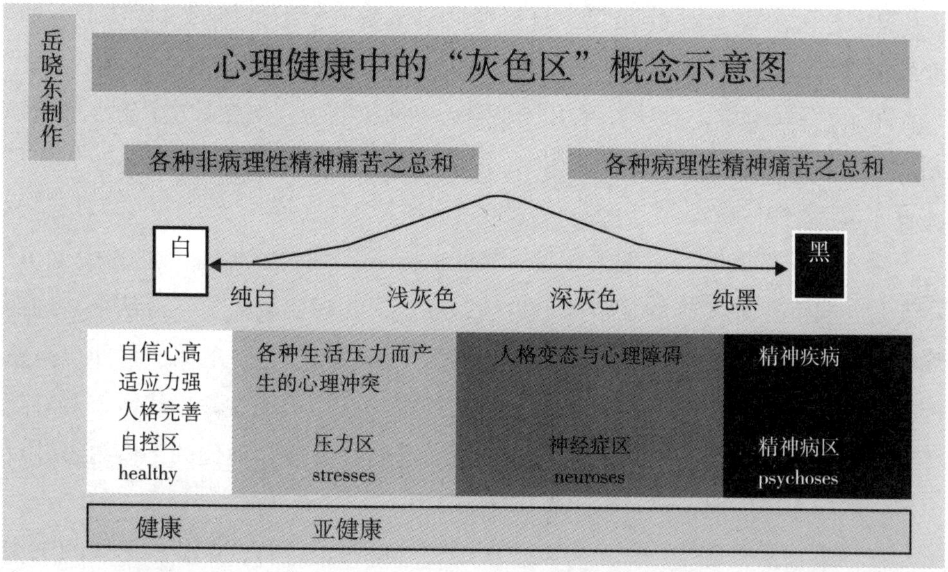

本书也秉持这一概念。人的不同心理状态之间，有许多交叉、重叠、相互渗透之处，无论哪种人为的划分方法，都可能存在片面性。对于心理咨询与心理治疗的区分性认识，本书参照学者马立骥在《监狱心理咨询的探索与展望》一书中的分析②。

第一，心理咨询所着重处理的是心理健康者的发展问题，或轻微心理不健康者的心理问题，包括情绪控制、婚姻家庭、人际关系、职业选择方面的问题等。心理治疗的适应范围则主要是严重心理问题、确定的或可疑的神经症、变态人格、康复中的精神障碍患者等。

第二，心理咨询是咨询师协助求询者解决心理问题的过程，求询者是自愿和自主的（体现主动性），心理治疗是咨询师对患者的各类心理与行为问题进行矫治的过程（患者有可能是被动的，有时还可能带有强制性的意味）。

① 张小乔 . 心理咨询的理论与操作［M］. 北京：中国人民大学出版社，1998：13.

② 马立骥 . 监狱心理咨询的探索与展望［M］. 武汉：武汉大学出版社，2014：2.

第三，心理咨询在意识层次进行，更重视其教育性、支持性、指导性工作，焦点在于找出已经存在于来访者自身的内在因素，并使之得到发展或在对现存条件分析的基础上提供改进意见。心理治疗的某些学派，主要针对无意识领域进行工作，并且其工作具有对峙性，重点在于重建病人的人格。

第四，心理咨询工作是更为直接地针对某些有限的具体的目标而进行的。心理治疗的目的则比较模糊，其目标是使人产生改变和进步。

第五，一般来说，心理咨询用时较短，咨询次数为一次至数次；而心理治疗相对用时较长，治疗由几次到几十次不等，甚至更多，情况复杂的要经年累月才可完成。

第六，心理咨询与心理治疗家所接受的专业训练内容相同。在我国，2013年5月1日起正式实施的《精神卫生法》规定，心理咨询人员不得从事心理治疗或者精神障碍的诊断、治疗。心理咨询人员发现接受咨询的人员可能患有精神障碍的，应当建议其到符合精神卫生法规定的医疗机构就诊。从国家对心理咨询活动的界定来看，心理咨询的人员没有药物处方权，他们的工作内容针对个体一般的心理问题，进行陪伴、指导等工作。

在刑事司法系统中，并不存在所谓的咨询师与治疗师的区分，不同的工作内容很大程度都是由同一人完成，因此过于区别这两个过程没有太大的价值。作为监狱服刑人员心理咨询的学习者可以对以上的内容进行工作趋向性的认识，但在工作实践中并不容易区分自己所做的工作是心理咨询或者心理治疗。

参考文献

［1］刘宏，曾小滨．犯人、罪犯抑或服刑人员——从称谓转变看监狱服刑人员法律地位的回归［J］．法制与社会，2008，卷缺失（23）：80–81.

［2］叶俊杰．罪犯心理咨询与矫正［M］．湖北：华中科技大学出版社，2011.

拓展书目

钱铭怡. 心理咨询与治疗［M］. 北京：北京大学出版社，2001.

张小乔. 心理咨询的理论与操作［M］. 北京：中国人民大学出版社，1998.

章恩友. 监狱心理矫治［M］. 北京：中国民主法治出版社，2007.

马立骥. 罪犯心理与矫正［M］. 北京：中国政法大学出版社，2013.

马立骥. 监狱心理咨询的探索与展望［M］. 武汉：武汉大学出版社，2014.

第二节　监狱服刑人员心理咨询活动主体分析

监狱服刑人员心理咨询活动是心理咨询活动针对特殊人群的运用。了解该活动中两个参与主体的特质及扮演的角色对理解活动本身具有积极作用。本节将为读者呈现双方各自与心理咨询活动相关的特点及角色。

一、监狱服刑人员心理咨询师

在监狱环境下针对服刑人员开展心理咨询工作的咨询师有两个群体：社会心理咨询工作者、监狱民警心理咨询师。后者是监狱心理咨询师主体，其有两个身份[①]：一个是监狱人民警察，履行刑罚执行、狱政管理、教育改造等工作职责；另一身份是通过国家心理咨询师考试，具有心理咨询从业资质的心理咨询师，参与监狱心理咨询等工作。

2001 年，当时的国家劳动和社会保障部（现在更名为中华人民共和国人力资源和社会保障部）开始进行国家心理咨询师职业技能的考核鉴定工作，心理咨询师正式成为一种职业。司法部监狱管理局抓住有利时机，统一部署和推动全国监狱人民警察心理咨询师的培训与培养工作，各地将民警心理咨询师的考证工作列入政工考核目标，监狱民警心理咨询师队伍迅速发展壮大起来。

（一）社会心理咨询工作者的初期介入

在监狱心理咨询师完全承担监狱心理咨询工作之前，许多监狱都曾有过外

① 马立骥. 监狱心理咨询的探索与展望［M］. 武汉：武汉大学出版社，2014.

聘社会心理咨询工作者进监指导，或者直接开展心理咨询的经历，这一时期主要集中在2001年国家心理咨询师职业技能考核鉴定之前，以及开展鉴定工作的初期。此前，心理咨询师并未成为正式的社会职业，整个社会心理咨询的培训与工作开展均处于不规范的无序状态，在监狱这个特殊场所内更是处于萌芽之中——许多有识之士已经意识到了针对服刑人员开展心理咨询工作的重要性，但是对于如何开展工作却严重缺乏经验。此时，外聘社会心理工作者（主要是社会上的高等院校、科研院所的心理学工作者、专科医院的心理专业工作者等）进监工作，对于带动和帮助监狱服刑人员心理咨询工作起步开展，起到了不可替代的作用。社会心理咨询工作者进监开展心理咨询工作，通常有两种基本的开展形式：一种是面对面的心理咨询，包括个体面对面心理咨询和团体面对面心理咨询，常用在同一性别咨询过程中（也有少量异性社会咨询工作者参与）；另一种是非面对面心理咨询，包括书信咨询、电话咨询、网络视频心理咨询，常用在异性咨询过程中。

社会心理咨询工作者进监开展心理咨询工作弥补了监狱矫正力量的不足，同时也在一定程度上有效缓和了监狱心理咨询师的单一性和相关矛盾的产生。相关矛盾主要有以下几点。一是执法者与被执法者、管理者与被管理者天然的矛盾。通常，服刑人员对监狱人民警察或多或少都有些戒备心理和对立情绪，一些深层次的想法和情绪不容易暴露。二是监狱警察原来所学专业大多数是刑事执行专业，具有心理学、医学或教育学学科背景的人员比较少，心理矫正的专业水平有待提高，要想独立地适应当前监狱心理矫正工作正常化开展，道路还比较漫长。

外聘社会心理咨询师这一过渡阶段虽然重要，但总体上持续的时间并不算长，有序进行下去的难度也比较大，究其原因，主要是这一模式存在着以下几个方面的制约因素。

1. 咨询时间的限制

大多数社会心理咨询工作者在平常都有各自的工作，周一至周五期间较难安排统一的进监咨询。周六至周日即使是社会心理咨询工作者能放弃休息时间，但周末同样是监狱的公休时间，由于警力薄弱，在咨询对接安排上，存在时间的冲突和限制。此外，社会心理咨询工作者每次进监咨询一般安排在每日的工作时间内，除去书面申请、层层审批、咨询者带人、求询者通知和带人等时间后，总的咨询时间不长，心理咨询的效率较难保障。

2. 咨询形式的限制

出于人身安全方面的考虑，社会心理咨询工作者安排的咨询形式有两种。一种是非面对面心理咨询，如电话、视频咨询，主要适用异性心理咨询师，在咨询形式上存在一定的局限性；另一种是面对面心理咨询，但按照相关规定，需要监狱另外安排民警全程陪同，一方面牵涉警力较大，另一方面求助服刑人员也会有所顾虑，难以敞开心扉。在一些监狱，为方便异性心理咨询师进行面对面心理咨询，或解决社会心理咨询工作者的安全性问题，专门设置了带有隔离栏或者透明玻璃隔离的咨询室。咨询时，求询者坐在隔离栏内，咨询师坐在隔离栏外，隔着栏杆进行咨询。虽然只是进行了部分物理隔离，但我们可想而知，物理的隔离肯定会产生心理隔离。这样的咨询模式也必然会影响到咨询效果。

3. 供求矛盾的限制

一方面，受时间和咨询形式的限制，总体上能安排的外聘社会心理咨询提供量，与监狱内大量的心理咨询求助需求量相比，存在着明显的供求矛盾。另一方面，外聘社会心理咨询无法克服的"延时性"特点，与求询者求助愿望的"即时性"需求存在着明显的供求矛盾。

4. 咨询经费的限制

外聘社会心理咨询的形式，不可避免地要涉及社会心理咨询工作者的交通费、用餐费、咨询费等费用问题。一方面，监狱心理咨询总体费用有限。外聘费用必然挤占其他心理咨询费用开支。另一方面，单个咨询费用的设定是个两难的问题。如果咨询费用设置相对"过低"或"免费咨询"，容易挫伤外聘社会心理咨询工作者的咨询积极性。如果设定的咨询费用与社会上的费用相当，不但监狱的咨询经费难以承受，同时，对于几近义务的监狱内部心理咨询工作者来说，也难免会挫伤他们的工作积极性。

5. 咨询效果难以保证

监狱工作有自身的特殊性，服刑人员心理问题又普遍与其犯罪、逮捕、审讯、判刑、关押、减刑假释、保外就医等法律法规，或者与狱政管理、考核奖惩、劳动生产、医疗卫生等监狱政策息息相关。社会心理咨询工作者一般具有专业的心理学知识背景与技能，又有多年从事心理咨询相关工作的经验，但是对监狱的性质和服刑人员的生活状态不甚熟悉，对监狱的监管改造与教育工作不太了解，对服刑人员心理的深度把握难免有所欠缺，这也必然影响到咨询的效果。

（二）监狱民警心理咨询师快速成长

在外聘社会心理咨询工作者的带动和帮助下，监狱心理咨询工作者积累了初步的实践经验，对心理学的知识、心理咨询的理念和技术有了初步的了解。心理咨询职业化进程开始后，一方面，监狱民警心理咨询师队伍数量迅速成长起来。至 2014 年 6 月，全国监狱系统取得国家心理咨询师资格的警察已超过 3 万人。另一方面，随着监狱心理咨询实践不断地深入开展和理论总结，监狱民警咨询师专业水平提升迅速。监狱民警心理咨询师不论从数量上还是从质量上，基本已能承担起开展监狱心理咨询工作的主体重任。因此，监狱民警心理咨询师目前已成长为监狱心理咨询的主要力量，社会心理咨询工作者转而在监狱民警咨询师的个人督导、各级培训及科研项目合作上继续发挥着重要作用，为监狱心理咨询工作的进一步提升，继续做出贡献[①]。

1. 监狱民警心理咨询师的角色定位

在心理咨询过程中，心理咨询师需要和求询者共同分析问题，找出求询者自身的积极因素，助推和催化求询者自己去解决面临的困扰，因此，监狱心理咨询的途径是“协助解决”问题，而不是“替代”服刑人员求询者去解决他们遇到的问题，仍然遵从“助人自助”这一原则，这一点必须明确。

然而，在现实的咨询活动中，监狱心理咨询师往往容易陷入这样的困惑：求询者的心理问题是由明确的生活事件引起的。社会上的心理咨询遇到类似的情况，可以通过帮助分析求询者自身资源或调动潜能，推动求询者解决自己的心理问题。

而监狱服刑人员心理咨询则由于求询者人身自由受限以及严格的监规纪律管理，自主性及可调动的资源匮乏，又难以推动求询者通过调适自己来解决问题，咨询难免陷入窘局。

① 马立骥 . 监狱心理咨询的探索与展望［M］. 武汉：武汉大学出版社，2014：5.

此时，咨询师可以预见的是，解决了求询者的现实生活事件，咨询窘局将迎刃而解，而帮助解决这样的生活事件是咨询师力所能及，甚至是轻而易举的。那么这种情况下，监狱咨询师是否应当违背心理咨询的基本原则，介入求询者的现实问题解决呢？这是一个难以回避的咨询难题，更是一个监狱心理咨询特有的道德问题。要解答这个问题，我们首先需要明确两个方面的角色定位。

（1）监狱心理咨询师第一个层面的角色是监狱安全的守卫者

第一，这由监狱心理咨询师的主体身份所决定。

监狱人民警察的职责是指监狱人民警察在行使惩罚和改造服刑人员职权过程中所必须承担的义务，主要包括：①亲自行使监管服刑人员的职权；②依法执行刑罚；③保障服刑人员合法权利；④清正廉洁；⑤严守纪律。

在前面我们已经谈到过，监狱人民警察是监狱心理咨询的实施主体，担任监狱心理咨询师的首先是监狱警察。作为一名国家法律的具体执行者，维护监管安全，是依法执行刑罚、行使监管职权的具体体现，更是维护法律尊严、维护公平正义、维护社会稳定的必然要求。

第二，由监狱心理咨询师的自身价值所决定。

其实，在任何的心理咨询目标设定中，并无单独而明确的“保障社会安全”一说，反而强调的是“从求询者利益出发，保障求询者的权益”。但是，认真地分析后我们可以发现，《心理咨询师职业道德》中对求询者的权益保护，并未凌驾于社会法律，乃至超越于他人的利益之上。

比如总则第一条即规定：“心理咨询师在从事心理咨询与治疗时，应遵纪守法，遵守心理咨询师职业道德准则，在其工作中建立并执行严格的道德标准。”在职业规范部分规定：“心理咨询师在接受司法部门、公安部门、卫生部门询问时不得作虚伪的陈述和报告。”在保密原则部分规定：“在心理咨询工作中，一旦发现来访者有危害自身和他人的情况，必须启动危机干预方案，防止意外事件发生……”

监狱是一个小社会，在大安全观念的影响下，心理咨询师的工作容易被定位为“监狱监管安全隐患的发现者和消除者”。管理者，特别是基层管理者，评价和衡量某名心理咨询师工作成效时，往往容易将标准简化成——经过心理咨询，某对象“思想是否稳定了”“安全隐患是否消除了”。

也许，我们可以说，这是对监狱心理咨询工作肤浅而片面的认识，心理咨询对监狱教育改造的促进意义远非仅此，但是我们也必须要承认，心理咨询师负有维护一方安全的责任，这符合心理咨询师的职业道德，符合他们在处理社会安全与求询者利益直接冲突时，一贯所应秉持的原则。

将心理咨询师的第一角色定位成监管安全的守卫者，既是对监狱现实的负责，更是对心理咨询师价值观的最大尊重。守护监狱的安全防线，维护服刑人员的心理安全，才能真正体现监狱心理咨询师自身存在的价值。

（2）监狱心理咨询师第二个层面的角色是心理咨询的专业工作者

将心理咨询的专业工作者定位于第二角色，体现了专业性对监狱心理咨询事业健康发展的重要性。通常，在社会情景中，我们的角色也不是一成不变的，而是多重的。在家里当你面对父母时，你是儿子或女儿的角色；当面对妻子或丈夫时，你是配偶的角色；当面对孩子时，你是父亲或母亲的角色；等等。即便同一个角色，在不同的时候定位可能也是不同的。比如：通常情况下，你是个慈爱和蔼的父亲，但是如果孩子犯了错，你可能更要扮演一个严父的角色；当孩子认识到了错误，你又要学会做一个循循善诱耐心教育的父亲。

所以，也许一个监狱民警可能绝大多数的时候都在从事监管教育工作，但在接受求询者求助的那一刻起，咨询师应先放下监狱民警的角色，快速进入一个专业的心理咨询师的角色，秉持心理咨询师的职业道德和素养。即使求询者的身份是一名服刑人员，监狱民警咨询师也应以求询者的利益为优先考虑，用自己的专业、敬业以及责任，为求询者提供心理上力所能及的帮助。

（3）监狱心理咨询师第三个层面的角色是监狱警察的职业工作者

监狱心理咨询师的监狱警察职业角色通常是作为背景角色存在的，由于这个工作角色常常与每个人所处的岗位密切关联，因此，通常也可以称为监狱心理咨询师的岗位角色。

《心理咨询师职业道德》规定，心理咨询师在处理与求询者双重（或多重）关系时，要清楚地了解双重（或多重）关系对专业判断力的不利影响，以及其伤害寻求专业服务对象的潜在危险性，避免与来访者发生双重（或多重）关系。

与社会上心理咨询活动一样，监狱心理咨询师不能与求询者发展家庭的、社交的、经济的、商业的或者亲密的个人关系。但是在目前的情况下，监狱心理咨询师同时也是监狱警察的身份，却实际上构成了监狱心理咨询无法避免的特殊双重关系——执法者与被执法者的关系。甚至在特定情况下，比如：本监区或本分监区的民警心理咨询师为服刑人员求询者做心理咨询，还构成了监管者与被监管者的关系。

有人曾经质疑，监狱心理咨询师仍是监狱民警的一员，这一点所有服刑人员都清楚。监狱心理咨询的对象是在监狱服刑的服刑人员，他们的心理问题甚至心理障碍，有很大一部分与监狱管理模式或民警的管理方式有关，因此，在心理咨询中，服刑人员求询者在向监狱心理咨询师倾诉或寻求帮助时，会不会存在心理障碍呢？

应当说这样的忧虑不无道理。然而我们也注意到，监狱心理咨询师长期工作在监狱，他们更了解服刑人员的实际状况，对相关的法律法规、管理制度更加熟悉，在沟通上更能把握服刑人员的心理特点，提出的建议也更加贴近现实和有效。

事实也证明，在监狱近年大力的宣传、引导和教育下，越来越多的服刑人员开始认识和了解监狱心理咨询，并且主动寻求心理咨询的帮助，即使是一些被动咨询的服刑人员，在咨询师的解释和鼓励下，最后转变咨询动机，坚持继续心理咨询的人也占绝大多数。

因此，在处理这样的双重关系时，一方面，我们无须回避监狱心理咨询的特殊现状，监狱心理咨询师的监狱警察身份更多的时候是一种资源优势，只要在咨询中保持中立、接纳、坦诚的态度，以及平等、自由的沟通，反而更有利于良性咨访关系的建立。

另一方面，咨询师也应扬长避短，有意识地发挥各自的岗位优势，比如监区或分监区级心理咨询师在咨询本单位服刑人员求询者时，应多开展心理健康方面的咨询，发挥自己更了解求询者个性、生活及劳动环境、人际关系等心理问题发生背景或诱因的优势，侧重于解决现实而具体的心理问题，尽量给出具体的指导或建议，有意识地创造解决心理问题的有利外围环境，时时关注不断给予正面肯定。监狱心理咨询师在咨询非自己直接监管的服刑人员求询者时，应侧重于求询者个人心理的成长，多开展发展性咨询，引导启发求询者设身处地的辩证思维，反思心理问题主客观方面的原因，从而习得解决问题的新技能、新方法。

从以上的分析中，我们不难看出，监狱心理咨询师在从事心理咨询工作时，角色定位是复杂的，有时甚至会面临角色的冲突，我们不需要否认这样的角色不同，也无需将纯粹的心理咨询从中剥离出来，相反，我们应当把这样的角色融合成咨询中的有利资源，为求询者提供更有效的咨询服务。

2. 监狱服刑人员心理咨询中特有的双重关系处理

在明确监狱咨询师角色定位后，现在我们可以分析如何处理监狱服刑人员心理咨询的双重关系问题。

首先，在正式咨询时，咨询师对于咨询的性质应当履行告知的义务，帮助服刑人员求询者人员建立对监狱心理咨询的正确认识，从而树立正确的求助动机。

其次，一般情况下，监狱服刑人员心理咨询过程中，咨询师的专业角色自然优先，恪守“不对求询服刑人员的现实难题进行人为干预”的基本原则，努力推动服刑人员求询者挖掘自身资源，通过自我努力、自我尝试去解决自身的问题。

最后，当咨询师预判到服刑人员的心理冲突已现实地影响到监管的安全，或者可能对监管安全造成严重的潜在威胁，监狱心理咨询师应回归到监狱民警的本职角色，允许对服刑人员求询者的改造或生活难题进行必要的帮助。

但是，在帮助服刑人员求询者的同时，以下两点也必须注意。

第一，终止咨询关系。在咨询内外，咨询师可以以专业的心理咨询工作者的角色出现，也可以以监狱警察职业工作者的角色出现，但是不能围绕求询者的同一个问题，同时以两种角色混合的面貌出现，或者频繁地在两种角色之间切换，以免对求询者造成角色的混淆，扭曲正常的咨访关系。

比如在咨询中，咨询师一开始都在倾听、分析和引导，帮助解析心理的困惑，但是当听到求询者叙述某次冲突的经过时，忍不住说：“作为一名警官，我觉得你在这件事情的处理上是不对的，我看过狱政支队的督查通报，和你说的事实有出入，你是不是隐瞒了些什么？”求询者容易因此形成阻抗和困扰，影响咨询关系的深入。

所以，如果咨询师已决定对服刑人员求询者的改造或生活难题进行必要的帮助，回归到警察角色时，那么应当主动终止咨询关系，并且在终止之前，坦诚地与服刑人员求询者进行交流，告知："根据监狱咨询管理规定，因为……这样的情况发生，我们之间的咨询关系将终止。如果在这之后，你还有其他的心理困惑，仍可以提出来，监狱心理健康指导中心将会安排其他的咨询师为你咨询。"

第二，避免直接介入。即使咨询师经过权衡，认为有必要对服刑人员求询者进行现实的帮助，也应尽量避免直接的介入，更不允许利用咨询师本职岗位的权力，为求询者谋取有可能影响、干扰其所在监区、分监区管理秩序的"特权"。

对服刑人员求询者合理的诉求，恰当的做法是：咨询师指导或提醒相关的管理民警提供帮助，或者，在政策允许范围内，协调相关的部门知晓情况，协助所在单位帮助求询者达成目标。

在应对目前监狱服刑人员心理咨询特有的双重关系带来的道德难题时，学者马立骥、董长青给出的研究总结具有很强的实践可行性。我国特殊国情下的监狱服刑人员心理咨询活动要适应特殊情景的要求，需要从看似不利的一面，结合我国服刑人员的实际，挖掘监狱心理咨询师自身的资源善加利用。这也许是探索我国监狱心理矫治本土化的一个很好的尝试。

3. 监狱心理咨询师的其他可能性角色特征

监狱心理咨询师除了上面所述的心理专业工作者和民警角色外，从促进服刑人员心理成长的角度看，还要扮演以下这些具有代表性的角色：朋友、知己、建议提供者、教师、学习者、道德引导者、父母和养育者、危机干预者、角色榜样、问题管理者。

监狱民警心理咨询师在呈现心理学专业角色时，还具有下述不同程度角色特征，但并不意味着就是某种角色。监狱服刑人员出现心理问题或者障碍后，其社会情感缺失的满足需要依靠这些多元角色的补偿。学习者需要意识到这些角色特征、作用及应注意的问题。

监狱咨询师扮演下述的每一个角色，都会经历两难困境，这会微妙地影响咨访关系及咨询效果。对于咨询师来说，认识到角色扮演的两难性是非常重要的，这有助于他们更有准备地去应对咨询关系中出现的问题。咨询者在扮演与处理这些角色时的反应越积极，他们对服刑人员的咨询和矫治就更有效。关于这部分知识，本书借鉴了美 Ruth E. Maters 对服刑人员的矫治经验[①]。

（1）朋友

扮演朋友的角色会给监狱心理咨询师带来两难。好朋友有时能分享一个好咨询者或治疗师的一些优秀品质。朋友和咨询师都是个案谈话和情感释放的最佳倾听者，两者都是支持性的、关怀的、温暖的、积极卷入的、真诚的、共情的，并且均能减轻个案经常拥有的，伴随抑郁和焦虑而产生的孤独感和无助感。然而，咨询者和朋友这两个角色之间有很大的区别，主要表现在客观性、隐私、培训和给予等方面。咨询师较之朋友角色能够更加客观；在职业道德标准前提下辩证适度地维护服刑人员隐私；能以更加专业的角度捕捉问题背后的原因；更加强调对服刑人员的倾听、帮助和给予，而对来询的服刑人员没有对等的获益付出要求。

第一，客观性。

监狱心理咨询师必须保持客观性，否则会对服刑人员的公平决策产生危害。咨询师的工作需要尽量保持心理咨询客观性，否则会对服刑人员的公平决策带来危害。咨询师通常需要指出服刑人员生活中的错误模式，而朋友不是无偏颇的观察者。我们通常选择与自己态度相似、志同道合的人做朋友。此外，朋友不管我们的过失都会接受我们，不管我们对错都会站在我们这边。为保持友谊的舒适性和持久性，我们也能容忍友谊中出现的分歧。我们不加分析地从朋友那里寻求安慰、拥护、自尊和支持，因此，向朋友的观点挑战是不容易的。还应该注意到，对相比与我们态度不一致的服刑人员而言，我们更喜欢与我们态度相似的服刑人员做朋友。当我们发现自己在对服刑人员的咨询中扮演了朋友角色时，对服刑人员作公正、客观决定的能力将受到威胁。有时服刑人员也意识到如果咨询者成为他们的朋友，他们就可能对咨询师的决定产生影响，友谊也就与强烈的情绪成分相关联。当咨询者在对服刑人员的咨询中卷入过多的情感时，客观性就很难做到。

第二，隐私。

在服刑人员心理咨询中，隐私的概念与非服刑人员心理咨询和治疗是有所

---

①［美］Ruth E. Masters. 罪犯心理咨询［M］. 杨波，等，译 . 北京：中国轻工业出版社，2005：12.

不同的。由于监狱心理咨询师有法律赋予的权利，因此，当了解有关服刑人员的隐私能避免新的犯罪行为发生，而且能保证监管安全时，他们可以在咨询过程中与其他专业人士分享有关服刑人员的信息，并且有义务通知相关人员进行防范。

第三，培训。

朋友总是善于捕捉症状，而不是原因。一般来说，朋友可以伴随你度过低落的日子，但很少有朋友接受过专业培训或拥有经验去发现问题的深层原因。甚至一个受过专业训练的朋友，其情感的卷入也会使他成为帮助朋友的最差人选。如果一个主观的人与问题情境太亲近，其结果是无助于咨询的效果。一位情绪卷入过多的朋友会对咨询效果期待过高。情绪的卷入是为什么咨询者和治疗师不给他们的家庭成员做咨询，而外科医生不给家庭成员做手术的重要原因。

第四，给予。

在咨访关系中，咨询者的工作就是去倾听、帮助和给予。在监狱心理咨询中，来访者免费寻求他所需求的更多帮助，很少有相应的职责给咨询者提供帮助。这样的关系从获益上来看主要是单向的（尽管咨询师实际也受到来访服刑人员的影响，但不一定是获益）。而朋友的友谊却是双向的互惠关系，朋友既要给予也要得到。

（2）知己

知己是指可以向他倾诉秘密的人。在私人场所或非司法背景下工作的咨询师通常都会成为其咨询对象的知己。对于来访者而言，有时有人与他分享一些不体面的秘密是有助于治疗的，尤其是当咨询师无条件地接受来访者，对他们的行为不做评判或不给予打击报复时。监狱心理咨询师的角色与知己角色的作用有相似之处，但是前者的专业角色还担负着维护监管、社会安全的责任，必要时可以突破保密原则，采取必要的行动来履行责任。监狱心理咨询师履行这一责任的行为程度可从大到通知相关人员采取必要的严格司法防范措施，小到对服刑人员的某一行为进行评判、口头谴责。

（3）建议提供者

顾问这一角色是指监狱咨询师要给服刑人员提供建议。在一般的心理咨询培训中，咨询者给求询者以建议是一种较差的咨询方式（Egan，1990）。咨询师要避免给建议的一个根本原因是求询者很少会听取并按照咨询师要求他们所做的去做。而且，求询者被告知他们不想听的东西时常常会采取防御并表达愤怒。咨询师在提供建议时经常是以说教、自以为是、无所不能的态度呈现，这使求询者感到厌烦。主流的咨询理论认为，没有任何人，甚至包括受训过的咨询者，能确定对于另一个人最适合的建议是什么。

美国学院词典（The American College Dictionary，1970，p.276）提出了几个关于"咨询"的定义。一个是"给来访者提供建议、评价和指导"；另一个是"力劝个案去采纳和实施咨询者的建议"。事实上，咨询师不必完全放弃给个案提供任何形式的建议。建议的给予可以是微妙的、隐蔽的、掩饰的。命令式的建议与提供参考的建议之间有较大的不同。前者是强制性的而后者不是，因此，求询者更倾向于听取后者。

而在我国的监狱服刑人员心理咨询工作中，咨询师同样不存在是否应该建议的问题，而是存在如何提供建议的问题。监狱服刑人员的角色本身在一定程度上意味着其在解决现实的问题时缺乏有效的策略及社会资源、信息的支持。心理咨询师有必要扮演提供建议者的角色，但是这角色不等同于咨询师全能者的上位角色及强制的命令性角色。

（4）教师

有时监狱心理咨询师要扮演老师的角色。在教师角色中，咨询师指导服刑人员并为其提供信息，如咨询师告知服刑人员相关知识的等级考试、职业资格证获取、社会新的发展等。扮演该角色的问题是有时咨询师没有服刑人员所需的专业知识。

（5）学习者

监狱心理咨询师可通过扮演学习者的角色从服刑人员那里学到很多。在服刑人员心理咨询工作中，大多数服刑人员都特别乐意让我们知道他们的所思所想。许多服刑人员都清楚他们的问题，知道以他们的条件应做出的改变是什么。服刑人员对咨询的结果有着重要的贡献。咨询师必须尊重服刑人员的知识，让服刑人员尽量进入他们的问题，跟随服刑人员所导引的对他们有意义的方向。当咨询师仔细地倾听由服刑人员提供的目标、力量和动机时，就能培育服刑人员的希望，增强服刑人员在咨询中的合作意愿，并促使他们在生活中得以改变。

许多监狱心理咨询师在这一角色中遇到的问题是：一是在咨询过程中，不能从作为专家的角色中区分出来；二是不能放弃把服刑人员看成是无能的、愚笨的观点。咨询过程中的傲慢态度，将错失很多服刑人员心理咨询成功的机会。

（6）道德引导者

道德引导者这一角色给服刑人员心理咨询师带来许多困难和问题。事实上，咨询师不能把自己的道德和价值带到咨询关系中。迫使服刑人员接受咨询师的价值观被认为是一种禁忌。然而，咨询师不可能完全把自己的价值观抛在脑后。价值观在咨询中应被很好地操控。在咨询过程中，大多数的监狱心理咨询师能理解那些价值观与他们相似的服刑人员，对那些价值观与咨询者不相似的服刑人员，咨询者要尽可能地调整或者保持中立，通过更多的了解获得更多的理解，更好地开展咨询工作。

（7）父母和养育者

监狱心理咨询师经常会发现要扮演父母或养育者的角色。受到创伤的服刑人员需要从咨询者那里得到照料、关心、友善和支持。在扮演父母这一角色中，和蔼可亲并不总是服刑人员最关注、最感兴趣的。有时好的父母应该是强硬的、坚定的，对孩子是有所限制的。这样做的结果有两种可能：一是这可以被服刑人员理解为权威；二是可能引发问题，如产生逆反。

父母角色中还可能出现的另一个问题是移情（transference），咨询师被服刑人员无意识认同为服刑人员过去生活中的某个人。弗洛伊德最先在其精神分析中界定了移情。移情是一个复杂的现象，指求询者将早期童年对母亲、父亲或父母亲代理人的强烈情感、态度和行为投射到咨询师身上。强烈的情感均是潜意识运作的，并且多数以间接的形式出现（Shulman，1979）。移情关系通常是强烈的，求询者与咨询师的关系以及对咨询者的反应就好像咨询师是他们的母亲、父亲或父母亲代理人。求询者把咨询师的身份和他过去生活中的重要人物，通常是重要的权威人物的身份相混淆。在咨访关系中，每当求询者无意识地把过去对其父母或其他重要的权威人士的情感、态度、行为、希望或体验投注到咨询师身上，移情即已发生。咨访关系越紧密，移情越容易发生。

监狱心理咨询师需要时刻意识到服刑人员身份的前身是一个普通的社会个体。前述的移情关系在他们身上同样会表现出来。服刑人员和咨询师之间发生移情或者反移情的标志是任意一方对对方过度的情感反应。移情和反移情都能给服刑人员心理咨询者提供重要的咨询契机，如能妥善而巧妙地处理它，将给咨询关系带来深入和进步。一般来说，移情的目标是亲近的权威人物，监狱心理咨询师容易成为服刑人员求询者移情的主要目标。

（8）危机干预者

监狱心理咨询师有时要花很多的精力在危机干预上。作为危机干预者，咨询师要处理服刑人员紧张的情感反应和应对环境的无能为力。当服刑人员处于危机中时，他们总是非理性的、无序的或者是无法沟通的。监狱心理咨询师处理这类情绪容易产生情感的耗竭。危机干预还可能是危险的，因为咨询师不能预料服刑人员将会做什么，尤其在面对有行为失控倾向的服刑人员群体。

（9）角色榜样

监狱心理咨询师有时会发现自己正作为服刑人员的角色榜样。对于咨询师来说，角色榜样是不稳定的。咨询者越接近服刑人员的意向、期望和幻想，其所扮演的角色就越能给服刑人员以社会影响和力量。服刑人员如此追随咨询师，以至于模仿咨询者的发型、衣着、打扮及说话方式等，男女老幼的服刑人员都是如此。角色榜样将赋予咨询师威信与影响并作用于服刑人员，而服刑人员会认同咨询者并试图取悦于咨询师。在某种意义上，咨询师被服刑人员看成是神或超人，并成为服刑人员心目中的偶像。他们被服刑人员理解为没有人性的弱点，并且总是以积极的方式应对生活中的问题。

如果咨询师不能满足服刑人员的期望，那么那些被赋予的威信、影响和作用随即消失。咨询者的魅力和美德一旦从服刑人员的心中沉落，信任便会消失，咨询关系将受到伤害，咨询师的可信度将丧失殆尽。对于咨询师来说，重要的是不要将自己置于有损于自己角色榜样的情景中。

（10）问题管理者

监狱咨询师在扮演问题管理者这一角色时，其目标是帮助服刑人员更有效地解决那些有碍于他们积极守法、有效生活的问题。咨询师在扮演这一角色时要教会服刑人员问题解决的策略，以帮助他们在问题出现时加以应用。有时，咨询师在扮演这一角色时相信每个问题都能得到解决。然而，消除所有的问题和冲突是不可能的，也没有必要。这种错误的信念会导致咨询师的挫折和耗竭，因为有一些生活问题是固有的，有些冲突是无法解决的，如服刑人员有一个患慢性疾病的亲戚或者自己监狱外的家人，尤其是孩子无法得到有效的照顾。监狱咨询师需要承认自己对某些问题的“无能为力”，引领服刑人员抱有适当的心理预期，做好面对不可改变的事实的心理准备。

二、监狱服刑人员

谈到监狱服刑人员，你想到了什么？“凶恶”“残暴”“冷酷”“狡诈”“无情”“无法改变”“天生犯罪人”……如此多的词汇似乎与正面积极沾不上一点边。社会大众对于高墙之内的这些人群是怀有明显刻板影响的。但是如果我们把他们看成曾经犯过错的正常人，我们也许还能发现他们身上所具备的其他特征——“寂寞”“孤独”“脆弱”“渴望”“迷茫”……此处主要为学习者介绍影响监狱心理咨询活动有效开展的一般服刑人员心理特征。具体因不同犯罪行为、不同服刑时期、不同问题类型分类呈现的心理特征将在第五章中讨论。

（一）监狱服刑人员心理的发展与构成

学者马立骥所著《罪犯心理与矫正》中认为：“罪犯心理是后天形成的。罪犯心理始于犯罪心理，经过诉讼过程量的积累，在服刑心理产生之时正式形成。”①

罪犯经历了一个从社会人到犯罪人，又从犯罪人到罪犯的漫长过程。从自然人到社会人，是一个人经由社会教化获得作为社会成员的资格的过程也是常态心理形成的过程。从社会人到犯罪人，即犯罪心理的形成过程。犯罪心理的形成是以社会化过程中形成的不良心理为基础的，与常态心理没有直接关系，常态心理不是罪犯心理形成的初始环节或阶段。罪犯心理是在犯罪心理的基础上形成的，犯罪心理是罪犯心理形成的初始阶段。经过整个诉讼过程，尤其是从宣判到投送这一过程的量的积累，在罪犯被投送到监狱机关接受惩罚和改造后，伴随着行刑关系的确立，罪犯产生了服刑心理，罪犯心理最终形成。

根据形成过程，可以将罪犯心理大致分为常态心理、犯罪心理、拘禁心理。

以往学者的研究对我们是有启发意义的，但是我们还需要考虑到监狱矫正与社区矫正的特殊性。我们后续谈到的服刑心理主要指的是在监禁环境中服刑

① 马立骥 . 罪犯心理与矫正［M］. 北京：中国政法大学出版社，2013：22.

人员因为长期与正常社会隔绝所导致的情绪行为问题。社区服刑人员与社会有着正常的互动，不存在明显的拘禁心理特征。因此本文将此处的“服刑心理”具体明确为“拘禁心理”。

将服刑人员心理分为这几个部分，对服刑人员心理咨询者有着启示作用。服刑人员的常态心理的某些缺失或者偏向促发犯罪心理；特殊的监禁环境对常态心理以及犯罪心理的影响促发了拘禁心理的形成。咨询者要认识到这三者之间的关系，同时要觉察到自己工作的方向。常态心理是咨询者工作的出发点；犯罪心理是咨询者需要工作的重点；拘禁心理是咨询者要去关注的新的发展现象。这三种来源不同的心理状态在同一个体身上表现出来，本书统称为“监狱服刑人员心理”。

（二）监禁的“程式化”或监狱人格

监狱服刑人员最引人关注的是他们的犯罪行为以及被监禁的环境。监狱环境本身是一个强有力的潜在有害情境，监狱是产生心理负效应的机制[①]。对于服刑人员心理状况研究，美国心理学家所做的著名的斯坦福监狱实验（Stanford Prison Experiment，简称 SPE）得出结论：“社会情境影响、改变、形成、转化人们的行为方式”，“消极反社会行为不是一系列反常人格联合创造的环境产物，而是扭曲正常个体行为的病理情境的内在的固有结果”。

对服刑人员咨询的一个最大难题是很多服刑人员被关了很多年，以至于他们对司法机构很依赖。这种依赖已成为他们的一种生活方式。这类服刑人员已被程式化。服刑人员监禁的时间越久，他们越可能被程式化。欧美司法心理学研究用来描述程式化罪犯的词语是“国家供养的囚犯”（state-raised convict）。“他们在工读学校、拘留所、培训学校、管教所及监狱度过的时间比在自由社会上度过的时间要长（Abbott，1981），他们易发怒，易产生暴力行为。”（Johnson，1987）

监狱心理咨询师应对服刑人员不健康的态度、行为及价值观加以敏锐的观察。程式化的服刑人员常被要求何时起床、吃饭、睡觉及被点名，这种严格的管制使服刑人员无法对日常生活加以决策，从而导致他们的幼稚化

① 朱新秤，舒莹．监狱环境的心理负效应——斯坦福监狱实验的启示［J］．政法学刊，2001，（4）：16–18.

（infantilize）。而幼稚化的服刑人员又开始相信自己没有能力做简单的生活决策，怀疑并害怕自由的社会。一些服刑人员坚信监狱外的生活是毫无希望的，他们常年躲在大墙里面，没有工作过，无法向可能的雇主解释这么多年他们都在干些什么。被程式化的服刑人员也常感到社会对他们的歧视与偏见[①]。

另外，服刑人员很难被主流社会认同，因他们已离开社会太久了。监狱心理咨询师应重视并应对服刑人员程式化这一问题。

（三）服刑人员的道德发展水平

柯尔伯格（Kohlberg，1981）认为，通过研究罪犯的道德发展水平可以更好地了解他们。他提出，罪犯的道德发展水平可以分为在思维与行为上有显著不同的6个阶段：

阶段1：认为服从权威、避免惩罚就是正确的。

阶段2：认为自己应为自己的行为负责。

阶段3：认为做事应有好的动机、关心他人、能够设身处地地为别人着想。

阶段4：赞同社会的规则、支持社会的福利。

阶段5：认为必须在社会规则与个人规则之间进行协调。

阶段6：假想有一种普遍性的、适合全人类的规则。

柯尔伯格的一个发现是：与相同社会背景的非犯罪者相比较，罪犯多处于道德发展水平的阶段1与2，而非犯罪者多处于阶段3与4（Kohlberg & Turiel，1973）。柯尔伯格认为，道德水平的提高可预防个人犯罪。咨询者在对狱内与狱外的罪犯进行咨询时，应了解他们的道德发展水平。

监狱心理咨询师应了解成人服刑人员要面对很多问题，如无论怎样，社会都会认为成人服刑人员要为他们自己的行为负责，因他们知道自己在做什么并了解行为的后果。相反，社会认为青少年服刑人员不应对自己的行为负全部责任，他们年纪太小，还不知道自己在做什么，也不能充分了解自己行为的后果。一些成人服刑人员要面对很多棘手的问题，如找工作并维持工作的稳定，处理人际关系与社会的蔑视，控制愤怒、孤独及压力。一些服刑人员有智力上的缺陷，这是咨询者应注意的[②]。

---

①［美］Ruth E. Masters. 罪犯心理咨询［M］. 杨波，等，译 . 北京：中国轻工业出版社 .

②［美］Ruth E. Masters. 罪犯心理咨询［M］. 杨波，等，译 . 北京：中国轻工业出版社 .

（四）监狱心理咨询对象的分类

前来求询的服刑人员，根据不同的分类标准有不同分类结果。如有研究者根据监狱服刑人员的犯罪类型分为暴力型、财产型、性侵犯型等；也有研究者根据服刑时期的不同，将服刑人员分为服刑初期、服刑中期、服刑后期。此处本文主要从监狱咨询师对不同对象的工作内容及方向，借用学者马立骥在《监狱心理咨询与展望》中的总结，将监狱服刑人员心理咨询的对象分为两类[①]。第一类是在监狱服刑中有心理问题的服刑人员求询者。第二类是心理相对健康但有发展性问题，需要寻求咨询帮助的服刑人员。第一类称为服刑人员心理健康咨询，是补救性工作，第二类称为服刑人员发展性咨询，是基础性工作。

1. 服刑人员心理健康咨询的对象

服刑人员心理健康咨询的对象是精神正常，但出现心理问题的服刑人员求询者。

（1）如何判断求询者的心理问题

判断一名求询者是否存在心理问题，必须满足以下四个维度的条件[②]：

①刺激的性质及体验。由于现实生活、工作压力、处事失误等因素而产生内心冲突，并因此体验到不良情绪（如厌烦、后悔、懊丧、自责等）。

②反应持续的时间。不良情绪不间断地持续满一个月，或不良情绪间断地持续两个月仍不能自行化解。

③反应的强度。不良情绪反应仍在相当程度的理智控制之下，始终能保持行为不失常态，基本维持正常的生活（劳动和改造、学习、社会交往）但效率有所下降。

④反应是否泛化。自始至终，不良情绪的激发因素仅仅局限于最初事件，即便是与最初事件有联系的其他事件，也不会引起此类不良情绪。

（2）引发服刑人员求询者心理问题的常见原因

引发服刑人员心理问题常见的原因，通常有以下五个方面：

①与刑罚判决有关的因素。包括对法院的判罚不服，对日常考核不满，对处罚或奖励有意见，对减刑幅度不满足等因素引发的心理问题。

---

① 马立骥 . 监狱心理咨询的探索与展望［M］. 武汉：武汉大学出版社，2014：5.

② 郭念锋 . 心理咨询师（基础知识）［M］. 北京：民族出版社，2009：299.

②与环境人际有关的因素。包括与管理民警之间的矛盾、与同犯之间的矛盾等人际关系不良，也包括监管、学习、劳动环境适应不良等引发的心理问题。

③与婚恋家庭有关的因素。包括婚姻破裂、恋爱分手、老人赡养、子女抚养、兄弟姐妹冷漠、财产矛盾、亲人疾病或亡故等引发的心理问题。

④与躯体疾病有关的因素。包括身体残疾，肝炎、肺结核等传染病，高血压、糖尿病等慢性疾病引发的心理问题。

⑤与自我认知有关的因素。包括自我贬低、自我意识不全、情绪控制不良、冲动性行为引发的心理问题。

2. 服刑人员发展性咨询的对象

服刑人员发展性咨询的对象是心理健康水平相对较好，但是有发展性问题需要寻求帮助的服刑人员求询者。在发展性咨询中，咨询师需要根据不同服刑人员个体的身心状况，尽可能帮助不同年龄阶段的求询者完成各自的心理发展任务，妥善地解决内心矛盾，更好地认识自己、认识监狱以及社会，更好地学会应对策略和有效行为控制，积极开发个人潜能，促进个性的发展和人格的完善。

（1）发展性咨询的功能

我国学者车文博提出了发展性咨询的四项功能[①]：①激励咨询对象调整解决自身心理问题的能力结构，只有从信念和动力结构方面树立起咨询对象的主体意识，从总体上培养其健康的人格结构，才能从根本上解决心理问题；②帮助咨询对象纠正对自身内部心理状态以及对外部社会环境的不恰当认知，这是解决心理问题的一个关键因素；③为咨询对象实现更高的人生目标设计和提供最佳行为策略；④通过心理健康教育，指导个体预防潜在的心理问题。

（2）服刑人员发展性咨询的特征

相比较于服刑人员心理健康咨询，服刑人员发展性咨询存在以下不同点[②]。

第一，服刑人员心理健康咨询侧重于心理问题的解决，而服刑人员发展性咨询则侧重于心理的发展任务，强调促进服刑人员心理的成长，特别是针对未成年服刑人员求询者，或者成年但社会化程度不高的服刑人员求询者，促进服刑人员心理的成熟和成长是咨询的根本任务。

---

① 车文博 . 心理咨询百科全书［ M ］. 长春：吉林人民出版社，1991：252.

② 马立骥 . 监狱心理咨询的探索与展望［ M ］. 武汉：武汉大学出版社，2014：5.

第二，服刑人员心理健康咨询侧重的是眼前的、具体的、局部的咨询目标，关注的是引发当前心理问题的情境等相关因素；服刑人员发展性咨询侧重的是长远的、联系的、整体的咨询目标，关注的不仅是眼前的发展障碍，更关注下一阶段的发展任务。比如在对刚入监新犯进行心理咨询活动的过程中，更需要注意的是分配到监区后自我的刑期规划等发展性问题。

第三，服刑人员心理健康咨询侧重的是已经形成的心理问题的解决，具有健康补救的性质；服刑人员发展性咨询则更重视未来可能出现的心理问题的早期发现和预防，具有预防的性质。比如一名刑期较长的服刑人员求询者，其个性上存在柔弱依赖的特性，心理咨询师就有必要提前与其讨论长刑犯几乎难以避免的现实打击——夫妻离婚、可能对改造生活造成的冲击，并提前做好思想上的准备以及应对可能出现的问题等。

第四，服刑人员心理健康咨询涉及的心理问题，与个体的生活情境、认知水平，甚至还与儿时的成长经历有关，具有较明显的个性特征，解决时多强调一对一的咨询方式，具有较浓的诊疗色彩；服刑人员发展性咨询更侧重于同一年龄阶段、同一个性类型、同一改造境遇共有的发展问题，具有较明显的群体性特征，解决时除个别咨询、教学、讲座、小组活动等方式外，团体辅导更成为常用的手段，具有较浓的教育色彩。

（五）服刑人员在心理咨询活动中的角色定位

心理咨询师在咨询关系建立之前，应使来访者明确了解心理咨询工作的性质、工作特点、收费标准（监狱心理咨询是免费）、这一工作可能的局限以及来访者的权利和义务。也就是说，要使服刑人员求询者对监狱心理咨询工作有正确的理解，并且对自己在本次咨询中的角色定位有一个明确的认识，这是心理咨询师应尽的责任。

与咨询师的角色定位困难一样，求询者也往往容易出现同样对应的角色困扰，特别是在咨询的开始阶段以及咨访关系发展不顺利之时，服刑人员求询者容易在“我是被管理者，你是管理者”和“我在咨询，你是咨询师”的关系之间切换。当这样的关系始终处理不好时，就容易发生阻抗，导致咨询的中断，或者出现“你好——再见”效应。

这样的困扰在现实中是的确存在的，特别是在监狱心理咨询发展的初级阶段，以及在押服刑人员普遍文化层次偏低、对心理咨询了解不足的现状之下，求询者的自我角色认知偏差情况实际上仍较为普遍。因此，在咨询开始时，咨询师除了保密原则及求询者的权利、义务之外，有关于监狱心理咨询性质方面的内容也应当在第一次咨询时，就予以告知。“咨询师提供的是心理方面的支持和帮助，咨询师不能替代你努力，更不能利用自己的权力，帮助你解决改造中的现实难题，这是我们咨询关系中所不能允许的。”

参考文献

［1］高欢，等.暴力与非暴力财产犯罪人员人格特征评估［J］.中国心理卫生杂志，2003，17（8）：563- 564.

［2］胡赤怡，等.劳教人员心理矫治前后的对照研究［J］.中国心理卫生，杂志，2002，16（4）：265- 267.

［3］黄悦勤，等.美国人格诊断问卷（PDQ- R）在中国的测试［J］.中国心理卫生杂志，1998，12（5）：262- 264.

［4］杨蕴萍，沈东郁，等 .人格诊断问卷（PDQ- 4+）在中国应用的信效度研究［J］.中国临床心理学杂志，2002，10（3）：165-168.

［5］曹军瑭 .隐形人——拘禁心理解析与治疗［M］.南京：南京师范大学出版社，2012.

［6］Teplin L A. The Prevalence of Severe Mental Disorder among Urban Male Detainees：Comparison With the Epidemiologic Catchment Area Program［J］. American Journal of Public Health, 1990，80（6）：663- 669.

［7］Teplin，L A Abram，K M McCLelland，G M. Mentally Disordered Women in Jail：Who Receives Services?［J］American Journal of Public Health, 1998，7（4）：604-609.

［8］John W McHoskey. Machiavellianism and Personality Dysfunction［M］. Personality and Individual Differences.2001（31）791- 798.

［9］Natalie Gibbs Gallagher，Susan C South，Thomas F Oltmanns. Attentional Coping Style in Obsessive-Compulsive Personality Disorder：a Test of the Intolerance of Uncertainty Hypothesis［M］. Personality and Individual Differences. 2003（34）41-57.

第二章　监狱服刑人员心理咨询的工作流程

这里讨论的流程主要指监狱服刑人员心理咨询工作组织开展的流程。结论充分借鉴了学者马立骥、董长青的研究结果[①]。

流程是指工作的程序、步骤和内容，监狱个体心理咨询流程是监狱顺利开展个体心理咨询工作的路线图。恰当而合理的流程设置，可以充分协调各方力量参与，形成资源的共享与互补，并有效甄别、分流和处理预约咨询，提高监狱个体心理咨询的质量。

出于广泛理解和普遍接受的原因，为更好地指导监狱个体心理咨询工作的实践，本章节关于监狱个体心理咨询的流程设置，是建立在传统的诊疗模式基础之上的。在正式介绍监狱个体心理咨询流程之前，需要明确以下两点。

第一，心理咨询工作流程不同于心理咨询工作过程。工作流程指的是从求询者提出咨询申请，到咨询结束的整个机制运作过程；工作过程则仅仅是在正式咨询阶段，咨询师运用某门具体咨询技术进行工作的过程。工作流程可以相对统一，工作程序则由于不同的心理咨询流派，其理论基础不同，工作过程上存在很大的差异。比如系统脱敏法要先让求询者“学习放松技巧”，再“建构焦虑等级”，最后开始“脱敏训练”；贝克和雷米的认知疗法，则要经历“建立咨访关系、确定目标、确定问题、检验表层错误观念、纠正核心错误观念、进一步改变认知、巩固新观念”的阶段。

第二，各个流派对待心理评估的态度是不同的。一些流派认为，如果咨询

---

① 马立骥 . 监狱心理咨询的探索与展望［M］. 武汉：武汉大学出版社，2014：51.

师对求询者的过去和现在的功能状况不了解，就不可能制定出合适的咨询目标和咨询方案，也有一些流派认为咨询过程中的心理评估是多余的、无效的。然而，即使这些咨询学派并不看重原因分析，但我们认为，只有找到根源，改变才是彻底的。否则，如同杂草，只除去地面上的草枝而不去根，或只是用别的泥土覆盖上，并非说一定不会因此而将杂草去除，只是更可能的情况是，原有的杂草还会冒出来。或许，我们不能简单地把解决心理问题与去除杂草相提并论，但二者之间确实有类似的道理。除非外在的改变能影响到根源，否则，很可能这仅仅是表面处理[①]。因此，此处的工作流程是基于诊疗模式来整合梳理，加以介绍。

第一节　监狱服刑人员心理咨询的工作流程

一、监狱服刑人员心理咨询的形式[②]

监狱个体心理咨询中，按咨询途径不同，可以分为面对面咨询、电话咨询、书信咨询和网络视频咨询等不同形式。近年来，随着电脑、视频语音设备、局域网络的普及和完善，网络视频咨询已基本替代电话咨询和书信咨询。

（一）面对面咨询

面对面咨询最早也称为门诊心理咨询，是指咨询师在咨询室内等待求询者上门并以谈话为主要方法的一种咨询形式。

在监狱环境下，服刑人员行动自由受到管理限制，监狱内面对面咨询需要表现出更大的灵活性、主动性，必要时会根据服刑人员管理等级、作息时间做出适当调整。比如刚入监服刑人员、限制减刑服刑人员和严管、禁闭、单独关押等高戒备服刑人员求询者，管理等级较高，不确定性较大，特殊情况下监狱级咨询师可以提供上门面对面咨询；监狱、分监区心理咨询师开展咨询工作时，

① 郭念锋．心理咨询师［M］．北京：北京民族出版社，2001：136.

② 马立骥．监狱心理咨询的探索与展望［M］．武汉：武汉大学出版社，2014：51.

也通常会避开劳动时间，安排收工后进行，这一点与社会上的面对面咨询有所不同。

与其他咨询形式相比，面对面咨询是监狱心理咨询中最主要且最有效的方法。

面对面咨询的主要优势体现在以下各方面：

1. 形式最简单，沟通最自然

与电话咨询、书信咨询、网络视频咨询相比，面对面咨询在场地、硬件要求上更低。最简单时，只需要一个安静的房间和两张椅子；面对面咨询与生活中的谈话形式最接近，沟通起来也最自然，求询者容易降低防备心理。

2. 表达最充分，互动性最好

面对面咨询中，求询者可以更充分地倾诉自己的焦虑、不安、烦恼、困惑等心理问题，咨询师能更好地倾听求询者的问题，更直接地表达自己的关注、坦诚和共情，并及时地对求询者的话做出回应。

3. 观察最直观，交流更全面

面对面咨询中，咨询师可以通过面对面的直接观察，从表情、穿着、神态、步伐等细节，更直观有效地了解、评估求询者的心理状态，同时，眼神、肢体等非语言交流更全面，也有着其他咨询形式无可比拟的优势。

面对面咨询是20世纪80年代最早引入监狱的咨询形式，虽然同个别教育一样也是谈话，但是在谈话的理念、方法、形式、目的上还是有着根本的不同，对当时民警传统的管理模式和管教思想造成了不小的触动。

有趣的是，即使是在一些形式上的细节，监狱面对面咨询也曾经历过较长的摸索以及一点一点的突破过程。比如传统认识上，服刑人员属于专政的对象，民警（时称队长）找服刑人员谈话时，民警坐着说，服刑人员蹲着听；面对面咨询刚开展时，形式上突破了一点，允许服刑人员坐着，但坐在比民警矮些的小凳子上；而现在的面对面咨询，双方则在高度上保持一致，以体现咨访间人格上的平等。

也有一些监狱，一开始将面对面咨询理解成医疗上的诊疗模式，面对面咨询时，咨询者隔着长条形诊疗台直接地面对面接待服刑人员“就诊”，但是实践之后，现在通常采取隔着茶几45°斜角的咨询形式。

对于咨询师工作时的着装也曾有过不同的争论，一部分人认为咨询时需要去职业化，保持价值中立，避免暗示，应当着便装咨询。但现在已基本统一认识，坦诚是咨询关系建立的前提。在咨询师民警身份公开的情况下刻意换装，反而不利于良好咨访关系的建立。

（二）网络视频咨询

网络视频咨询起源于电话咨询，是借助于局域网络、电脑终端、摄像头、耳麦、可视语音软件等技术发展起来的咨询形式，是近年来男犯监狱开展女警心理咨询的代表形式。与其他咨询形式相比，网络视频咨询有着以下一些特点。

1. 充分利用女警心理咨询师资源

女警心理咨询师是监狱咨询的一支重要力量，即使在男犯监狱也占有很大的人数比例，但出于人身安全考虑，女民警在男犯监狱开展现场心理咨询存在诸多的限制。网络视频咨询则很好地解决了以上问题，并且比单纯网络咨询、电话咨询更直观，比书信咨询更及时。

2. 发挥异性心理咨询优势，成效显著

女性性格通常更加耐心、细致、温和，在男犯监狱，女警咨询师比直接管理服刑人员的男警咨询师更具有亲和力和中立性，更适于婚姻家庭、人际关系、情绪控制与调节、监狱环境适应问题的咨询，在了解犯情动态、化解心理问题、稳定监管改造当中发挥着独特的作用。

3. 有其自身的局限性，对咨询师有着较高的要求

网络视频咨询来源于电话咨询，实际上也可以看作一种可视电话咨询。实践证明，电话咨询的作用是有限的①，主要表现为以下几点：

（1）被动特征明显

服刑人员不能像社会人一样主动、自由地拨打求助电话。监狱网络视频咨询一般由咨询师掌握咨询时间，服刑人员求询者可能在劳动、学习或休息时突然被安排去做心理咨询，心理准备不充分。

（2）思想有顾虑

心理咨询时，须由其他民警带入，并且全程陪同；咨询结束时再带回，虽然带队民警不会在咨询现场出现，但服刑人员求询者仍可能有思想顾虑。

① 章恩友．服刑人员心理矫治［M］．北京：中国民主法制出版社，2007：135.

（3）交流不够自然

网络视频咨询时，肢体语言、眼神交流受到影响较大，并且始终头上戴着耳麦眼睛盯着屏幕，交流时不够自然，部分年龄较大的服刑人员可能不太适应。

（4）不适合深层次心理问题的解决

社会上电话咨询通常用作自杀、行凶等紧急情况的干预，或者情感、家庭、人际关系等表层问题的倾诉途径，咨询师要做一个好的倾听者、支持者、危机干预者，视情况给予一些建议或忠告，电话咨询包括网络视频咨询并不适合解决深层次的心理问题。

但是我们也看到，与社会上的电话咨询或网络咨询不同，监狱网络视频咨询中，女警咨询师更加训练有素，职业感责任心更强，服刑人员求询者相对固定，对视频咨询更加认同，监狱心理咨询有时是一种任务，拒绝咨询与转介咨询的余地都不大，因此，网络视频咨询的特点也对女警咨询师提出了更高的个人要求。

第一，更加爱岗敬业，绝大多数女警心理咨询师都是兼职。从事网络视频咨询工作，除了要付出比其他女民警更多的时间和精力进行咨询、记录、案例分析、讨论学习之外，还需要自己平衡本职工作和兼职工作在时间上的矛盾，有时甚至还要面对他人的不解，而这些咨询工作通常是义务的、免费的，参加监狱网络视频咨询除了得到专业的锻炼以外，并不能给女警咨询师带来收入、升迁等潜在益处，因此，要求从事网络视频咨询的女警咨询师要更加具备爱岗敬业、自我奉献的精神。

第二，具备良好的观察判断能力，网络视频咨询的形式决定了女警咨询师在眼神交流不足、肢体语言表达受限的情况下，要具备更好的观察能力，特别是从语音、语速、语调、语言结构等声音信息上辨识、觉察求询者情绪的能力，判断咨询可能的突破口。

第三，更好的场控能力。面对面等现实环境中，场面控制相对容易，网络视频咨询虽然可以即时看见和听见，但实际上是虚拟的沟通场景，面部表情和语言几乎是仅有的交流手段，这就要求女警咨询师在咨询前要调整好摄像头的角度和距离，使自己出现在对话框中的形象合适、恰当，在语言沟通上要更具有感染力、影响力，内容表达准确、肯定，以便更好地控制咨询的方向。

第四，主动掌握与服刑人员有关的情况。服刑人员求询者的心理问题一般都与法律法规、监狱管理规定、劳动岗位、狱内人际关系、家庭关系等具体生活问题有关，但是男犯监狱的女民警不能从事与服刑人员直接接触的岗位，即使是长期在基层监区工作，由于不是具体接触，也可能存在对服刑人员真实生活状况不太了解情况。因此，网络视频咨询要求女警咨询师要主动与服刑人员求询者所在监区、分监区取得联系，更真实地掌握服刑人员的生活、劳动、考核等改造状态，了解相关的法律法规、政策制度、管理规定，让咨询更接近实际，更富有成效。

（三）书信咨询

书信咨询是指求助者与咨询师之间，通过书信来完成咨询过程的一种咨询形式，这一方式最为节约资源，不受经费、设备、场地的限制，对人际沟通障碍或场所恐惧的求助者尤为适合。国内有监狱，例如浙江省监狱系统的心理健康刊物《心理导刊》就有专家信箱和警官信箱两个栏目为服刑人员提供书信心理咨询。书信心理咨询的优点是隐匿性，它能满足求助者安全感的需要，能使求助者畅所欲言，减少面对面或网络视频咨询中语言沟通的尴尬、羞涩心理。当然，书信心理咨询的缺点也非常明显，如信息沟通单向滞后，同时求助者还需要具备一定的文字表达能力等。

二、监狱服刑人员心理咨询的工作流程

我们对监狱个体心理咨询的开展流程进行以下归类和整理。

（一）常见的监狱服刑人员心理咨询流程

通常，监狱个体心理咨询的流程包括监区（分监区）处置阶段、心理健康指导中心处置阶段和接诊咨询师处置阶段。

1. 监区（分监区）处置阶段

求询者提出心理咨询申请，由所在单位心理辅导员进行初步审核，无特殊情况应安排本级咨询。如确需预约监狱级咨询的，应以规范的《心理咨询预约单》形式上报监狱心理健康指导中心。

2. 心理健康指导中心处置阶段

指导中心结合求询者基本信息、咨询预约单上反映的问题类型及严重程度进行评估，如不宜咨询的，向所在单位心理辅导员进行反馈，并说明理由和提

出建议；适合咨询的，与所在单位心理辅导员商定咨询时间、地点，并指派相应接诊心理咨询师介入。

3. 接诊心理咨询师处置阶段

接诊心理咨询师在约定的时间，通过面对面咨询、网络视频咨询、团体咨询等方式，为求询者提供心理咨询帮助。

（二）监狱服刑人员心理咨询流程的完善

常见的监狱个体心理咨询管理流程，是基层监狱心理工作长期实践总结的结果，是长期实践总结的结果，是基于服刑人员心理健康指导中心成立后，充分发挥组织、实施、指导全监心理咨询工作职能的基本形式。流程的规范是心理矫治工作规范的重要内容，是监狱心理矫治工作长足的进步。

然而，受制于认识水平、人力资源、软硬件基础等主客观因素，常见的监狱个体心理咨询管理流程还存在着一些问题，可以从以下三个方面进一步得到完善。

1. 网络预约咨询

传统的心理咨询申请必须通过所在单位心理辅导员的审核，由于心理辅导员同时又是直接管理民警，部分求询者，特别是一些心理问题与本单位管理、人际面现实问题有关的求询者，可能心生疑虑，不愿暴露自己的真实想法，阻碍了他们的求助动机。

在监狱的监管过程中，我们会发现，其实这部分敏感多疑、个性内向、拘谨犹豫的群体，他们的心理问题往往容易因为封闭、不交流而累积、泛化，甚至酝酿、发展成心理的危机状态，这部分人群正是监狱心理咨询工作要重点关注的目标群体。

因此，极有必要在传统的咨询求助渠道之外，建立一个全新、畅通、直达的通道——网络预约咨询，以方便那些心存顾虑的求询者安全地向监狱服刑人员心理健康指导中心提出自己的求助申请。

网络预约咨询是建立在监狱服刑人员局域网络平台基础之上的预约渠道，实行以学号（唯一性）登录、申请、心理健康指导中心直接受理的模式。该预约模式有效保障了求询者的隐私，打消了求助服刑人员的思想顾虑。

网络预约咨询的另一便利之处是申请快捷，存档方便，减少了大量心理辅导员和心理健康指导中心纸质文档上报、审批的工作量，在有可能的情况下，还可以以网络预约平台为基础，丰富“网上答疑”“心理健康宣传”等内容，为监狱服刑人员心理健康教育和知识普及开辟新的阵地，提高宣传的效果。

网络预约咨询受理后，如果需要跟进咨询，心理健康指导中心需要与所在单位心理辅导员联系，告知由哪位咨询师介入，商定咨询时间、地点。如果拒绝咨询申请，仅需要网上答复即可，节约了大量的时间和精力。

2. 受理面谈

受理面谈是指有经验的咨询师，在了解求询者申请资料、心理测试结果的基础上，在正式开始咨询前，和求询者进行一次结构式的面对面谈话。

受理面谈的任务是通过面对面的谈话和行为观察，评估求询者精神状况、人格状态、身心健康状况、人身危险性、真实的求助动机等内容，并就是否适合咨询做出甄别。如果适合咨询，建议由适配的咨询师进行接诊咨询，如果不适合，建议指导中心以其他方式处理。

在社会上正规的心理咨询中心，受理面谈是一项必不可少的重要的内容。然而遗憾的是，由于认识不到位、人手不足等原因，目前监狱个体心理咨询管理流程中，受理面谈工作是普遍缺失的，或者是被电话了解、看资料、看心理测试结果等间接的形式替代了，评估的客观性和判断的准确性存在较大的不足，容易导致资源配置的针对性不强。一方面大量的求助申请因为难以应对而积压，另一方面，一些咨询正式开始后，才发现并非是迫切的或合适的咨询对象，接诊咨询师的工作容易陷入被动。

在监狱服刑人员心理咨询中引入和开展受理面谈，则可以较好地解决以上问题，而且受理面谈一般由心理健康指导中心固定的具有丰富咨询经验的咨询师承担，采用的是结构式谈话，面谈时间较短、效率较高，具有相当的可行性。并且，受理面谈并不是心理咨询的正式开始①，即便在这一阶段，由受理面谈咨询师根据面谈结果，终止求询者的咨询申请，也能有效避免心理咨询正式开始后再终止咨询的尴尬，可以保护接诊咨询师不会陷入被动，提高工作的主动性。因此，我们认为建立和完善受理面谈机制，是当前监狱个体心理咨询管理流程中紧迫的任务。

① 章恩友. 服刑人员心理矫治［M］. 北京：中国民主法制出版社，2007：138.

3. 第三方效果评估

监狱服刑人员心理咨询的效果评估一直是心理咨询工作的薄弱环节，许多个案咨询的效果仅有的依据就是心理咨询师写在咨询记录上的效果评估，信息来源单一、缺乏客观性和说服力。

作为效果评估的重要环节，来自于服刑人员所在单位心理辅导员的第三方评估。单位心理辅导员的第三方评估是了解求询者咨询后自我评价的第一手资料，单位心理辅导员清楚求询者咨询前后在改造、劳动、人际关系等方面的客观变化：有利于平衡保护接诊咨询师和求询者双方的利益，有利于心理健康指导中心对监狱级咨询师的考核和管理，有利于维护和加强心理健康指导中心与心理辅导员的良性互动。因此，接诊咨询师未必需要做到对求询者逐个进行回访，但心理健康指导中心应当在咨询过后，对每一个求询者至少进行一次电话回访，时间以咨询结束后一个月左右为宜。

第二节　监狱服刑人员心理咨询的预备过程

一、监狱服刑人员心理咨询的提出过程

目前，在绝大多数监狱服刑人员提出心理咨询求助申请有两种基本的形式，一种是直接提出口头申请，一般由所在单位心理辅导员直接进行咨询。另一种是书面申请，如果求询者要求预约监狱级咨询，或指定某名咨询师咨询需要到心理互助组处领取《服刑人员心理咨询预约单》，填写完成后由所在单位心理辅导员进行初步审核，确实认为需要转介上级的咨询者，写明审核意见，并以书面的形式上报监狱服刑人员心理健康指导中心。

考虑到服刑人员文化层次普遍较低，以及服刑人员个人基本资料可以很容易地从监狱狱政管理系统中调取和打印，因此，《服刑人员心理咨询预约单》的设计上应尽量追求简单，以方便求询者填写，并且内容上除求助原因要求尽量详细之外，基本项目设置要侧重于狱政系统资料没有涉及，但有与服刑人员心

理状况直接相关的内容，比如婚姻状况、健康状况以及反映社会支持度的接见情况等，如表 2–1 所示。

表 2–1　监狱心理咨询预约单 XX 监狱心理咨询预约单

单位

姓　名		年龄		籍贯		婚姻状况	
健康状况		上次回见时间		是否初次咨询		是否有指定咨询师	
预约咨询原因（尽量详尽）	时间：						
所在单位心理辅导员意见	时间：						
面谈受理建议	时间：						
心理健康指导中心意见	时间：						

二、监狱服刑人员心理咨询的受理过程

监狱个体心理咨询的受理包括“所在单位的受理”和“心理健康指导中心受理”两部分。服刑人员求询者提出心理咨询申请后，交由所在单位心理辅导员进行初步审核，如果申请理由充分，心理辅导员应签署个人意见，在三个工作日内上报至监狱服刑人员心理健康指导中心。如果求询者提出的问题不属于咨询范围，或有其他不适合咨询的原因，所在单位心理辅导员应终止咨询申请，做好解释工作，并签署个人意见，存档留底。心理健康指导中心收到《服刑人员心理咨询预约单》后，在一周内派出专职咨询师进行受理面谈，进一步了解和评估求询者心理问题类型及程度，对是否适合咨询做进一步甄别，并向指导中心提出相应的处理建议。

心理健康指导中心根据基本资料、个人申请理由、所在单位心理辅导员意见和受理面谈结果，确定是否安排心理咨询，指派合适的心理咨询师接手，并

将以上情况向所在单位心理辅导员反馈，由心理辅导员和接手心理咨询师自行联系正式咨询事宜。

本阶段中，受理面谈是关键，在此进行重点介绍。

（一）受理面谈的任务

受理面谈的任务是要确定求询者求询问题的性质，具体地说就是评估、甄别和建议。

评估是指在求询者申请信息、心理测试结果、面谈内容和行为观察的基础上，对求询者真实心理状态进行的评价。评价的内容包括精神状况、人格状态、身心健康、求助动机、人身危险性等。甄别是指在评估的基础上，判断该求询者的问题属于哪种类型，是疑似精神疾病，是心理障碍、神经症、人格障碍、心身疾病、严重的情绪行为问题，是心理问题、发展问题、康复咨询问题，还是咨询动机不充分或不合适的类型。建议是根据评估甄别的结果，即提出相应的精神疾病鉴定、心理治疗、心理咨询或终止咨询申请的建议；如果适宜心理咨询，还应提出适合哪位咨询师接诊咨询的个人建议。

（二）受理面谈的内容

受理面谈之前，咨询师应当从狱政系统查询和了解求询者的年龄、民族、籍贯、文化程度、健康状况、婚育情况、犯罪案由、刑期、余刑、服刑次数、奖惩情况、岗位工种、劳动情况、考核分数等基本情况，也建议通过电话等渠道，进一步了解所在单位心理辅导员对求询者求询问题的看法。

受理面谈时，咨询师需要介绍自己，并对此次面谈的过程、目的等内容向求询者进行说明：我是指导中心的某老师，我们已经收到你的咨询申请，感谢你对我们工作的信任。今天来找你，主要是就你申请咨询的相关情况进行进一步了解信息，以便在下次正式咨询时为你推荐最合适的咨询师。我会严格遵守保密的原则，仅将我们之间的谈话内容，提供给将要为你咨询的咨询师本人。为节约时间，我有以下问题要问，请你根据实际情况回答，如果有哪些问题不想回答，请直接告诉我。

受理面谈的任务是确定求询者求询问题的性质，因此，面谈应当紧密地围绕求询者本人提出的问题来进行，包括症状特征、对求询问题的认知、求助动机等。当然，如果咨询师认为求询者的问题与改造环境、社会支持、健康状况等因素有关联，也可以扩展受理面谈的内容。

受理面谈完成后，受理咨询师在《心理咨询预约单》中写上自己的评估结果和建议，以书面的形式呈交心理健康指导中心。

表 2–2　受理面谈提纲（注：熟练后可省略说明部分）

项　目	问　题	具体情况
求询问题的症状	症状持续时间	
	精神痛苦程度	
	对改造生活的影响	
对求询问题的认知	对自己问题原因的分析	
	尝试过哪些方法解决	
	在解决过程中遇到哪些问题	
求助动机	上一次咨询是什么时候	
	对监狱心理咨询的认识	
	为什么想到来申请心理咨询	
	希望问题解决到什么程度	
	有没有特别信任的咨询师	
	对咨询时间和地点有没有特别的要求	
背景情况了解	症状出现之前，有无特别事件发生	
	平时身体健康状况	
	对自己犯罪原因的认识	
	劳动岗位和人际关系如何	
	家庭的关系和支持情况如何	
个人心理成熟程度	对自己的人生如何评价	
	对监狱、监区的评价	
	对人际关系的评价	
	对亲情的认识	

（三）受理面谈的甄别

1. 受理面谈的甄别步骤及处理

受理面谈的核心任务是甄别，甄别一般遵循从重到轻、从粗到细的思路和顺序，并进行对应处理。

第一步，排查精神方面是否存在问题。将心理不正常者从求助对象中区别出来，因为心理咨询的服务对象首先应当是心理正常者。对于变态人格确认的神经症及各类精神疾病等心理不正常者，应及时移交至监狱医院，联系精神科鉴定及药物治疗。

第二步，确定求助问题的性质和严重程度。将严重心理问题者和可疑神经症患者区分开。

第三步，甄别求询者真实的求助动机。将非必要或非紧急的心理求询者甄别出来，终止或延后安排咨询。

第四步，确定求询者心理问题的类型。

根据评估的结果以及监狱心理咨询师的专长，建议合适的接诊咨询师介入。

2. 受理面谈甄别的基本原则

对于绝大多数不具备精神病学背景的基层心理咨询师掌握以下基本区别原则和方法，可以简便、快速地对大多数求询者心理健康状况做出归类性甄别。

（1）区别心理正常与心理不正常的三原则①

第一，主观世界与客观世界的统一性原则。如果一个人说他看到或者听到了什么，而客观世界当时并不存在引起他这种感觉的刺激物，那么我们必须肯定，这个人的精神活动不正常了，他产生了幻觉。比如一名服刑人员说，耳朵里总是听到一个陌生的女人指挥他干这干那，看又看不到，赶也赶不走，这时，我们要怀疑他的精神出现了问题。

一个人的思维内容脱离现实，或思维逻辑背离客观事物的规定性时便形成了妄想。比如一名服刑人员说：“我是上帝的使者，只要我高兴，随便用手往哪一指，那里便鲜花朵朵盛开。”这明显不符合客观的事实，我们也有理由怀疑其精神不正常。

以上这些都是我们观察和评价人的精神与行为的关键，我们称它为同一性

① 郭念锋．心理咨询师［M］．北京：民族出版社，2001：109.

标准。

第二，精神活动的内在协调一致性原则。认知过程、情绪情感过程、意志行为过程共同组成人类完整的心理过程，各种心理过程之间具有协调一致的关系，这种协调一致性保证人在反映客观世界过程中的高度准确和有效。如果一位民警向一名服刑人员了解他的犯罪原因时，他手舞足蹈地说："我父亲死掉了。"或者一个服刑人员说："我每天晚上都告诉自己要好好睡觉，不然第二天劳动不好挣不到考核减刑奖励，但是我总是失眠，我睡不着。"我们就要怀疑他们的心理过程失去了协调一致性，他们的认知与情绪，或者行为失去了协调一致性。

第三，个性的相对稳定性原则。每个人都有自己独特而相对稳定的个性心理特征，在没有重大外界刺激的情况下，一般人的个性是不易改变的。即使是遭受了重大的刺激，经过一段时间的调整，也不至于性情大变。比如一名原本外向、爱笑的人，在社会上事业有成，但犯罪判刑之后，感觉丢脸，不能面对现实，出现了情绪低落，自怨自艾，在改造、生活中退避，不愿过多接触人，不愿多说话的情况。这并不让人感觉到奇怪，许多服刑人员都有过这样的经历。但经过一段时间的调整与适应，性格中的外向和爱笑会慢慢显露出来。但是，如果该服刑人员入监一年后仍旧保持回避的情况，经常伤心，有睡眠障碍，我们就需要注意其精神状况的这种较大转变。

（2）许又新教授提出的区别神经症的评定原则[①]

在以下几项因素中，如果总分为不超过 3 分，可以认为还不够诊断为神经症，如果总分不小于 6 分，神经症的诊断是可以成立的；如果是 4 ~ 5 分，则为可疑神经症病例，需要进一步观察确诊。要补充说明的是，对精神痛苦和社会功能的评定，至少要考虑近 3 个月的情况才行，评定涉及的时间太短是不可靠的。

第一，病程。不到 3 个月为短程，评分为 1 分；3 个月到 1 年为中程，评分为 2 分；1 年以上为长程，评分为 3 分。

第二，精神痛苦的程度。轻度者病人自己可以主动设法摆脱，评分为 1 分；中度者病人自己摆脱不了，需借别人的帮助或处境的改变才能摆脱，评分

① 郭念锋 . 心理咨询师［M］. 北京：民族出版社，2001：109.

为2分；重度精神病人几乎完全无法摆脱，即使别人安慰开导他，或陪他娱乐，或易地休养也无济于事，评分为3分。

第三，社会功能。能照常工作学习以及人际交往，只有轻微妨碍者，评分1分；中度社会功能受损害者，工作学习或人际交往效率显著下降，不得不减轻工作或改变工作，或只能部分工作，或某些社交场合不得不尽量避免，评分为2分；重度社会功能受损害者，完全不能工作学习，不得不休病假或退学，或某些必要的社会交往完全回避，评分为3分。

（3）确定严重心理问题的标准[①]

严重心理问题是由相对强烈的现实因素激发，初始情结反应剧烈、持续时间长久、内容充分泛化的心理不健康状态，严重心理问题有时伴有某一方面的人格缺陷。诊断严重心理问题必须满足以下条件：

第一，刺激的性质及体验。引起严重心理问题的原因，是较为强烈的、对个体威胁较大的现实刺激。不同原因引起的心理障碍，求询者分别体验着不同的痛苦情绪，如悔恨、冤屈、失落、恼怒、悲哀等。

第二，反应持续的时间。从产生痛苦情绪开始，痛苦情绪间断或不间断地持续了两个月以上半年以下。

第三，反应的强度。遭受的刺激强度越大，反应越强烈。多数情况下，会短暂地失去理性控制，在后来的持续时间里，痛苦可逐渐减弱，但是，单纯地依靠自然发展或非专业的干预，却难以避免对生活、工作和社会交往有一定程度的影响。

第四，反应是否泛化。痛苦情绪不但能被最初的刺激引起，而且与最初刺激相类似、相关联的刺激，也可以引起此类痛苦，即反应对象被泛化。

（4）确定一般心理问题的标准[②]

心理问题是指由现实因素激发，持续时间较短，情绪反应能在理智控制之下，不严重破坏社会功能，情绪反应尚未泛化的心理不健康状态。

第一，刺激的性质及体验。由于现实生活、工作压力、处事失误等因素而产生内心冲突，并因此体验到不良情绪，如厌烦、后悔、懊丧、自责等。

---

① 郭念锋．心理咨询师（基础知识）[M]．北京：民族出版社，2009：301.

② 郭念锋．心理咨询师（基础知识）[M]．北京：民族出版社，2009：299.

第二，反应持续的时间。不良情绪不间断地持续满一个月，或不良情绪间断地持续两个月仍不能自行化解。

第三，反应的强度。不良情绪反应仍在相当程度的理智控制之下，始终能保持行为不失常态，基本维持正常的生活、生产、学习、社会交往，但效率有所下降。

第四，反应是否泛化。自始至终，不良情绪的激发因素仅仅局限于最初事件，即使是与最初事件有联系的其他事件，也不引起此类不良情绪。

3. 甄别求询者的求助动机

监狱在心理健康知识普及、心理测量、心理建档上都提出了 100% 覆盖的工作，绝大多数心理咨询师秉持的也是无条件接纳的职业态度。那么，受理面谈中对求询者的求助动机进行甄别，同时对于非必要和非紧急的求询者终止或者直接拒绝提供咨询服务是否恰当？

在回答这个问题之前，我们先来看一个有着类似情况的例子——监狱服刑人员医疗。

监狱服刑人员医疗与社会医疗服务至少存在一个本质的区别。社会医疗中，病人在获得医疗服务的同时，自己也要付出相应时间和金钱上的成本，所以，社会医疗中的病人，看病的动机比较单纯，医院除了看病治疗之外，很少需要承担社会管理的职责。

在监狱服刑人员医疗中，情况似乎不太一样。浙江省第一监狱是一所拥有押犯 4000 人左右的重型男犯监狱，以其为例，最初为方便就诊，医院曾主动开展了上门巡诊工作，日均就诊量一度突破 500 人次，大大超出了医疗保障的能力，医疗质量反而得不到保证。于是，在实行适当的医疗管控措施后，就诊量有了大幅的下降，但目前仍维持在日均就诊量 150 人次左右。要知道这所监狱押犯的主要群体是年龄在 20 岁到 45 岁的青壮年，如此高的就诊率显然大大偏离了社会正常水平。然而，非必要和非紧急医疗需求畸高，进而导致医疗服务长期处于超负荷运转状态的情况。这在任何一所监狱似乎都成为一种普遍现象。究其原因，“改造生活枯燥、乏味，个人活动范围狭小”，进而导致“去医院免费看病”成了合情合理的理由，管理者既难以辨别，更难以干涉。

监狱服刑人员心理咨询的情况也极其类似，问题也几乎类同。

首先，服刑人员心理咨询同样提供的是免费服务，个人需要付出的只有时间和精力，而时间和精力在监狱这个特殊的环境中，在很多服刑人员看来就是用来消磨时间的。

其次，某些求助者申请心理咨询时，抱着“没事时逛一圈”的心态。心理咨询时可以合情合理地找人聊天，特别是可以选择和异性心理咨询师“聊天”，在一些服刑人员看来更像是一种“福利”，也是值得“炫耀”的谈资。

最后，难以从源头上有效控制数量。大量的非必要、非紧急咨询对象，占用了宝贵的心理咨询服务资源，真正需要心理帮助的人，反而有可能得不到必要的关注。

作为相对成熟的监狱服刑人员医疗模式，其管控的一些经验也同样值得监狱服刑人员进行心理咨询时借鉴。监狱医生在诊治病人病情之外，还有一项不同于社会同行的工作内容，那就是辨识、甄别特殊病人的真实“就医”动机，并做出相应的处理。

监狱心理咨询工作流程中，也应当包括对求询者进行甄别这一内容，对于非必要和非紧急的求询者，终止或者直接拒绝咨询方面的服务，以便将咨询师有限的精力投入到那些最需要帮助、最有可能积极改变的人身上。

受理面谈咨询师对求询者的真实求助动机进行甄别，主要从以下两个方面进行：

一是否有心理咨询的求助动机。

心理咨询不同于医疗模式，也不同于心理治疗。医疗模式可以是强制性的，即使本人不同意，强制性的介入医疗如输液、鼻饲、人工肺等仍可以发挥作用。心理治疗虽然不使用药物，但遵循的也同样是医疗模式，解决的是某些神经症、人格障碍、性心理障碍、行为障碍、心身疾病等问题，因此，某种程度上，也可以把心理治疗看成是医疗工作的延伸，心理治疗也具有强制性的特点。

心理咨询则不同，由于心理咨询大多在意识层面进行，侧重教育性、支持性和指导性，因此，心理咨询要想达到改变的预期目标，前提条件是求询者必须意识到自己有心理方面的问题，并且希望在咨询师的帮助下，自己的问题能够得到解决。希望解决心理问题是一种需要，动机是指在需要的刺激下，直接推动人进行活动以达到一定目的的内部动力，没有求询者内部的动力，没有现实的求助动机，心理咨询师的任何努力都不会取得真正的效果。

在监狱特定环境中，求询者的求助动机有两种类型：

第一，主动求助型。服刑人员自觉意识到自己存在心理方面的问题，主动向监狱心理咨询机构或个人提出心理求助的类型。该类求询者通常求助动机较强，咨询效果较好。

第二，被动求助型。在外界的压力下，服刑人员被动地提出心理求助申请的类型，这样的情况并非罕见。由于监狱是刑罚的执行机关，是强制服刑人员改造的场所，在教育改造过程中，服刑人员个人的意志有些时候并不能够得到真实的表达。在一些特殊的情况下，比如管教民警在管理教育过程中，发现某服刑人员可能存在心理问题，并建议该服刑人员去心理咨询时，该服刑人员可能也会正式地提出心理咨询的申请，但此时，该名求询者可能缺乏对监狱心理咨询的起码了解，缺少对心理咨询基本的信任，可能是抱着试一试，或者是应付的心态来对待接下来的心理咨询。

受理面谈的心理咨询师在处理被动求助型的咨询申请时，首先要尝试着帮助该求询者建立起真正的求助动机，比如从专业的角度，帮助求询者澄清表面问题下心理问题的真正根源，引导求询者认识到自己个性上的缺陷，介绍监狱心理咨询类似的成功案例等，使求询者从被动的求助转变成主动的求助。其次，对于主动求助动机难以建立的预约咨询申请对象，受理面谈的咨询师应当直接地对其说明：就刚才我们所谈的情况来看，心理咨询并非是你合适的选择，因为，心理咨询的前提是你愿意改变，并且愿意为这个改变付出你自己的努力，希望下次当你有这样的需要时再和我们联系。

二是心理咨询的求助动机是否合理。

在开展监狱心理咨询的实践中我们也发现，出于病急乱投医、咨询是免费的、猎奇等复杂心态，一些主动求助于心理咨询的服刑人员，其需要解决的问题常常超越了心理咨询的合理范畴。综合来看，心理咨询的不合理求助动机主要有以下三类，受理面谈咨询师应予以了解。

第一，求助于解决现实的改造问题。虽然大多数时候，求询者求助的问题与现实改造有关，但心理咨询的任务是帮助正常人化解生活中各类心理问题，深化自我认知，端正处事态度，构建健康的生活方式，矫正不良行为，改善人格结构，纠正不合理的认知模式和非逻辑思维，学会调整人际关系，强化适应能力等[①]。简单地说就是，心理咨询解决的是心理方面的问题，而不是生活中的实际问题。因此，当求询者的求助动机是对于案子判决不服，期望改判；对考核或处罚有意见，进行投诉；举报他人违规；希望安排或者变革劳动岗位；身体疾病，希望能得到更好的治疗；期望保外就医；家庭困难，希望得到政府帮助；希望能约见上级领导等具体问题时，受理咨询师应当帮助求询者辨识具体问题背后自身的心理问题，帮助其树立正确的求助动机，或者建议其求助于正常的申诉、法律援助、医疗救助等渠道。

第二，求助于咨询师的特权。由于监狱心理咨询师通常在兼职心理咨询之外，还有自身的本职岗位，许多还担任一定的职务，如部门领导、医务人员等，手中掌握有一定的公权力。在咨访关系可以双向选择的情况下，极少数求询者求助于心理咨询的目的是为了引起关注，或者认识特定岗位或职务的民警，希望建立咨询以外的关系，以便获得潜在的关照，如果发现类似的情况，受理面谈咨询师应果断终止咨询过程。

第三，求助于特定异性心理咨询师。在监狱内开展异性心理咨询，可以合理调配咨询师资源，发挥异性咨询的亲和、互补作用，是监狱心理咨询体系重要组成部分。然而在实际运行过程中，可能会出现某服刑人员喜欢、爱慕、暗恋某位异性心理咨询师，而指定要求咨询的特定情况。

虽然在一些咨询理论中，移情是咨询有效的必要条件，但我们认为咨询中的移情与咨询外的爱慕有着本质的不同。我们理解，在长期服刑中，服刑人员会产生与异性交流的渴望，但我们坚决不认同“异性心理咨询师的聊天本身即是疏导或咨询”的看法。实际上，无论同性还是异性咨询师，提供的都是专业的心理咨询服务，关注的都是求询者个人内心的成长，而不是满足表面的沟通需求。

因此，咨询师在受理面谈中，如果发现某位求询者特别指定某位异性咨询师预约咨询时，应当进一步询问“是从什么渠道了解她的”“这位咨询师给你的印象是什么”等开放性问题，甚至可以通过“这位咨询师最近比较忙，如果有需要，我们为你推荐另一位咨询师，你是否愿意”等选择性问题，来试探和甄

① 郭念锋．心理咨询师（基础知识）[M]．北京：民族出版社，2009：419.

别该求询者真实的动机是解决心理问题，还是见某位心仪的异性心理咨询师。

对于求助于特定异性心理咨询师的情况，受理面谈咨询师应灵活掌握，除非特别确定非必要咨询和明显的爱慕者，一般情况下，应建议按求询者的要求指派异性心理咨询师接诊，但在书面建议意见中，应注明求询者对该咨询师的态度和认识，提醒接诊咨询师在咨询中进一步关注可能的移情。

（四）常见的精神障碍类型

据国内文献报告显示，目前我国社会上精神障碍（也称重性精神疾病）的发病率约为 1%~1.5%[①]，而据浙江省第二监狱 2012 年的一项调查显示，在所关押的 3987 名服刑人员中，已发现的精神障碍患者有 63 人，占押犯比率的 1.58%，超过社会上精神障碍发病率的上限。

精神障碍患者由于缺乏自知力和自制力，情绪和行为具有不可预测性和不可控性，患者容易在幻觉或妄想的支配下，行凶伤人、自伤或者脱逃，往往容易酿成重大恶性的事故，成为监管安全的极大隐患。

比如 2010 年，某监狱一名严管期间的服刑人员，在就寝前洗漱后回床位的过程中，突然抡起一旁叠好的塑料小凳子，朝下铺一名躺着睡觉的无辜罪犯脑袋上猛砸，将其砸成脑震荡。事后提审时，该犯自称不想活了，又整天被人看着死不了，于是希望打死别人，好让政府把自己枪毙掉。经过鉴定，确诊该服刑人员是一名抑郁症患者，转精神科治疗后，其症状得以缓解。

由于精神障碍患者普遍不认为自己有精神问题，不愿去医院就医，基层管理民警又普遍缺乏认识和发现精神障碍患者的知识和技能，因此，监狱心理咨询网络以畅通的渠道优势和较专业的鉴别能力优势，已经成为监狱筛查精神障碍患者的重要途径。

作为监区或分监区的心理辅导员，应当基本能熟悉掌握和运用"区别心理正常与心理不正常的三原则"、许又新教授提出的"区别神经症的评定原则"，在工作中树立警惕和发现精神障碍的安全意识。

作为受理面谈的心理咨询师以及监狱级心理咨询师，则应当了解精神障碍基本类别，并学会查询和对照以下标准，进行精神障碍的初步诊断。

① 刘善诚．在司法鉴定中如何识别伪装精神病［J］．上海精神医学，1995（4）2：12–243.

在我国，精神障碍的分类主要参考两类标准，一类是《国际疾病分类标准》（ICD-10）的分类，主要运用在医院门诊诊断中；另一类是《中国精神障碍分类与诊断标准第3版》（CCMD-3）的分类，主要应用于精神障碍的司法鉴定，与我们的工作密切相关。

CCMD-3是1995~2000年期间，由卫生部科学研究基金资助，并经中华精神科学会常委会讨论通过，作为学会的分类和诊断标准发表的研究成果。CCMD-3的分类兼顾病因、病理学分类和症状学分类，分类排列秩序服从等级诊断原则。

ICD-10的名词解释，仅在必要时做了修改和补充，因此，CCMD-3与ICD-10并不冲突，只是更符合中国国情。

CCMD-3主要分类如下：

①器质性精神障碍。

②精神活性物质或非成瘾物质所致精神障碍。

③精神分裂症（分裂症）和其他精神病性障碍。

④心境障碍（情感性精神障碍）。

⑤癔症、应激相关障碍、神经症。

⑥心理因素相关生理障碍。

⑦人格障碍、习惯与冲动控制障碍、性心理障碍。

⑧精神发育迟滞与童年和少年期心理发育障碍。

⑨童年和少年期的多动障碍、品行障碍、情绪障碍。

⑩其他精神障碍和心理卫生情况。

三、监狱服刑人员心理咨询的准备过程

充分的心理咨询前准备，是保证咨询顺利进行、提高咨询效率、提升咨询效果的基本条件，监狱个体心理咨询前准备主要从心理咨询师自身、心理咨询场地两个方面进行说明。

（一）心理咨询师自身的准备

1. 咨询时间的准备

监狱心理咨询师绝大多数是兼职从事心理咨询工作的，即便是心理健康指导中心专职咨询师，也通常有大量的事务性工作要做。心理咨询的过程要尽量免除外界的干扰，更不能因为咨询师临时有事而中途中断咨询，因此，咨询师

自身合理而足够的时间安排，是保障监狱个体心理咨询顺利进行的前提条件。

在咨询前，咨询师应当提前或推后安排好这一时段的本职岗位工作，向相关领导说明自己的去向、时间，以及咨询时需要关闭手机或调成静音的情况。

监狱一次心理咨询的时间通常为 50 分钟，加上提前到达咨询现场的 10 分钟，以及咨询结束后记录的 30 分钟，总计以安排 1.5~2 个小时的时间为宜。

2. 服刑人员资料的准备

服刑人员求询者的心理问题通常有着复杂的背景，可能与小时候的家庭教育、成长经历有关，可能与认知、情感、需要、性格等个人心理特点有关，可能与刑期结构、劳动岗位、人际关系有关，也可能与当下家庭状况、社会支持等问题有关。因此，咨询前心理咨询师除通过个人咨询申请、基本信息资料、心理测试结论、受理面谈结果外，还应尽可能通过档案中的个人自传，以及所在单位心理辅导员的介绍，详细了解求询者的背景情况，为即将进行的心理咨询做好准备。

3. 咨询的专业知识技术准备

求询者的每一个心理问题或许可以进行归类诊断，也可能有成熟的接诊处理模式可以查询、参照，但每一个案例都是不同的。求询者有不同的心理预期、不同的个性特点、不同的案例背景、不同的可利用个人资源，心理咨询师也有不同的个性、不同的专业背景、不同的咨询经验等，这些不同的因素围绕着共同的咨询目标，在不同的咨询阶段交互作用，决定了每次咨询都是独一无二的过程，不同的心理咨询也因此而总被打上或多或少咨询师个人的风格。

归类诊断能力和分别处理能力来自于咨询师平时的理论和技术积累，更来自于咨询前的专业技术准备。成功和失败的两方面经验都表明，咨询前对求询者心理问题可能要涉及的理论、技能准备的充分程度决定了咨询的深入水平。这一点对初级心理咨询师尤其重要。因此，每一次咨询都是一次新的学习过程，咨询师需要不断地补充自己的知识，更新自己的技能，这与专业是否自信无关，而与对咨询是否负责有关。

4. 接诊咨询师身心健康状态的准备

每一次投入的咨询都是相当费心费力的过程。心理咨询师在咨询前必须调整好自己的状态，包括身体的状况和心理的状态。

（1）稳定的身体状况

每个人都避免不了身体可能出现的状况，特别如上呼吸道感染或肺部疾病等影响语言表达的状况、休息睡眠不足而导致精神不佳的状况以及其他疾病需要休息疗养的状况等。在这些状况下，咨询师都应当推迟或转介咨询，咨询师只有对自己负起责任，才能更好地对求询者负责。

（2）稳定的心理状态

心理咨询是一个心理能量由高到低的传递过程，心理场的感应并非是心理技术可以控制的。咨询师正面的能量、积极的状态有助于求询者向正面、积极的方向改变；相反，咨询师负面的情绪也一定会被求询者感应到，并对咨询过程产生负面的影响。过度的紧张、焦虑影响到咨询技术的发挥，可能导致思维短路和冷场；过度的放松又不容易进入咨询状态，不能与求询者形成良好的共情和互动。

因此，稳定的心理状态是一个介于紧张和放松的区间。适度的紧张可以让咨询师保持良好的注意力和反应力，可以让求询者感受到咨询师对咨询的投入和对自己的关注；适度的放松，则有利于咨询师在整个咨询过程中保持良好的状态，并积极影响到求询者，使其降低焦虑，增加对咨询师的信任，增添对咨询的信心。

（二）咨询场所的物质准备

监狱服刑人员心理咨询场所主要有以下三类。

1. 心理健康指导中心个体咨询室

心理健康指导中心个体咨询室是标准的咨询场所。咨询前需要做的准备工作有检查隐藏式报警装置、监控视频运行状态；保持卫生整洁；咨询前个体咨询室开放通风；提前开亮电灯，夏冬季提前半小时打开空调；开水、纸杯备用；如果咨询师个人有其他的需求，比如录音、记录纸笔等，可以自备或在入场前10分钟内准备。

2. 监区或分监区心理辅导室

由于场地限制，监区或分监区心理辅导室通常是一室多用的半临时性咨询场所，许多监狱基层就设置在监房民警值班室内。严格来讲，这并非规范的咨询场所，咨询时很容易受到外界嘈杂的声音、门口进出人员的干扰，但是不论是从监区或分监区咨询师工作的便利性考虑，还是从服刑人员求询者的管理安全性考虑，如果要实施监区或分监区心理辅导站工作，这样的咨询场所无疑是最好的选择。

监区或分监区心理咨询前物质准备相对简单：保持场所安静，尽可能不受打扰；清除值班室座位下可见的潜在危险物品，如烟灰缸、刀具、榔头等；开水、纸杯备用；咨询前，咨询师暂时解除值班武装带。

3. 临时咨询场地

临时咨询场地是指特殊情况下的临时心理咨询场地，通常的情形比如：服刑人员心理危机的干预、心理咨询的主动回访、监区或分监区的室外咨询等。

临时咨询场所要注意安全性、相对隐蔽性和相对安静的环境，最简单时，准备两张凳子或椅子即可。

（三）正式咨询前的事务性准备

正式心理咨询阶段是指接诊咨询师受心理健康指导中心指派，正式介入求询者心理问题的咨询过程。正式心理咨询之前，除以上的各项准备之外，接诊咨询师还要完成以下基本的事务性工作。

第一，接手一本空白的《服刑人员心理咨询档案》。

空白的《服刑人员心理咨询档案》由监狱服刑人员心理健康指导中心提前准备和提供，内容包括求询者个人基本情况、现有的心理测试结果、求询者心理咨询预约单复印件、空白的咨询记录栏等。如果求询者心理问题与早期经历有很大的关系，档案中的“个人成长经历”复印件也应提供一份。

咨询前熟悉《服刑人员心理咨询档案》的内容，有利于充分掌握求询者各方面信息。空白的“咨询记录栏”用于记录正式咨询内容。

第二，联系和确定正式咨询的相关事宜。

接诊咨询师应根据自己的工作安排，与求询者所在单位心理辅导员联系，商定具体的咨询时间、咨询地点和咨询形式，并委托辅导员将以上信息提前通知求询者本人，以便求询者做好咨询前的心理准备，如果求询者有不便咨询的原因，应另行商定以上事宜。

第三章　监狱服刑人员心理咨询过程

本章主要是关于在监狱服刑人员心理咨询过程中将发生什么以及咨询师在为服刑人员进行咨询时应该做什么的讨论。服刑人员心理咨询过程指的是咨询师和服刑人员共同采取的一系列直接指向目标的系统行为。

咨询过程也是一个人际交往的过程，在这一过程中，咨询师试图帮助服刑人员发展问题解决能力。这个过程应该有诊断、实施和结束阶段，而不应该有头无尾，无目的性或者无组织性。下意识的方法不能构成心理咨询。咨询师必须理解咨询过程，帮助所咨询的每一个服刑人员建立目标。好的咨询包括制定计划、做好准备并在对服刑人员做心理咨询中加以系统应用。

无论心理咨询是长期还是短期的，过程和程序都应该是相似的。某些事件可能出现在咨询的开始、中间或者结束阶段。服刑人员心理咨询师需要意识到、预料到这些事件，并做好准备，以便当它们出现时能很好地处理。此外，如果咨询师对咨询过程熟悉的话，还能为服刑人员准备好咨询可能出现的后续问题。最后，如果咨询师接受了有关咨询过程的培训，当他们发现自己准备不足时就不会过分地焦灼与恐慌。

服刑人员往往背负着很多问题，包括他们的年龄、性别、家庭等问题，他们除了要应付刑事司法系统内法律、服刑等问题，还要面对很多日常生活问题。对监狱内服刑人员心理咨询必须包括帮助他们更加有效地处理自己的问题。当然，这并不意味着我们替他们处理这些问题。这里与前述章节的内容逻辑理念是一致的。因此，问题管理是咨询师选择的任何咨询方法都必须包含的内容。

本章所提出的心理咨询的专业过程的阐述，内容借鉴于伊根（G.Egan，

1990）在《有技巧的帮助者：一种有效帮助的系统方法》（The Skilled Helper: A Systematic Approach to Effective Helping）一书中提出的问题管理方法。本书挑选出适用于服刑人员心理咨询活动的最重要的、最有用的部分加以讨论，而不包括咨询过程的每个细节。针对本节的学习，学习者如果先前具有系统的学习心理咨询专业技能的过程将有助于理解接下来谈到的内容。

本章分为三个部分：咨询诊断阶段、咨询实施阶段、咨询结束阶段。请注意，咨询过程分成三个部分，是为了更好地理解而做出的人为划分。我们应当明白，心理咨询是一个自然发展的过程，任何对心理咨询各阶段的划分，都是一种主观的区分。

实际上，每个阶段并不总是清楚明白地分开的。某个阶段首次出现的工作内容可能会在下一个阶段重复出现，或者某个工作内容在同一个阶段重复出现。本书在这里呈现的是一般的情况。学习者需要大致了解这些可能性，但是请不要在顺序或者数量上固化，要知道，人的心理总是复杂和多变的。心理咨询过程是现象、方法的多种灵活组合。每一个求询者的独特性决定了咨询过程的独特性。

在这三个阶段中，咨询的诊断阶段是本章的阐述重点。因为个体心理咨询大量的活动与技巧在这个阶段初次出现，并会在后续阶段根据需要再现；咨询的实施阶段是咨询师根据诊断阶段对心理问题与干预措施制定计划之后主动干预阶段。不同咨询师受到的咨询流派训练的不同，咨询的实施方法步骤会有很大的差异。为了更为直观的说明，请学习者参看第四章监狱服刑人员心理咨询情绪问题、第五章监狱服刑人员心理咨询的常见问题、第六章监狱服刑人员心理咨询的理论。实施阶段的理论依据、实践方法会在这三章内容中以不同形式表现。咨询的结束阶段会强调心理咨询完整的重要性及处置要点。

另外，参看本书的学习者需要注意到，本书阐述的内容主要针对监狱服刑人员心理咨询活动，重点强调被监禁服刑人员的特殊问题及咨询注意事项、适用方法等。一般基础性的心理咨询过程不会过多地提及或详细阐述。这是本书与针对一般人群心理咨询教参的差异之处。

第一节 咨询的诊断阶段

咨询诊断阶段也是咨询的开始阶段，从性质上来描述，主要是在受理面谈的基础上，接诊咨询师进一步与求询服刑人员进行摄入性谈话，在充分获取资料的基础之上进行评估，确定问题，做出诊断。服刑人员构想他们想要的生活，双方共同协助形成和检查改变目标，做出选择和承诺。这一部分的具体的内容包括：与求询服刑人员的初次接触、抵抗的服刑人员、咨询的态度、服刑人员以自己的方式讲述故事、沟通技巧（言语与非言语）、咨询现场的记录、摄入性谈话内容的整理、签订咨询契约。学习者需要注意，这些开始阶段的某些工作内容会一直持续出现于整个咨询过程，而另外一些内容则会依据求询者多样性而不同程度地出现于不同阶段。

咨询的诊断阶段能为以后的治疗关系的类型和质量以及服刑人员能否成功解决他的问题定下基调和方向。在咨询过程的早期，咨询师和服刑人员双方都要打好基础，建立目标。如果有良好的开端，服刑人员将会接受咨询师所提供的服务。如果处理不好，服刑人员将会厌弃这一咨询。

咨询师必须记住，在咨询活动的初期，服刑人员较容易处于一个不安全的心理状态。尽管我们在受理面谈阶段已经对求询者的咨询动机进行了鉴别，我们显然很欢迎那些主动求询的服刑人员，但是那些被动求询的服刑人员，监狱心理咨询师仍旧没有回避的很大空间。咨询师的警察身份不可避免地对求询者的问题暴露与积极投入产生影响。服刑人员对心理咨询师的刻板印象是把心理咨询师看作是司法系统的代言人。在咨询面谈的开始阶段，咨询师仍旧是有权影响服刑人员生活的权威形象，而过于权威则会使人敬而远之。而那些被动求询的服刑人员也很可能认为心理咨询不会给自己带来什么好处，相反，或许还会泄露自己更多的秘密。并且，很多服刑人员过去对心理咨询有着不好的体验，并把这些体验带到现在的治疗关系中。

因此，在诊断阶段，服刑人员带着怀疑、试探、矛盾以及恐惧的心理接近咨询师，但是，通过接受帮助来解决他们问题的希望成为他们减弱担忧的积极因素。服刑人员经常感到他们所说所做的每一件事都会被仔细审查，并被咨询师用来反对自己，因此，服刑人员在开始阶段对咨询师的不信任（这是任何心理人际联系刚建立时都存在的现象，不是服刑人员心理咨询活动所特有的，但是后者显然不信任程度会更高），即使冒最小的风险，和咨询师交谈前也要先“试试水”。

在咨询关系的开始阶段，服刑人员的头脑中常常有以下疑问：

①在咨询中会发生什么？

②这是一个什么样的咨询师？

③咨询师对我是否会公平？

④咨询师对我的期望是什么？

⑤咨询师是否想要套取我的“余罪”？

心理咨询师可以而且应该在第一次接触的时候直接回答服刑人员第一和第四个问题，但是，其他的问题只能让时间和过程来回答服刑人员。除非服刑人员得到所有问题的答案，否则在咨询关系中不可能建立起真正的信任，而咨询师能提供帮助的能力也会是有限的。

乔哈里视窗（Johari Window）（表 3-1）是用来从理论上解释在咨询过程中服刑人员将会发生什么的模型（Luft，1970）。这个模型告诉我们，双方对彼此的了解，或者愿意让对方了解的内容在咨询过程的开始阶段都存在不一致的地方。

服刑人员对咨询师并不是开放的，或者他们对很多咨询师和其他人都看得清清楚楚的事情却茫然不知。服刑人员也有意识地对咨询师隐瞒一些东西，例如，服刑人员可能隐瞒了他不想暴露给咨询师的一些事情和感受，还有一些事情是咨询师和服刑人员在咨询开始阶段都不知道的。例如，正常情况下，咨询师不会知道服刑人员犯罪的动机、处事规则、态度、价值观和某些行为，这些可能连服刑人员自己也没有意识到，只有在咨询过程继续下去以后才能意识到这些。在咨询开始阶段，服刑人员和咨询师都不知道咨询将会如何进行。根据乔哈里窗模型，咨询过程不仅要帮助服刑人员解决自己的问题，而且要最终帮助他们更开放，暴露自己的盲点，减少对事情的隐瞒，并且意识到他们以前没有意识到的东西。

表 3-1　咨询过程的乔哈里视窗

	服刑人员知道的	服刑人员不知道的
咨询师知道的	开放的	盲目的
咨询师不知道的	隐瞒的	没有意识的

咨询师了解这一图表，能够使咨询师对自己所了解到的内容时刻进行反思，追寻服刑人员对问题的盲点、咨询师的抵抗以及咨询师自身在问题解决方向或者内容上的突破。咨询师对自己的工作有着更加明确的思路。

一、初次接触时咨询师工作的整体把握

服刑人员和咨询师初次接触时，双方往往都充满紧张和焦虑。双方要以何种态度面对后续的活动、双方的合作与投入是如何的等这些内容需要咨询师与求询的服刑人员在初次接触时共同建构。这里，本书借鉴了美国矫正心理专家 Ruth E. Masters 对这一内容的阐述[①]。原则上，在咨询始阶段，咨询师要准备好与服刑人员建立工作联盟。这个工作联盟包括心理咨询师和服刑人员之间的合作，服刑人员知道他们工作的方式以及要达到的每个目标。工作联盟是契约性的，以便在咨询过程中能够被修改。

咨询师应该注意自己的身体语言和声音语调，说话应该自然而不能有威胁的感觉。一些心理咨询师会选择尽可能地在移除他们与服刑人员之间的桌椅和其他障碍物的情况下进行咨询。这一做法基于这样的理念，即认为那些物理障碍会阻碍服刑人员和咨询师之间的开放性交流。不过，由于考虑到某些服刑人员的情绪不稳定、犯罪行为的恶劣性以及对心理咨询师的人身安全保障，某些监禁机构在心理咨询室中，咨询双方间设置用于保障安全的隔离网。这也许是服刑人员心理咨询的特殊实景，其有利和不利之处有待商榷。但是，如果从保障咨询师安全的角度考虑，这样的隔离设施也是可以被理解的。

简单介绍以后，咨询师的任务就在于澄清本阶段的目的。服刑人员心理咨询师必须根据自己所代表的机构来协助服刑人员解决心理方面的问题，以及合

① [美] Ruth E. Masters. 罪犯心理咨询 [M]. 杨波，等，译. 北京：中国轻工业出版社，2005：35.

理应对由此带来的现实问题。服刑人员对此能够清楚地理解，并使所有的问题得到解答。咨询师必须时刻记住：初次接触不是审问或者调查事实的会谈。在整个过程中，始终要把服刑人员纳入进来。无论服刑人员什么时候提出问题，咨询师都必须直接回答而不要顾左右而言他。不直接回答服刑人员的问题会影响刚刚建立起来的咨询关系。

咨询师必须用清楚、简单、诚实和直接的陈述来说明咨询过程中的原则以及咨询师对服刑人员行为的要求，应尽量避免使用术语。例如，咨询师要求准时，如果服刑人员不能如约而来则必须通知咨询师，这一点必须在初次见面的时候毫不含糊地确立起来。此外，向服刑人员说明保密的范围也是这个时候与服刑人员建立咨询关系的一部分。

初次见面，咨询师要以真诚而不虚假的方式向服刑人员解释自己的工作角色。服刑人员往往在初次接触时会提出一些假设性的问题来观察咨询师对服刑人员的容忍程度。这样的问题也帮助服刑人员去了解咨询师。所以，咨询师要清楚地描述自己的角色，以使服刑人员对咨询师有一个清楚的认识。

在整个阶段，咨询师应该积极地将服刑人员纳入到咨询关系中并引发他们的反馈。咨询师应该对服刑人员的交互风格、个人能力以及弱点有一个心理记录。正常情况下，强烈而深入的咨询工作不会在初次接触阶段出现。一般来说，咨询师应该重点注意以下方面：建立良好的咨询关系；建立接纳的、宽容的咨询气氛；通过表示对服刑人员有能力解决自己问题的信任来赋予服刑人员力量。

以下给大家具体呈现咨询师对服刑人员可能表达的话语。

“×××，你好，欢迎你来咨询。我是×××，是监狱心理健康指导中心指派的国家二级心理咨询师。感谢你对监狱咨询工作的信任，我非常愿意为你提供心理学的帮助。在你来之前，我对你的情况已经有所了解，我希望你能把你遇到的困惑或者难题，坦诚地与我沟通、交流，以便我真正地了解你的问题所在，并向你提供所需的心理学帮助。”

“心理问题是……心理问题的解决需要我们共同的投入、分享，找到困难产生的心理原因。”

以上，咨询师显现出对咨询的绝对掌控。每个咨询师都下意识地希望求询者是最合格的求询者，他们坦诚、积极、勇敢……但是，如果这些求询者如咨询师所期望的那样，那么他们出现在咨询室的概率是极低的。换句话说，咨询师大多数情况碰到的是让我们面临挑战的求询者，尤其是面对封闭性、问题多发性的监狱服刑人员群体，咨询师对此要预先做好准备。

二、抵抗的服刑人员

从初次接触那一刻开始，服刑人员就经常出现对咨询的抵抗，咨询师在咨询的一开始就必须处理这一情况。服刑人员对咨询师对其问题探寻的抵抗通常伴随着焦虑和恐惧的情绪。抵抗缘由可以来自服刑人员自身，也可能来自咨询师自身。

药物滥用与其他物质滥用的服刑人员对心理咨询的抵抗是最常见的（Harris，2001；Roming & Gruenke，1991；Walters，2001）。在前述的内容里，我们讲到，事实上，大多数服刑人员并不是自愿加入心理咨询的，通常是监区的管教干警"建议"他们来的，因此，多数人感到是被迫的。一般来讲，任何感到被迫接受心理咨询的人都会以抵抗的形式进行反抗。对于咨询师而言，解决并且利用抵抗比强迫服刑人员服从要明智得多（Dimond，Haven&Jones，1978）。

伊根（Egan，1990）描述了以下几类典型的抵抗："抵抗的来访者可能把自己表现为不需要帮助的、感到屈辱的，不愿意和咨询师建立关系，在任何有可能的情况下反对咨询师。他们可能怨恨并试图破坏帮助过程，在尽可能早的时候中止咨询，也可能很暴躁，甚至会辱骂和攻击。"

"求询者会以上述或者更多的方式表现出不同程度的抵抗：一些人公开表现敌意和攻击，带有明显的游戏性和操控性，并且试图让咨询师明确地知道他们不想和咨询发生任何关系；另外一些人则以消极的形式来表现抵抗，如不知道他们想在咨询中得到什么、表示无意与咨询师建立关系或讨论安全的话题、过度地配合、从不完成任何任务、制定不现实的或无法达到的目标、在改变行为上几乎不做任何努力、有意地沉默或不说话、迟到或者不露面、逃避责任等。"（Egan，1990）。

无论抵抗是否明显，它都意味着服刑人员和咨询师之间存在障碍，必须予以清除。

所有人都会对对方的抵抗产生反应，服刑人员心理咨询师也不例外。至少，来自服刑人员的抵抗通常会扰乱、迷惑咨询师，并分散其注意力。最糟糕的情况是，抵抗会使咨询师愤怒，这要看咨询师的耐心如何，咨询师是以理性控制的方式反应，还是以非理性的方式反应。

咨询师首先要做的事情就是一定要真诚地面对自己对服刑人员抵抗的感觉，无论抵抗在初次接触，还是在咨询过程中的任何阶段达到极点（Schulman，1979）。咨询师对抵抗的服刑人员可能会有各种情绪反应，包括激动、敌意、反击、受伤、惊慌和内疚等。咨询师如果不能面对这些情感反应，就会阻碍他们给服刑人员提供所需要的帮助。与服刑人员交往中，咨询师一定要和服刑人员讨论在建立咨询关系中所产生的障碍。建议咨询师能做的事情是：把抵抗看成是正常的，在产生抵抗的时候多检查自己的问题，把抵抗看成一个治疗问题，要现实一些，并且关注服刑人员被强迫的感觉。要注意的是，抵抗很少会自行消失，然而，当它被识别而且被认真探究时，服刑人员和咨询师将更有可能越过它而继续前进。

服刑人员心理咨询师一定要知道还有哪些阶段会出现与抵抗的服刑人员交往。咨询师一定要区分并且识别抵抗行为是因为服刑人员自己的动机，还是咨询师的能力，或因为服刑人员心理咨询计划和过程中出现的问题（Shearer & Ogan，2002）。希勒和奥根（Shearer&Ogan，2002）发现，那些认为自己是自愿接受治疗的药物滥用者与那些感觉自己被迫接受治疗的服刑人员相比，超过20%的人不会出现抵抗。最后，米勒（Miller，1999）指出，来访者的抵抗，事实上可能是因为咨询师拙劣的咨询技术、不适当的目标设定或不成功的治疗计划导致的。服刑人员心理咨询师不能盲目地将抵抗归为服刑人员的过失。

三、咨询的态度

心理咨询师的咨询态度对建构咨询关系的重要影响作用是不言而喻的。人际互动的持续性和有益性更多的是依靠彼此态度的真诚、理解、信任、热情等等。心理咨询活动的学习者，同样也能在其他的学习材料中看到其他学者对咨询态度的详细阐述。相较于一般人群的心理咨询活动，监狱环境中，多重身份的监狱心理咨询师在建构尊重平等的咨询关系时将面临更多的阻碍。咨询师本身的警察意识与服刑人员的“阶下囚”意识在咨询室环境中被希望尽可能地弱化。咨询师被期待能够通过“在人格上尊重求询者，保持关系平等”来让求询的服刑人员以更加坦诚、开放、平等的心态投入到咨询活动中来，更易于建立独立、自尊、自主信念，咨询从而实现“助人自助的目标”。

为了建构“在人格上尊重求询者，保持关系平等”这种心理意识，咨询师作为最初活动的主导者，应该有意识地通过积极态度的传达来达成这一目标。

（一）非批判性态度

对于监狱心理咨询师来说，最为迫切的咨询态度是非批判性的态度，后续谈到的尊重、共情、真诚等态度都应该是在此基本态度上的具体演化。

面对行为上带有污点的服刑人员，个体很容易产生评判倾向。监狱心理咨询师平时承担管理教育的职责，指出问题、提出批评是工作的常态。咨询师在专业谈话中迅速转变角色意识，一改平时评判式工作态度为非评判式工作态度会遇到挑战。“你怎么还这样？”“这怎么可以？”“都像你一样，监狱还怎么管理”等日常用语很容易在谈话中自然流露。

监狱心理咨询师首先作为普通人类个体而存在。说明这一点，是为了打消咨询师当面对已做出的对服刑人员的评判时而产生的过度负性自我评价。问题的重点不在于是否产生，而在于是否觉察到评判的产生。当监狱心理咨询师觉察到评判的产生，则能目标清晰地进行自我反思，调整自己的态度，直至更好地建构非评判性态度，从而体现咨询师价值中立的原则。

罗杰斯曾说：“当我们看着日落的时候，我们不会去想控制日落，不会命令太阳右侧的天空呈橘黄色，也不会命令云朵的粉红色更浓些，我们只会满怀敬畏地望着而已。”这一段经典的话形象而生动地为非评判性的态度做了最好的诠释。

通常，理解最能代表非评判性的中立态度，当咨询中遇到咨询师必须表明态度的情况，“我理解你的处境”“你的心情我能理解”等话语方式，可表达出咨询师对求询者目前情绪和行为设身处地了解的看法，使求询者感受到被理解的温暖。服刑人员要明确，理解并不代表咨询师认同，支持其情绪和行为反应。该话语更具体的含义是，咨询师从求询者面对的问题情境、已有的思维认知模式、情绪行为反应特点及自我控制能力等角度思考，理解求助者为何会如此认知该困境，如此解决该困境，但并不认为这是解决困境的唯一和有效的方式，这为后续的帮助引导甚至面质保留空间。

（二）非批判性态度的具体演化

以下所讨论的咨询态度内容，学习者可见于其他探讨心理咨询活动的教参。本书在这里针对监狱环境下特殊人群心理咨询有所助益的内容进行重点说明。学习者需要明确针对监狱服刑人员的特殊性，咨询师某些态度、人文关怀的传达对他们来说显得尤为重要。当然，这对咨询师自身来说也是巨大的挑战。

1. 尊重

尊重求询者，是咨询师职业道德的起码要求，也是达成助人目的的基本条件。咨询师与求询服刑人员之间的良好人际互动是咨询得以顺利进行的前提。

尊重的重要性得到所有咨询理念或方法的一致认同。对求询者的尊重需要通过以下具体可操作的理念或行为来表现。恰当地表达尊重，需要注意以下几点。

第一，尊重意味着完整接纳，尊重意味着接纳一个人的优点和缺点，而不是仅接受来访者的光明面，排斥其消极面。尊重意味着接纳一个价值观和自己不同甚至差距很大的来访者，并与之平等交流。但是咨询师是否容易做到这一点呢？当求询者价值观、人生观、生活方式与咨询师相差甚远时，当求询者的某些见解片面，甚至无理，却又自以为是时，当来访者身上有令人厌恶、痛恨的恶习时，咨询师很可能就会不由自主地产生不满、反感甚至厌恶的态度。监狱中的服刑人员似乎更容易让咨询师面对这样的挑战。

为了应对价值观的冲突、自发性的对某种恶行的厌恶，咨询师应充分地了解自己的价值观。每个人价值观的形成都有其复杂的背景，并非只有咨询师的价值标准才是正确的。开放的观念对咨询师来说非常重要。

第二，尊重意味着一视同仁。无论来访者社会地位高低、年龄大小，咨询师都应一视同仁，不能厚此薄彼，轻视或奉承。尊重意味着以礼待人，对求询者不嘲笑，不贬抑，不惩罚，即使来访者的言谈举止有些失礼，也应以礼相待。

第三，尊重意味着保护隐私。对于求询者讲述的不涉及保密例外的秘密、隐私，咨询师应予尊重、保护，不应随便外传；对于来访者暂时不愿透露而与咨询密切相关的隐私，咨询师应耐心等待，不可强迫讲述；至于与咨询无关或关系不大的隐私，咨询师不得随便干预，不可出于好奇而去探问。

第四，咨询师在调整自己的包容度的同时，也应当尊重自己。若咨询师发现自己实在难以接纳求询者，可以考虑把求询者转介给合适的咨询师，这也是对求助者的尊重和负责。但是在监狱服刑人员的心理咨询活动中，咨询师的有限性决定了“挑选”求询服刑人员的可能性较低。

为了完成这一工作，监狱咨询师在进行自我训练，对影响咨询态度传达的价值观自省时，应该考量一个问题：“服刑人员或者罪犯的名称给我带来什么样的体验？”也许，咨询师头脑中的画面是：清一色的囚衣、光头、牢头狱霸；咨询师心中的情感是恐惧、害怕好奇、神秘阴暗、黑暗压抑、沉重、单一乏味、无趣。“他们都是接受劳动改造的有罪之人”的观念，使咨询师已经将他们列入与其不对等的境地。咨询师在意识层面知道自己应该如何做，但是在行为与情感层面却似乎困难重重。这些内心潜在的对监狱服刑人员有些扭曲的不客观认知和情感，必定影响我们对尊重态度的传达。

2. 共情

共情（empathy）可以被看成一种咨询态度，也可以被视为沟通技术，可以被定义为从心理上进入服刑人员的情感或精神，并在服刑人员的立场上理解他们，以达到有效的沟通。它包括咨询师把自己放到服刑人员的位置，体验服刑人员如何看待世界。共情是咨询师进入求询者（服刑人员）主观世界的能力，可以以一种开放性、非评价的角度分享他人的世界，但是没有迷失自己。当咨询师能够对服刑人员产生共情时，就开始理解服刑人员了；当心理咨询师把这样的理解传递给服刑人员，信任就产生了。这对咨询师给服刑人员提供帮助是非常有利的。

共情的前提是，咨询师能够理解服刑人员的认知、情绪、行为、事件发生发展的前后逻辑性。理解并不代表认同，并不意味着事件发生发展的合理性、正义性。学习者要注意到这一点。咨询师必须了解服刑人员所描述的经历、环境和问题，才能理解他们所表现的问题性行为、情绪情感。为了理解服刑人员的问题，咨询师一定要放弃个人判断，防止分心，找到重点，并思考其内容（Carluff，Pierce &Annon，1977）[①]。

---

①［美］Ruth E. Masters. 罪犯心理咨询［M］. 杨波，等，译 . 北京：中国轻工业出版社，2005.

另外，共情不等同于同情。为服刑人员感到悲伤，对其同情其实是将求询的服刑人员放在比咨询师更低的位置进行交流。这不仅违背了我们前述的尊重概念，而且会妨碍咨询师保持客观立场，做那些他们应该做的事情，因此应该予以避免。

心理咨询师应该知道怎样对服刑人员使用共情①。第一，尽力找准服刑人员的核心情感。根据伊根（Egan，1990）的研究，咨询师必须了解求询者的经验、行为和情感中的核心情感。一旦这些核心情感被确定，一定要以直接简单的方式将它们正确地反馈给求询者。第二，咨询师一定要以真诚的方式与服刑人员进行共情，不能以表面或象征性的方式。有罪犯心理咨询学者不赞同咨询师使用过分程式化的方式与服刑人员进行共情。这样的反应例如咨询师说："你感觉……是因为……" 当以这种方式与服刑人员沟通时，咨询师就没有投入情绪。这样的反应时常被服刑人员当作是虚假的情感，因为它们没有显现出对服刑人员现实世界的理解。咨询师必须学会以服刑人员能理解的方式表达共情。第三，当咨询师不了解服刑人员时，也不能假装了解。咨询师也可以坦诚的表达这一点。这反而是咨询师真诚帮助求询者的体验，激发求询服刑人员进一步表露自己的努力与尝试。正确的共情沟通能极大地强化心理咨询关系，给咨询提供支持，增强沟通，而且为更深入的咨询干预做好铺垫（Egan，1990）。

但有一些可能性原因使心理咨询师发现自己与服刑人员共情十分困难。一个原因是一些咨询师自己都没有触及并了解自己的情感，如果他们连自己的感受都不了解，就很难了解服刑人员的情感。另外一个原因是，服刑人员的特殊经历使得未大量接触监狱与服刑人员的咨询师很难理解他们的孤独、自卑与绝望。共情在这里被看成是一项与成熟经验有关的技术。第三个原因可能要考虑，咨询师发现服刑人员所犯的罪行很可怕（如虐待儿童或强奸）时出现的偏见会使共情遇到阻碍。从某种角度来看，一个心理咨询师并不能够给任何人咨询。

3. 真诚

真诚（genuineness）是一个重要沟通技巧。它指的是不加掩饰的、不做角色扮演的、不设防的自由表达我们自己（Small，1989）。真诚是通过我们所说的事情、行动方式来传递的。那么真诚是否是有什么说什么？当然不是。咨询

---

①［美］Ruth E. Masters. 罪犯心理咨询［M］. 杨波，等，译 . 北京：中国轻工业出版社，2005：40.

师对服刑人员表达真诚需要遵循保护、激励、督促求询者的原则，不是实话实说，不是责备或者评判，不是自我发泄。

咨询师在与服刑人员沟通时一定要在思想和行为上都显示出真诚。服刑人员常常是人性的敏锐观察者，能很快识破咨询师的伪装。如果服刑人员感觉到咨询师伪装，那信任就不可能建立，这就会限制咨询师的帮助能力。当然，咨询师不应该承诺他们不能实现的事情，不应该使用司法的或街头的行话，除非他们完全了解行话的意义并且能够自如地使用它。此外，咨询师不应该为了建立和谐的关系而效仿服刑人员的说话和行为风格，除非这一风格是他们真实的自己。

四、沟通技术Ⅰ（参与性技术与非言语技术）

沟通是一个艰难的过程，没有掌握基本的沟通技巧，心理咨询师不可能有效地进行咨询。学习需要注意，虽然对沟通技巧的讨论是在心理咨询的开始阶段，但是沟通技巧的应用会贯穿心理咨询过程的始终，当然还贯穿于前面所述的非批判、尊重、共情、真诚等咨询态度的传达过程。倾听、提问、内容反应与情感反应、具体化、自我揭示、总结等沟通技巧会集中呈现于了解求询者个人情况的阶段。我国的学者将这些技术统称为“参与性技术”。质询、解释、提供信息等集中呈现于咨询师对求询者主动干预阶段的技术被统称为“影响性技术”。影响性技巧将在咨询的实施阶段进行讨论。

参与与影响性技巧都需要运用到咨询双方的言语能力，与此相对需要说明的是非言语技巧。从咨询师的专业角度来看，一方面需要善用自身的非言语表达方式助益于言语表达的效果，另一方面，则是要成为“察言观色”的专家，从求询者的非言语表达中获得对求询者心理的有效探查（见表3–2）。

表3–2　心理咨询师言语与非言语表达分类与指向

	言语表达	非言语表达
咨询师	参与性技巧（倾听、提问、内容反应与情感反应、具体化、自我揭示、总结）	有意识地训练调控自身的非言语表达方式
	影响性技巧（质询、解释、提供信息）	有意识地观察、印证求询者言语与非言语信息之间的差异

（一）参与性技术

参与指的是咨询师在心理咨询活动中身体上和心理上的出现，或简单地说，把全部注意力放在服刑人员身上。咨询师通过适当的言语技巧深入地了解求询服刑人员。在这里，我们简略说明倾听、提问、内容反应和情感反应、具体化、自我揭示、总结这几种技术。

1. 倾听

在论述倾听概念时，本书事先要给学习者说明的是：一些学者认为倾听是与后面所述的提问、内容反应等概念并级；另外一些学者认为倾听是个过程，在这个过程里运用提问、内容反应等言语技巧，倾听成为上位概念。以上讨论都是对倾听概念在理论层面的分歧。而在实践层面，学习者往往忘记和忽视了闭口静听的重要性，本能地想要加以评论、引领。有心理学派把心理咨询过程称为点头咨询就是对倾听重要性的强调。本书也重点强调学习者的倾听意识，因此将其单独列出，本书认为倾听是一个需要维持长时间的过程，其中穿插其他言语技巧的使用。

倾听，是心理咨询过程中最重要的，也是最容易被初学者所忽略的。在这个讲求快速、彰显自我的时代，社会普通个体似乎认为静听他人发表言论，无异于降低自己的社会角色等级。我们生来就有两只耳朵、一张嘴，因此我们在有效的人际交谈中要按照这个比例来运用：听的多，说的少。一位脱口秀主持人曾说道："每天早上，我都会想到，今天我所说的任何内容都不会让我增长知识，因此，要想吸取更多的知识，就要去倾听。"心理咨询活动关注的个体恰好是那些在社会群体当中不被关注、极度寻求理解的个体。心理咨询的职业特性要求咨询师需要克服作为社会人的倾向性反应，给求询者充分表达自我的机会与空间，这是求询者获得治愈的有效因素。

倾听要求咨询师消除那些无关的噪音，集中注意力，关注体会求询者的故事。例如，咨询师要排除的噪音及要解除的问题有：电话铃声、他人的说话声、音乐的打岔、魂不守舍以及与自己私人问题有关的焦虑。事实上，倾听不是一个简单或易做的沟通技巧，即使外界杂音被排除后，有时也需要咨询师内心的平静与投入精力和注意力去倾听并且捕捉服刑人员所说的言语和非语言的信息。监狱心理咨询师的双重角色容易使其在听到"我认为民警执法不公，总是盯着我不放”之类的言语后，难免不产生本能性的反应：“民警与你无冤无仇，怎么可能盯住你不放呢？”“你怎么不找找自己身上的原因”。监狱心理咨询师需要应对这个挑战。总而言之，监狱咨询师需要克服外界噪音的干扰、内心私人问题的干扰以及双重身份带来的本能反应对倾听的影响。

咨询师虽然处于听的位置，但是是一种主动的听，是参与式的听。对这一技巧的具象表述，可以这样来形容：咨询师的听就是放风筝，风筝虽然漫天飞，咨询师给予风筝足够的自由，但是始终追随，必要时应用其他的言语技巧来使风筝改变飞行的方向与位置。

通过有效倾听，咨询师能注意到服刑人员的进步并确认这些明显的改变，而且，咨询师如果有机会听到来访者提及他们显著的改变，积极的咨询结果将更可能出现（Duncan & Miller，2000）。

2. 提问

对于心理咨询师的提问，大多数的教材中都有论述。这里不做太多讨论，仅呈现监狱心理咨询活动中需要多加注意的问题。

咨询开始或转换话题时大都采用开放性提问，通常以“什么”“为什么”“能不能”“可不可以”“行不行”开始。它能促使来访服刑人员获得讲述的自由，咨询师也能获得一些事实的详细资料，同时也有机会觉察服刑人员的认知思维模式，自然使某件事情发生的过程、次序或情绪性的事物得以弄清，但对于那些资历不深、缺乏经验的咨询师来说，不宜多用“为什么”，尤其是忌讳用一连串的“为什么”。询问是咨询的需要，而不是为了满足我们的好奇心。也许，咨询师可以将“为什么”转化为“你是如何看待这个问题……”，服刑人员将产生更少的质疑与被责问感。

封闭性提问也是咨询师能够有效使用的提问方式。封闭式提问通常使用“是不是”“对不对”“要不要”等词语询问，回答也是用“是”或“不是”等简单的言语。当谈话内容较为深入，需要进一步澄清事实、缩小讨论范围或讨论某些特定问题的时候，可以采用封闭式提问。咨询师需要了解的是封闭式提问的弊端以及如何有效应用，而不是形成“少用封闭式提问”的模糊概念，最后简化为“不用封闭式提问”简单操作。

伊根（Egan，1990）在提问的使用中建议使用以下原则：

①不要用太多的问题轰炸求询者。

②一个问题针对一个目的。

③问开放性的问题，使得求询者能够谈论自己特殊的经验、行为和感情。

④把问题集中在求询者身上。

监狱心理咨询师针对求询的服刑人员还要注意：在来访服刑人员中，大多数人不喜欢这种审问式的询问，因为他们的潜意识里，会不断浮现刑侦人员、法官或监狱民警在侦查案件、处理问题时的审问情景，从而会使他们本能地心理设防，不愿回答，沉默，甚至产生厌恶心理。当然，在求询服刑人员的讲述中出现偏离主题时，可以适当地运用封闭性提问来适时中止其叙述，或将谈话引回主题，避免过分的讨论和谈话个人化。另外，一次不要提出多个问题，否则，会使服刑人员产生混乱，结果可能只回答了最不重要的那个问题。

下面的问题类型可以为服刑人员咨询师使用：

①对于问题的解决你的预感是什么？

②到现在为止，你对问题的解决做过什么？有用吗？怎么做的？

③你的改变通常是怎样发生的？

④为了促使服刑人员改变，我（心理咨询师）需要做什么？

⑤为了促使改变，其他人需要做什么？

⑥改变出现的前后会发生什么？

这些问题使我们不会疏远服刑人员，关注服刑人员的需要，让服刑人员对改变过程负责，并引导服刑人员表达自己的情感、经验和行为。

3. 内容反应与情感反应

国内的大多数教参将内容反应（释义）与情感反应分开讲述。但在本书作者的咨询与教学实践中，发现这两者通常会联合使用，也更加自然。当然，将咨询师的话语反应分为内容反应与情感反应，更容易使学习者辨析两者本质与作用的差异。本书在论及概念时分开陈述，在实际操作时会根据情况分开或者联合使用。

内容反应就是对求询者表达信息的内容进行再次编排，选择性地注意信息中的认知部分，用咨询师自己的话语表达出来。这不是咨询师的鹦鹉学舌。内容反应的目的首先是让服刑人员知道，你已经理解他们的信息，如果你的信息不完整，服刑人员就有可能进一步澄清或者补充，以便达到双方对某一些信息的一致理解。内容反应起着鼓励服刑人员对一些关键的想法或者思想做进一步的阐释，使得双方能够更深入探讨某个问题的作用。内容反应还可以帮助服刑人员把注意力更加集中于具有重要意义的特殊的环境、生活事件、具体的行动等等。由于监狱服刑人员诸多情绪的压抑，表达的欲求强烈，这个时候适当的内容反应有助于其把话题和情绪控制在一定的范围内。最后内容反应也可以帮助服刑人员做出决定。

情感反应与内容反应是相辅相成的，但情感反应主要用于对信息的情感部分（情绪基调）进行再编排，而内容反应是对信息的认知部分进行再编排。信息中往往包含更为重要的情感信息，而且如果仅仅从认知部分即字面去获得信息，那么有时候我们就会受到服刑人员的有意无意的蒙蔽。服刑人员有的是出于有意的逃避惩罚，有的是出于还没有建立良好信任关系所做的自我保护，当然还有一些是对自己隐私的本能的隐藏。这个时候，我们去感受服刑人员信息中的情感部分，就有助于我们鉴别信息的真假，有助于我们获得更多的信息。情感有时候就是潜意识的代名词，它所包含的信息是巨大而真实的。我们可以说谎，但是我们的情绪说谎却有一定的难度。咨询师做出一个恰当的情感反应，服刑人员会觉得自己被人理解、被接纳，就会产生更多的倾诉需求，与咨询师的关系建立得更加融洽。另外，恰当的情感反应，使得服刑人员除了愤怒和仇恨等负性情绪得以被理解外，也充分有效地宣泄了他们内心其他被压抑的情绪情感，使他们复杂的情感被觉察。情感反应也是咨询师达成对服刑人员情感疗愈的有效方式。

下面给大家呈现内容反应与情感反应联合使用的实例。当然这两者可以单独使用，咨询师可以根据情况及目的来决定。另外，咨询师也要意识到，这些内容反应与情感反应同时也在传达着咨询师的态度，例如共情。

来访服刑人员：每次会见，我总尝试着能与父亲心平气和地交谈，但是的确不行，因为我父亲对我一直都太严厉。

咨询师 1：不要急，我相信将来总能行的（安慰否认）。一个人在青春期对父母逆反是很自然的事（否认），我想，你应该努力去理解父亲的想法（教育和建议）。

咨询师 2：你与父亲的关系正处于很困难的时期，尽管你想改善这种关系，但没有找到好的办法（单纯内容反映，没有情感反映）。

咨询师 3：你尝试与父亲心平气和地交谈，但又不成功，面对严厉的父亲，你感到沮丧（既反映了内容，也反映了情感）。

咨询师 4：你似乎无法接近严厉的父亲，没法与他沟通，所以感到沮丧，你想让他对你宽容一些，可目前没有找到好的途径（恰如其分地进行了内容和情感反应，并指出了来访服刑人员的心理期待）。

对以上咨询师言语的评价：

咨询师 1 非但没有专注与倾听来访罪犯语言与非语言行为，而且回应的内容没有传达出咨询师的共情态度。

咨询师 2 只反映来访罪犯部分的表面讯息，而且反映的服刑人员的感觉并非他的核心情感，使服刑人员觉得咨询师不能理解自己。

咨询师 3 只反映来访罪犯表面的感觉，并未触及来访罪犯深层的想法与感觉，因此对来访罪犯问题的帮助有限。

咨询师 4 的回应触及来访罪犯深层的想法与感觉，因此有助于来访罪犯问题的探讨。

4. 具体化

具体化是经常用于心理咨询中的沟通技术，指在咨询时保持谈话的针对性，把服刑人员的问题具体到时间、地点和方式（Small，1989）。如果咨询师问一般性的问题，通常得到的也是一般性的答案。咨询师的问题越具体，服刑人员的回答也越具体。为了具体化，咨询师一定要问那些针对服刑人员本人的、目的性和开放性的问题。咨询师的具体化将导致服刑人员的具体化。

具体化会在大致的三种情形下使用：

问题较模糊化。他们通常会说“我很烦恼”“我习惯刺激的生活”“我很自卑”。在这样的情绪下，服刑人员通常描述的是他们的感受，而并非具体的某一事件（包含时间、地点、人物、发生发展过程）。

问题较为概括化。服刑人员会把对某一事件的看法发展为对某人的看法，把过去扩展为未来，或者因为自己的一个过错，认为别人就是看不起自己，不愿与自己打交道。

问题当中所涉及的概念定义不清。来访的服刑人员对一些心理问题不了解，给自己贴标签。例如个体称自己是“偏执型人格障碍”“神经症”“失败者”。这时，咨询师需要运用具体化将这些笼统的标签具体到准确的概念或者行为。

5. 自我揭示

自我揭示在不同的教材中有不同的称谓，例如自我开放、自我暴露。

自我揭示技术指的是咨询师在必要的时候适当地将自己的感觉、经验和行为与求询服刑人员分享。自我揭示有两种形式：一种是咨询师把自己对求询服刑人员的体验感受告诉他（包括正信息和负信息，在传递负信息时应注意可能产生的副作用）；另一种是咨询师揭示与求询服刑人员所谈内容相关的个人经验。

如果使用得当，自我揭示是一个有效的沟通技巧，能加快服刑人员与咨询师关系的信任与和谐。并不是所有的自我揭示都是适当的。使用自我揭示的时候，咨询师不应该将自己最深的秘密拿出来分享。服刑人员的情感和动机并不总是单纯的，咨询师的自我揭示有可能没有被服刑人员用在有利于他们的治疗上。例如，一个未成年服刑人员问他的心理咨询师年轻时是否出入过疯狂的摇吧场所，有否尝试过摇头丸这类的东西。这个心理咨询师很诚实，说他在上大学的时候曾经接触过，并发现尝试摇头丸这类的东西给他造成不少问题。然后这个服刑人员就把这件事情四处传播。这样的自我揭示就没有达到咨询想要达到的目的，反而向这个青少年表明，在年轻的时候，是否决定使用毒品是很难做出决策的。这位心理咨询师没有预料到该服刑人员会利用他的自我揭示。心理咨询师不应该仅仅是对自我揭示本身的兴趣和原因而使用自我揭示，而应该了解服刑人员将如何利用你的自我揭示。

与服刑人员任何的形式的自我分享都一定要与服刑人员问题的内容相关。自我揭示包括分享一般的信息，如“童年期我也体验到挫折感”，以及分享非常具体的信息，如“多年前我有很严重的神经衰弱”。

对于服刑人员最好不要在自我揭示时给予太多细节。品质恶劣的服刑人员会利用在自我分享中获得的信息来对抗咨询师和惹怒咨询师。

最后，咨询师应该避免通过自我揭示来发泄、忏悔或安抚罪责感。一般而言，在刑事司法背景下，只有有助于发展咨询关系的自我揭示才是正当的。

为了有效地使用自我揭示，服刑人员心理咨询师一定要有一个和谐完整的自我，能处理自己的情绪，并且了解自我揭示的目的。

下面呈现咨询师自我揭示的例子：

来访服刑人员："我胆子很小，很怕与陌生人讲话，遇到警官我更是一句话也说不出来，我不知道该怎么办。"

咨询师："我刚参加工作时胆子也非常小，尤其是看到领导也是有些害怕，后来花了很长一段时间才克服了这种困扰。你现在似乎正在经历我在你这个年纪时的那种害怕感觉，或许我们可以来谈谈这个问题。"（自我开放技术）

6. 总结

总结是能被用在心理咨询任何时候、任何阶段的一项沟通技巧。总结包括以简洁的方式浓缩和重述服刑人员以前陈述过的问题。咨询师因为不同的理由使用总结技术。罗杰斯（Rogers，1986）使用总结把来访者的思想和情感放在一起，作为让来访者深入探讨问题的一个桥梁。

在咨询开始阶段，总结被用于检查以前的咨询情况，恢复咨询师和服刑人员的记忆，并使服刑人员准备在之前停止的地方重新开始工作。

在咨询的中间阶段，当服刑人员试图通过谈论安全的、平常的、不相关的话题来控制咨询过程时，总结可以和对质技术结合在一起使用。

在心理咨询结束的阶段，总结是确认服刑人员学到了什么最有用的方法。

总结在个别和团体咨询中都很有用。咨询师和服刑人员都可以总结，有时他们可以一起进行总结。总结是在心理咨询关键时刻使用的最有效的技术。需要注意的是，不强迫咨询师在每个阶段都对服刑人员使用这个技术。

（二）非言语技术

非言语沟通是指除了口语以外的所有交流方法。它包括我们的行为举止、手势姿态、外貌风度和声音品质。

据估计，非言语沟通能解释人际互动 60%~70% 的社会意义（Birdwhistell，1970）。此外，非言语沟通比言语沟通更能正确而真实地传递情绪、情感，因为正常情况下，非言语沟通是不受我们的意识控制的（Davitz，1964）。

在心理咨询活动中讨论非言语技术，咨询师需要从两个角度来掌握这一内容。一个是咨询师如何有效地观察求询者的非言语表达，进而了解、推测求询者所显现的信息。如果咨询师忽视求询者的非言语沟通，他将无法有效地倾听。另一个是咨询师自身如何有效调控和利用自己的非言语沟通方式。咨询师会通过姿态和手势、表情和语言等言语或者非言语的方式来进行信息的有效传达。个体更加倾向于认可非言语表达信息的真实度、可信度。举个例子，当咨询师将身体倾向服刑人员，面对他，保持目光接触，那服刑人员就会认为咨询师开始了解并倾听他的需要。此外，当咨询师在使用手势、姿势和各种举止的过程中，他实际上就从心理上进入了倾听的角色。服刑人员会认为背对自己、打哈欠、拍打衣服上看不见的灰尘或反复看表的咨询师根本没有注意倾听，甚至认为这是厌烦的或缺乏耐心的表现。

对求询人员的内容与情感反应，有时候也可以通过非言语的方式来传达。咨询师用姿势回应服刑人员时应该十分谨慎，因为姿势包括了身体上的接触，例如在肩上、背上、手上鼓励性地轻拍或拥抱等。虽然使用身体接触是心理咨询的一个有效方法，它能让咨询师进行沟通理解并与服刑人员产生共情作用，因而在心理咨询中有着重要的地位，但是对于刚入道的咨询师，最好避免使用，因为它存在被误读甚至被服刑人员误解的潜在危险。此外，刑事司法机构有可能有禁止这种接触的规定，尤其在异性之间。因此，咨询师应当慎重决定是否使用身体接触这样的非言语方式来与服刑人员产生共情，做出反应。

五、讲述服刑人员的故事

在心理咨询的开始阶段，咨询师需要了解服刑人员的背景。为了做到这一点，咨询师必须让服刑人员讲述自己的故事。这意味着要让服刑人员以自己的方式讲述导致他们目前问题的经验、行为和情感。要记住，在咨询过程的这一阶段，咨询师不是去寻找像提供给警察的报告那样真实客观的信息，而是试图去确定服刑人员对自己问题的理解。这并不是说真实的信息不重要，只是说，在这个阶段，更重要的是咨询师要了解服刑人员是怎样看待他们自己的问题的。

作为一个一般性原则，只有当咨询师和服刑人员产生共情并建立信任之后，咨询师才可以对质服刑人员所讲故事中的错误和不准确的地方。只有在信任建立以后，服刑人员才更有可能接受咨询师的信息输入。也就是说，只有双方建立良好的咨询关系后，咨询师才能进入到中期的干预阶段。学习者在这里需要意识到，针对乔哈里视窗（表 3–1）中，服刑人员知道、咨询师不知道的那部分服刑人员隐瞒的内容。只有服刑人员觉得足够安全与信任的状态下，这部分内容才会得以逐渐显露。

服刑人员可能以不同的方式来讲述他们的故事。一些服刑人员以长篇大论的、精确而详细的方式讲故事，而其他人的故事则是短而简洁的；一些服刑人员讲述故事很有逻辑性和条理性，而其他人的故事则是不合逻辑并混乱不堪的。例如，处于危机状态中的服刑人员很少以有条理的、逻辑的方式讲述故事。也有多数情况下，危机中的服刑人员的故事是零散和难以理解的。一些故事充满感情而另一些则仅仅是陈述事实。一些服刑人员讲得很快，而另一些人则要花几个小时或者几天才讲完。咨询师应该尊重求询者讲述故事的不同方式，而不要试图让服刑人员以咨询师喜欢的方式来讲述（Egan，1990）。

当服刑人员讲述故事时，对咨询师而言，非批判、尊重、共情、真诚、参与、倾听、反应、具体化、自我揭示、总结都是很重要的技术，因为它们帮助咨询师把握故事的实情和真相。通常，服刑人员将会以常见的、简要的表达方式开始讲述他们的故事，这样的陈述往往是讲述那些具体问题的开始。服刑人员是否详细地讲述自己的特殊事情（经验、行为和感觉）取决于咨询师。大多数服刑人员直到与咨询师建立信任后才会敞开心扉。

对咨询师还有一个重要的问题是，不要在整个故事讲完之前帮助服刑人员。这是新手咨询师经常遇到的问题。如果咨询师在没有完全了解服刑人员的故事之前就急于帮助服刑人员，结果可能是帮助走错了方向，并可能影响咨询关系。咨询师一定要克制自己不采取行为，直到完全理解了服刑人员的故事。在讲述故事的过程中，咨询师应该记下主要的问题以备以后查询。

服刑人员讲述他们的故事时，咨询师一定要对沉默有所准备。沉默也能交流很多东西，而且咨询师一定要明白沉默并不总是消极的。沉默可能意味着服刑人员正停下来思考，正在处理困难的、痛苦的感情，或者正处于矛盾的或紧张的心情。对咨询者来说，了解沉默意味着什么和恰当地处理它们是十分困难的。咨询师必须学会在咨询中坦然面对沉默。急于打破沉默会阻碍咨询进程和表现对服刑人员的不尊重；然而，如果让沉默的时间太长也可能造成问题。当服刑人员讲述他们的故事时，咨询师必须学会在适当沉默后，通过询问服刑人员在想什么来了解沉默的含义和尝试解释沉默的内容。这些技术很容易让服刑人员说出实情。

服刑人员故事的主题往往涉及与刑事司法系统、家庭、同事、工作、钱、关系、监禁、成瘾、焦虑、抑郁等相关的问题。服刑人员的问题可以分为以下几类：①所在的社会环境对服刑人员是不利的；②可能与情感不适有关；③可能与服刑人员不能与他人建立良好的关系有关；④可能与人际冲突有关。此外，问题可能在于服刑人员不能改变那些他迫切希望改变的事情（Tyler，1969）。举例来说，一个人可能已经决定他需要控制自己的愤怒情绪，但是这个人却不知道从何着手，觉得无法控制。咨询师必须能够了解到服刑人员讲述故事的核心，有时候这需要花很长的时间。

在讲述故事的过程中，服刑人员开始开放自己而且更好地了解自己的问题。在服刑人员和咨询师之间有可能发展出信任。最后，讲述故事为服刑人员的情感发泄找到了出口，服刑人员在讲述故事的过程中心灵得到了洗涤和释放。

（一）确定问题与盲点

对接诊咨询师而言，确认服刑人员的问题十分重要，即使服刑人员自己不承认这些问题。接诊咨询师与求询服刑人员，甚或面谈咨询师所认为的问题有时都不太一致。接诊咨询师有更多的机会验证，发现求询者真正的问题。这些问题被求询者已经意识到是咨询师的理想期望，但更多的情况是，咨询师需要找到求询者认识中这些真正的，同时也是盲点的问题。在这里，学习者需要回忆乔哈里视窗中有关服刑人员不清楚但是咨询师清楚的那部分内容，即求询者的盲点。咨询师必须期望，随着咨询过程的进行，服刑人员能够认识他们自己的盲点问题，并且明白处理这些问题的必要性。咨询师应该比服刑人员更客观，能看见表面问题后面的问题。

咨询师在开始了解求询服刑人员的问题时，可以从以下四个方面得到启发[①]，并多重验证。

① 马立骥．监狱心理咨询的探索与展望［M］．武汉：武汉大学出版社，2014：82.

1. 求询者《心理咨询预约单》的内容

《心理咨询预约单》中求询者本人填写的“预约咨询原因”是求询者最直接、最真实的意图表达，但不一定是最准确的心理问题。所在单位心理辅导员意见，是心理辅导员在长期的管理过程中，以较为专业的眼光，对求询者状态和求询问题的评价、建议，是接诊咨询师了解求询者问题不能忽略的内容。

比如求询者李某在预约咨询原因中写道：本人改造表现一直很好，连续两年被评上改造积极分子，但近一个月来压力很大，夜里睡不着，白天精神差，不想和别人说话，听到工厂里的音乐就很烦，希望能换一个安静一点的环境改造。所在单位心理辅导员在意见栏中反映：该服刑人员一直表现稳定，但一个多月前因为琐事顶撞民警被调离岗位……上述《心理咨询预约单》的内容，提供了以下信息：

首先，从表面上看，求询者主诉的问题主要是失眠和烦躁，我们知道所有的失眠都与情绪有关。听到高音量的音乐而烦躁，反映了求询者情绪不良和环境适应不良。

其次，求询者的诉求是想换改造环境，我们可以理解为：确实想换一个环境，认为可以从咨询师这里得到帮助和推动，前面我们探讨过，这不属于心理咨询师的工作范畴，在接下来的咨询中，咨询师应做进一步澄清和解释。当然，我们也可以理解为这是求询者“表示自己很无奈”的特殊表达方式，反映出求询者内心的脆弱和退避。

最后，“因为琐事”就“顶撞民警”，因为“换岗位”就“压力很大”“失眠”“不想和别人说话”“烦躁”，甚至“要换改造环境”，这很不寻常。

同样的事情可能对绝大多数服刑人员来说，虽然一定会有情绪上的波动，但基本随时间推移而缓解，不至于发展到“调换改造环境”的地步，这说明求询者个性上很可能存在着张扬、冲动、以自我为中心、自尊心过强等问题，而这些问题的根源则可能是改造上，甚至个人成长过程中过于顺利，较少受到挫折，导致一旦遇挫就难以适应。另一方面，过强自尊心背后掩藏的往往是过度的自卑感，种种烦躁焦虑的表象背后，他在竭力保护一个脆弱而自卑的自我不再受伤害，所以他“不想和别人讲话，并期望换一个监区”，以使自己可以立即摆脱困境。

求询者根本的心理问题不是情绪问题，而是情绪问题表象背后的个性缺陷，帮助该求询者更真实和完整地认识那个表面张扬背后脆弱而自卑的我，帮助求询者内心的成长，才是这次咨询的真正目标和意义所在。

因此，接诊咨询师在摄入性谈话中，情绪问题、环境适应问题可以作为切入谈话的内容，但重点还是要放在个人成长经历、自我评价、挫折的应对等有关个性完善的内容上来。

2. 受理面谈的内容

咨询前的受理面谈由固定而富有经验的心理咨询师，结合各方面的资料，通过结构式的谈话，对求询者心理问题的性质和程度进行专业的评估诊断，并提出参考性的咨询建议。

受理面谈采集的信息内容，是接诊咨询师谈话的重要依据，有利于提高工作效率、避免重复劳动。受理面谈的评估诊断和咨询建议，是接诊心理咨询师进行咨询诊断的重要参考，特别是对于一些刚接触心理咨询的初级咨询师来说，可以将受理面谈的诊断和建议，视同于上级心理咨询师下达的谈话目标和方向。但是，由于受理面谈的时间、场地以及谈话性质的限制，受理面谈咨询师对于求询者心理问题性质的评估和判断，可能存在着一定的主观性、片面性和局限性。接诊咨询师在谈话过程中，应保持独立的思考、辩证的思维，借鉴受理面谈结果，得出自己的结论。

3. 心理测试的内容

心理测试作为心理咨询重要的工具和手段，间接但是直观地反映求询者的心理状态，为接诊咨询师摄入性谈话提供了方向。

近年来，除了传统的明尼苏达多相人格量表（MMPI），中国修订韦氏成人智力量表（WAIS-RC），卡特尔十六种人格因素量表（16PF），艾森克人格问卷（EPQ），90 项症状清单（SCI.-90），焦虑、抑郁自评量表（SDS.SAS），汉密尔顿抑郁量表，焦虑量表（HAMD.HAMA），简明精神病评定量表（BPRS）等心理测试项目得到了越来越多的应用以外，监狱服刑人员心理咨询同样还运用了包括沙盘游戏、房树人测试在内的一些投射性心理测试手段。另外，《中国服刑人员心理测试个性分测验》（COPA-PI）目前也已在全国各监狱得到了广泛的普及运用。此外诸如各省自行编制的《入监新犯危险性评估表》《服刑人员改造难易度评估量表》《服刑人员生活事件量表》《服刑人员改造成效量表》《预防服刑人员脱逃心理测量量表》《服刑人员再犯罪评估量表》等也开始逐渐得到试用。

接诊咨询师谈话中运用各类心理测试结果，以下几点也应当引起我们的注意。

首先，相较于社会上的心理测试，服刑人员可能存在更多的掩饰性。一些服刑人员可能出于担心暴露余罪、改造中的自我防备、对心理测试不了解等原因，在进行相关测试时，有意乱填、漏填、反向填写相关问题，导致测试结果不可信。因此，针对服刑人员的心理测试，应尽量选用有测谎的标准化测试量表，如 MMPI、COPA 等。在正式心理测试前，规范的指导同样也很重要，要让被试者充分明白这个测试的重要性和对他的好处，以争取得到有效配合。当被试者不明白怎样回答时，要向被试者解释清楚，例如症状以近一周为准，项目要尽量填写完整，确实遇到不能回答的可以空着，但不要胡乱填写。

其次，正式心理咨询的信息主要来自于咨访间的沟通和交流，而不是心理测试的结果。心理测试结果在摄入性谈话中仅具有参考作用，而不是越多越好。一方面，虽然心理测试是一门科学，经过实践的检验，目前的标准化心理测试手段具有一定的客观性、可靠性和有效性，但毕竟心理现象比物理现象更复杂，更难以测量。目前，所有的心理测试都是基于间接性、相对性的测试手段，无法同医学上的心电图、B 超、X 光、CT、磁共振等物理测量等量齐观[①]。另一方面，人的心理状态是变化的过程，诸如 COPA，入监新犯危险性评估等，反映的是服刑人员当时的心理状态，虽然具有参考性，但当时的结果不代表现在的情况仍旧如此。

最后，科泽尔等人试图通过对危险犯罪人的研究，归纳出诊断和确定危险犯罪人的因素，为服刑人员的监禁管理和确定是否假释提供依据，根据他们对服刑人员释放前的预测和服刑人员释放后的实际表现对比，发现他们根据上述因素做出的危险性预测是准确的[②]。但国内各省自行编制的《服刑人员改造难易度评估量表》《预防服刑人员脱逃心理测量量表》《服刑人员再犯罪评估量表》

① 郑日月，蔡永红，周益群 . 心理测量学［M］. 北京：人民教育出版社，2002：7.

② 吴宗宪 . 国外服刑人员心理矫治［M］. 北京：中国轻工业出版社，2004.

等预测性量表，其信度、效度还有待时间来检验，接诊咨询在参考此类结果时，应慎重对待。

4.观察到的内容

即便使用同一种咨询技术，不同的咨询师在开展心理咨询的过程中还是会展现出不尽相同的个人风格，这也就意味着，对于同一名求询者，即使评估诊断和咨询思路相同，不同咨询师在求询者信息的关注点、心理咨询的切入点、解决问题的侧重点上仍旧会存在着一定的差别。

在监狱服刑人员心理咨询的过程中，心理咨询预约申请、受理面谈内容、心理测试结果与接诊咨询师观察到的内容完全对立的情况不常见，但通常情况下，以上四方面信息完全一致的情况也很少见。这就要求接诊心理咨询师在谈话的过程中，立足于自己的观察，细心地验证，综合地汇总，辩证地分析，参考各方信息来源，力求对求询者的心理问题，形成一个独立的、全面的、立体的认识。

比如求询者赖某春节过后来咨询，《心理咨询预约单》上申请咨询的原因为：看什么都不顺眼、心烦、睡不着。所在单位心理辅导员将其定性为：诈骗犯，行为上好吃懒做，认知上自私自利，心胸狭窄，主要是受挫后的情绪问题。受理面谈时，求询者的解释为：身体不好，劳动吃不消想换个岗位。面谈咨询师认为是岗位适应不良，属于环境适应问题。查询 COPA 测试则提示：说谎指标偏高，结果不可信。这说明赖某防备心理较强，存在较大掩饰性。

以上信息虽有相关，但不一致，很难说哪些信息是对的或错的，只能说以上信息各反映了求询者的某一方面（有时掩饰的信息也有现实的意义），接诊咨询师只有立足于自己的谈话和观察，认真验证、综合辨析所有的资料，才能形成对求询者完整的认识。

在这个案例中，接诊咨询师经过认真询问，了解到求询者的纠结起源于一年前的年底双评。当时求询者信心满满，认为自己能拿“改造积极分子”，但结果差了两票，只被评为记功奖励。心有不甘的赖某在他犯的怂恿下，多次找分监区领导沟通，但未有结果，因此耿耿于怀，认为这个结果自己不能接受，面子上下不来，背负着很大的压力，总感觉有人在背后指指点点，说自己“没花头”。

将以上信息综合后分析，求询者的情绪问题由双评结果的不如意引发；出现症状2个月；情绪反应为焦虑、心烦、睡眠差；求询者的情绪问题已对人际交往和改造产生了轻微的影响，但社会功能基本保持完整，结合心理测试结果，咨询师认为求询者为一般性心理问题，导致当下改造困境的主要原因是个性上存在完美主义、虚荣心强、以自我为中心、掩饰、偏激的情况，并且，在这之前，这一个性特征已不止一次地影响到他的改造和生活。

基于这样的认识，在后续的谈话中，咨询师应以"看什么都不顺眼、心烦、睡不着"的症状为切入点，但不应纠缠于这一件事的谁是谁非，而将关注的重点放于"这样的情况以前是否有过，当时的情况怎么样，之前有没有发生过类似的冲突"等内容，将谈话的焦点引向对求询者自我的探索。

通过以上四个角度，接诊咨询师能逐渐找寻到求询服刑人员真正心理问题是什么。但是这个发现不一定得到服刑人员的认可。真正心理问题的解决需要服刑人员面对更多的内心冲突，需要花费更多的精力。"表面问题""环境问题"是他们很容易寻找到的解决之道，因此，识别和指出盲点并不意味着服刑人员将会自动地以新的眼光看待他们的问题。当咨询师指出服刑人员的盲点时，试图否认的服刑人员时常显得不安和防备。咨询师必须理解这一点并且继续应对服刑人员的否认。通常，服刑人员会怨恨并抵制强迫他们处理他们自认为不是问题事件的咨询师。简而言之，如果咨询师强迫服刑人员处理某种他们自己不想处理的事情，咨询关系将会面临被破坏。此时，接诊咨询师的坚持鼓励对服刑人员探究咨询师认为有问题的领域是十分重要的。咨询师必须小心地在鼓励探索和胁迫服刑人员做他们不愿意做的事情之间维持平衡。

（二）确定作用点

在咨询的第一个阶段，咨询师必须找到服刑人员的作用点。作用点是咨询过程中咨询师开始突破问题的有力或有利的点，咨询师的影响和努力作用在这个点上就能最大可能地使服刑人员产生变化。因此，它对求询服刑人员的作用是最大的。换句话来说，作用点也指导咨询师对服刑人员的问题首先选择从什么地方着手。

伊根（Egan，1990）描述了许多作用点原则。咨询师在为服刑人员工作时一定要清楚地知道这些原则，这些原则同时也适用于任何类型的帮助关系，然而，主要还是服刑人员心理咨询关系[①]。

①如果存在危机，首先要帮助服刑人员处理危机。

②从服刑人员认为最重要的问题开始。

③从似乎是引起服刑人员最大痛苦的问题开始。

④把注意力放在服刑人员乐意处理的问题上，无论这个问题是否重要。

⑤从一些易处理且较大的问题开始。

⑥从相对容易处理的问题开始。

⑦从那个能改善服刑人员状况的问题开始。

⑧在有可能的情况下，从强度小的问题到强度大的问题过渡。

⑨重心集中在对服刑人员而言，哪些问题的利益大于成本。

总而言之，了解作用点原则将会帮助咨询师明确首先从服刑人员的哪些问题入手工作，以及知道什么时候他们对改变服刑人员的影响能达到最好的结果。

六、咨询过程记录及信息整理

（一）咨询过程记录

服刑人员心理咨询过程中的记录是一个重要但常常被忽略的事情。有许多的理由说明咨询师为什么要对服刑人员做记录。其中的一些如下：

①提醒咨询师在某个阶段某个服刑人员发生了什么事情；

②了解同事或者监管者以前对服刑人员所做的工作；

③记录对服刑人员所做的咨询工作；

④记录服刑人员在咨询过程中的成长和发展；

⑤保存服刑人员在咨询过程中成长和发展的记录。

有三种记录咨询过程的主要方法：音频、视频和手写笔记。如果咨询师想要使用录音带或录像带来记录咨询过程以辅助服刑人员治疗的进程，最好的符合伦理原则的方式，就是在记录的时候，服刑人员是自愿的，没有被强迫，并且事先被告知的。咨询师有必要向服刑人员详细解释记录的目的以及谁将会查看这些记录。如果服刑人员为了提高治疗效果同意使用记录音频或视频，心理

① ［美］Ruth E. Masters. 罪犯心理咨询［M］. 杨波，等，译. 北京：中国轻工业出版社，2005：49.

咨询师必须尽量减少设备带来的干扰。

记录咨询过程最普遍的方法就是手写记录。手写记录没有一个确定的正确的方法。有时，无论在社区矫正还是严格的监管机构中，当接诊咨询师对服刑人员进行咨询时，都会使用最简单的笔记本来有效地记录咨询信息。一些刑事司法机关还有一些专门的表格要求咨询师在对服刑人员做咨询或与相关人员间接接触后填写（间接接触是指咨询师与服刑人员的相关人员的接触，他们可能会有服刑人员的相关信息，这些人是亲戚、朋友等）。

对于刚入道的咨询师而言，案例记录最大的问题是太冗长、太散乱。无论服刑人员心理咨询师在咨询工作中技巧有多娴熟，他们都会面临一个问题，就是做详细的笔记会使咨询师从完整的咨询工作中分心。在做咨询记录的时候，他们不可能保持眼睛与服刑人员的接触，因此会丧失很多重要的非言语信息和交流。现场记录笔记另一个可能的问题是会让服刑人员认为咨询师对口头交流感觉不舒服和心神不定。没有记下详细笔记的问题有两个：咨询师没有记下主要的有意义的信息，当以后需要的时候却不能记起来。有经验的咨询师在心理咨询的时候，会做简单的笔记，哪怕只是一两个字，而在结束以后马上写出咨询总结。

对于咨询师而言，找到记录笔记的平衡方法是十分必要的，应努力使咨询记录尽量不显眼。心理咨询师应该尽可能地遵循督导师的意见，直到形成自己的风格和找到适合自己的方法。通常，记录应该包括但不限于以下要素：

①心理咨询的日期和时间；

②描述服刑人员的外表、笑容、谈话和行为；

③描述服刑人员的心理与情绪状态；

④咨询中的真实信息；

⑤服刑人员提到的想法和情感；

⑥与服刑人员讨论的计划和目标；

⑦对下一阶段预想目标的陈述。

最后，重要的是将咨询笔记和记录放在一个只有咨询师和相关机构能够接触到的秘密的、安全的地方。至于能否与服刑人员共同分享记录，这需要了解司法机关对分享记录材料的相关政策并与之协商。“我的经验说明，把所写的咨询报告与服刑人员分享对咨询关系有很大的帮助。”[①] 并且把对求询者在咨询过程中观察记录与求询者自己对咨询的体验观察相互交流的做法，在实践中为一些咨询师所用。这使咨询师体验到一些意想不到的效果。

（二）求询者信息的整理

在经过了初次咨询（不单指一次咨询，也有可能是两到三次），当咨询师运用了适当的参与性技巧，表达了积极的咨询态度，降低了求询服刑人员的不信任与抵抗，在服刑人员以自己的方式讲述故事的过程中找到真正的问题及盲点，初步确定切入点后，咨询师还需要完成非面对面的后续信息整理、评估、目标确立、方案制订等工作。这些工作结果的某些方面也需要咨询师取得求询服刑人员的认可，例如评估结果和目标及方案的确定，为后续契约的签订做好铺垫。

关于咨询后的信息整理，章恩友根据沃斯（Worth）制定的《诊断分析提纲》从个人发展状、心理状况、改造适应、岗位考核、人际关系、健康状况六方面因素进行了修订[②]。本书借鉴学者马立骥在前述基础上修订的诊断分析提纲[③]。

表 3–3　诊断分析提纲

心理过程特点	认知因子：1. 个体的认知特点，是否偏激固执、自我中心等；2. 对犯罪判刑的认知、归因倾向；3. 对自我的认识和评价；4. 对管理、岗位及周围人的评价；5. 对本次求询问题的认识和归因。 情绪情感因子：1. 当前的情绪状况，是否焦虑、抑郁等；2. 认罪服判的态度，对待公检法机关的情感倾向；3. 目前的改造态度、情绪与所处改造阶段的相一致性；4. 对待生活、人际关系的态度；5. 对待亲属朋友的态度；6. 个人的情绪控制等特点。 意志行动因子：1. 意志品质特点，如自觉性、果断性、坚韧性、自制力；2. 解决问题的信心以及付诸努力的意志。

①［美］Ruth E. Masters. 罪犯心理咨询［M］. 杨波，等，译 . 北京：中国轻工业出版社，2005.

② 章恩友 . 服刑人员心理矫治［M］. 北京：中国民主法治出版社，2007：140.

③ 马立骥 . 监狱心理咨询的探索与展望［M］. 武汉：武汉大学出版社，2014：85.

个性特征	个性倾向性：1. 理想、人生观、价值观、幸福观，对个人前途、人生目标的看法；2. 个体最为迫切的需要，如物质、金钱、亲情、尊重、岗位、考核分等；3. 寻求咨询帮助的动机；4. 兴趣和爱好。 个性心理特征：1. 能力，包括学习、岗位劳动的能力，也包括处理人际关系的能力；2. 气质类型和特点；3. 性格类型，如社会型、理智型、现实型、文艺型、贸易型、传统型等。
个人成长状况	1. 小时候的成长环境；2. 父母职业、家庭条件、教育的方式；3. 学习成绩、学校表现、文化程度；4. 犯前身份、生活经历；5. 犯罪的经历和本次犯罪的过程。
环境因素及社会支持	环境因素：1. 劳动岗位和考核情况；2. 目前生活的状态，包括业余生活的活动情况。 社会支持：1. 与管理民警的关系，与其他服刑人员之间的关系；2. 与亲友的关系，特别是与配偶（恋人）的关系；3. 家庭条件、个人经济来源及状况。
生活事件	与本次心理问题有关的诱发因素：1. 突发的生活事件，如争执、批评、扣分、离婚、兄弟姐妹矛盾、财产纠纷、亲人亡故等；2. 慢性生活事件的累积，如持续的人际矛盾、对现状不满等。
健康状况	1. 个人的体质及健康习惯；2. 残疾情况；3. 影响精神状况的身心疾病，如甲亢、甲减、肝性脑病等；4. 突发的重大疾病或慢性疾病的影响，如癌症、肝炎、肺结核、心脏病、糖尿病等；5. 影响生活质量的一些顽固性疾病，如慢性过敏、慢性萎缩性胃炎、严重失眠等。

七、分析评估[①]与诊断

对信息归类整理后，接诊咨询师需要进行全面而深入的分析评估，做出初步诊断，为后续的确立咨询目标、制订咨询方案理清思路。

（一）分析评估

心理咨询师在分析评估时，要注意心理问题的产生过程是动态发展而非静态发生的，各因素之间是整体互动、因果相连而非孤立地产生影响，因此，分析评估需要把握以下四个层面的关系。

1. 透过现象看本质，把握引发心理问题原因的主次关系

心理问题的发生一般由一定的生活事件诱发，作用于原本相对稳定的个体基础状况（个性特征与健康状况），引发一定的心理波动或冲突（心理过程），

① 马立骥．监狱心理咨询的探索与展望［M］．武汉：武汉大学出版社，2014：86.

个体的心理平衡被打破。同时，在个体与外围环境因素及社会支持的交互影响下，一部分心理波动或冲突逐渐平复，重新恢复心理平衡，另一部分则趋于加剧，导致一系列心理问题的产生。这种情况下，个体基础状况（个性特征与健康状况）是主要因素，诱发事件和支持因素是次要因素。

比如一名祥林嫂式性格的服刑人员刘某，在改造中总是向家人、警官、同犯诉说自己的“冤情”，认为法院对自己判得太重了，自己只是吓唬，并不想杀死对方，反复要“申冤”。检察院介入后，认为刘犯的案件事情清楚，量刑得当，并不存在什么“冤情”，但是刘犯依旧我行我素。由于刘犯的啰唆让人无法忍受，导致几乎所有人，包括家人都对他敬而远之，环境因素及社会支持较差。在又一次诉说“冤情”中，一名新来的服刑人员由于不了解情况，说了一句“你要是冤枉的，那我们就都是冤枉的”，刘犯受不了刺激，与新犯起了冲突。在随后的劝架和处理中，刘犯感觉到自己作为一名老犯，但是大家似乎还帮着新犯，认为自己不被理解，大家都排挤自己，心情又愤怒又低落，却苦于没有倾诉对象，因此前来咨询。该个案中，刘某的祥林嫂式性格是引发心理问题的主要因素，新犯的刺激作为诱发因素，以及社会支持不良等环境因素则属于次要因素。

但是，在一些特殊情况下，比如“重要亲人亡故”“禁闭扣分等重大处罚”“罹患癌症”等重大生活事件，对任何个体都可以造成重大心理冲击，此时，生活事件的诱发是引发心理问题的主要因素，个体基础状况和环境社会支持因素，则是次要因素。

2. 以时间为线索，把握各因素之间的因果关系

引发心理问题的原因错综复杂，有的一因多果，有的一果多因，有的互为因果，需要具体问题具体分析。然而，万变不离其宗，如果我们以时间为线索进行梳理，各因素之间的因果关系将会更为清晰。

在前面的案例中，刘某的成长经历与祥林嫂式性格的养成有关。成长经历是因，性格特征是果；祥林嫂式性格引发周围人的普遍反感，也是导致新犯与其冲突的直接因素，此时，性格因素是因，周围人反应是果；周围人的反应让刘某感到难以接受，又是引发刘某愤怒又低落心理反应这一结果的因。

3. 树立整体观念，把握身体与心理的统一关系

身体状况与心理状况有着密不可分的关系，身体会影响心理，心理也同样会影响身体，身体状况与心理状况是统一的整体。

（1）身心反应、身心障碍和身心疾病

生理疾病可以导致心理行为的异常，达到一般心理问题的程度，称为身心反应；达到严重心理问题和可疑神经症的程度，称为身心障碍；达到变态人格、确认的神经症、各类精神疾病的程度，称为身心疾病。

引起心理行为异常的生理疾病有多种，如感染所致的心理行为异常；肺性脑病、肝性脑病、心源性脑病、肾性脑病、阿尔茨海默病（Alzheimer）所致的心理行为异常；艾滋病、癌症、肿瘤等绝症所致的心理行为异常；鱼鳞病、糖尿病、银屑病（牛皮癣）等难治性疾病所致的心理行为异常等。

但是，咨询过程中，常见的是由内分泌系统和代谢性疾病所致的心理行为异常，如甲状腺机能亢进或减退、肾上腺皮质机能亢进或减退、脑垂体前叶功能亢进或减退等。其中，最常见的是甲状腺机能亢进所引发的精神兴奋性增高，由于青年好激动，女性更加多愁善感。因此，甲状腺机能亢进好发于 20~40 岁之间的年青女性，男女发病率比例为 1∶4~6。患者容易出现急躁、易激怒、注意力不集中、情绪不稳等症状，往往容易因一点点琐事与周围的人发生争吵，脾气显得暴躁。如果咨询师在分析评估时，发现求询者还有突眼、多食、消瘦、失眠、怕热、多汗、容易激动、手颤抖等症状，应考虑排查甲状腺机能亢进。

此外，在监禁环境下，服刑人员对自己的身体健康状况普遍较为敏感和多疑，对一些由躯体疾病引发的心理反应存在着放大的效应，咨询师在分析评估时也应一并综合进行考虑。例如，某名服刑人员因下肢皮肤干燥粗糙，局部呈灰褐色鳞屑状就诊。医院诊断为鱼鳞病，向其解释：该病属于遗传性角化障碍性皮肤病，对身体没有太多的危害，也没有办法可以彻底治愈。该病冬重夏轻，冬天的时候口服些维生素，外用些保湿剂保持皮肤湿润不干裂就可以。但该服刑人员对“没有办法可以彻底治愈”过度敏感，忧心忡忡，压力很大。虽然事后医院安排专家进监会诊，反复向其解释鱼鳞病的发病机理，让其不必过于担心，但该服刑人员依然寝食难安，焦虑、忧郁，最后发展到不能安心改造而被建议寻求心理咨询的帮助。

（2）心身反应、心身障碍和心身疾病

心理问题也同样会影响到生理的异常，甚至引起器质性的病变，按程度的高低，可以分为心身反应、心身障碍和心身疾病。

第一，心身反应，也称为暂时性生理反应。暂时性的生理反应由负性情绪引起，生理反应呈现一过性的特点，比如争吵后的愤怒导致血压的升高，焦虑情绪导致失眠，抑郁的情绪导致食欲下降等情况，在情绪平复后，以上症状自然缓解。

第二，心身障碍，也称为无器质性病变的自感躯体不适。无器质性病变的自感躯体不适症状可涉及身体的任何系统或器官。如腹痛、腹胀、恶心、反胃、呕吐等胃肠道症状；胸闷、气短等呼吸系统症状；心悸、心前区疼痛等心血管系统症状；皮肤麻木、刺痛等症状。虽然患者的痛苦感受是真实的，但是，经过反复体检和实验室检查，却不能发现充分的躯体器质性病变的依据，可以对患者症状的严重性、变异性、持续性或继发的社会功能损害做出合理解释，并且检查的阴性结果和医生的合理解释均不能打消患者的疑虑。

无器质性病变的自感躯体不适在监狱服刑人员群体当中并不鲜见，除了服刑人员本身是心理问题的高发群体，自然相应地发生心身反应的比率也会增加之外，还有以下两种情况咨询师在分析评估时，也应当予以了解。

首先，在中国文化传统的影响下，许多人认为心理有问题是件羞耻的事，而身体有病却可以博得他人的同情和照顾，特别是在监禁环境下将自己的问题表述成身体问题绝对比叙述成心理问题更加合情合理，也更容易被管理者或其他服刑人员接受。服刑人员本人也可以从身体有病当中，获得潜在的或现实的同情和照顾。这种照顾可能是更加轻松的岗位、更低的管理要求、更多的生活倾斜如病号餐等。一些意志力较为薄弱的服刑人员，掩藏或淡化自己的心理问题转化或伪装成身体的问题，可能是潜意识的躯体形式转移，也可能是一种有意识的现实的考量。

其次，服刑人员群体是密集生活的群体，群体当中个体之间的心理或行为会产生相互的影响。在任何一所监狱当中，门诊就医时的人山人海都是一道独特的风景。居高不下的就诊率当中，固然有免费医疗、服刑人员自我健康关注度高甚至伪病等原因在内，但是身体有病的群体性暗示心理也是重要的因素之一。典型的表现有：在一次狱内心源性猝死病例后，该监区十余名服刑人员均发生了头昏、胸闷、气急、心悸的症状，有一例甚至同样在夜间心脏病发作，送到医院急救，但事后一切体检及辅助检查均提示正常。

第三，心身疾病，也称为有器质性病变的心身性疾病。心身疾病是一组发生发展与心理社会因素密切相关，但以躯体症状为主，并且伴有器质性病理改变或已知的病理生理过程的疾病。

Cannon 通过研究认为胃是最能表现情绪的器官之一，焦虑、抑郁、愤怒等情绪都可使消化活动受到抑制从而导致打嗝、反酸、恶心、呕吐等胃肠道的症状，甚至胃溃疡的发生[①]。现代心身医学研究发现，与心理社会因素有关的心身疾病，事实上几乎涵盖了所有的系统。许多疾病都可能在心理应激后起病，在情绪影响下恶化，并且心理咨询或心理治疗有助于病情的康复。

美国心理生理障碍学会对心身疾病做了以下分类：

①皮肤系统的心身疾病有：神经性皮炎、瘙痒症、斑秃、银屑病（牛皮癣）、慢性荨麻疹、慢性湿疹等。

②骨骼肌肉系统的心身疾病有：类风湿性关节炎、腰背疼、肌肉疼痛、痉挛性斜颈、书写痉挛。

③呼吸系统的心身疾病有：支气管哮喘、过度换气综合征、神经性咳嗽。

④心血管系统的心身疾病有：冠状动脉硬化性心脏病、阵发性心动过速、心律不齐、原发性高血压或低血压、偏头痛、雷诺病。

⑤消化系统的心身疾病有：胃或十二指肠溃疡、神经性呕吐、神经性厌食、神经性贪食、溃疡性结肠炎、幽门痉挛、过敏性结肠炎。

⑥泌尿生殖系统的心身疾病有：月经紊乱、经前期紧张症、功能性子宫出血、性功能障碍、原发性痛经、功能性不孕症。

⑦内分泌系统的心身疾病有：甲状腺功能亢进症、糖尿病、低血糖、阿狄森病。

⑧神经系统的心身疾病有：痉挛性疾病、紧张性头痛、睡眠障碍、自主神经功能失调症。

⑨耳鼻喉科的心身疾病有：梅尼埃综合征、喉部异物感。

---

① 沈渔邨．精神病学［M］．北京：人民卫生出版社，1994：730.

⑩眼科的心身疾病有：原发性青光眼、眼睑痉挛、弱视等。

⑪ 口腔科的心身疾病有：特发性舌痛症、口腔溃疡、咀嚼肌痉挛等。

⑫ 其他与心理因素有关的疾病有：癌症和肥胖症等。

4. 辩证分析，把握知情意的互动关系

个体的心理过程包括认知过程、情绪情感过程和意志行为过程，三者互相联系，互相影响，心理咨询师在分析评估时，应有效进行辩证分析。

认知过程是情绪情感和意志行为的基础。印度的“狼人”从小脱离社会，认知水平仅停留在注意、感觉、初级记忆以维持生存的原始水平，知觉、高级记忆、思维、想象等高级认知能力缺乏，因此，其情绪和行为就只是在生存本能支配下的基本反应，而又不能称之为有社会性的情感和意志支配下的行动。

人的认知过程和意志行为过程中总伴随着一定的情绪情感活动。情绪情感又反作用于认知过程和意志行为过程。愉悦的情绪情感（正能量）可以推动认知的深入、意志的坚定、行动的持续；糟糕的情绪情感（负能量）也有可能延缓或者阻断认知和意志行为的过程。比如在咨询过程中，咨询师的坦诚、鼓励、适当的肯定，可以帮助求询者建立起安全、自信、温暖、信任的情绪情感，有效推动求询者积极的自我探索，提高改变自我的意志行为；反之，则可能形成压抑，阻碍求询者的成长。

意志和行为是提高认知的必要途径。提高意味着不断地自我突破，突破需要坚定的意志和行为来保障。“知道但是做不到”便是缺乏意志力和行动力的典型表现。情绪情感可以影响意志和行为，反过来，坚强的意志和行为也可以控制个人的情绪和情感。一些受过特殊训练的人员，可以有效控制自己的情绪，顺利地通过测谎仪的测试。

（二）初步诊断

诊断是指通过检查来确定服刑人员问题的实质和详情的过程。诊断的专业标准在本书的受理面谈部分已经有所陈述。在正式咨询开始后的第一阶段，咨询师仍需对之前的诊断进行验证。这里验证一般发生在讲述故事、澄清细节和信息整理、确定问题之后。诊断一般由服刑人员心理咨询师做出，它的准确性依赖咨询师的专业能力和训练以及服刑人员提供的信息。在刑事司法背景下的诊断不像在医学背景下那样精确。诊断常常是粗糙的，它就是咨询师对服刑人员的问题的本质与内容做出专业的推测。

1. 心理诊断的局限性

心理学是一门研究人类及动物心理现象、精神功能和行为的科学，涉及认知、情绪情感、意志行为、人际关系、个人发展等众多研究领域，也与个人成长、家庭教育、社会发展密切相关。

作为一门自然学科，心理学的实证性一直被心理学家所关注。现代心理学也发现越来越多的心理机能和行为，与大脑的运作、神经内分泌的调节相关联，但是，客观地说，与一些成熟的学科相比，心理学上仍有很多心理现象的发生机制尚不明确，心理学的实证研究仍有很长的路要走。因此，心理学研究对象的特点以及心理学发展的阶段，决定了心理学目前仍是一门经验性的学科，即便如明尼苏达多相人格量表（MMPI）、中国修订韦氏成人智力量表（WALS-RC）、90 项症状清单（SCL-90）等相对成熟的问卷或量表，也是在经验的基础上研究和制定的。所以，目前心理诊断也免不了更多地表现出经验性的特点，统一性和规范性不足，存在一定的局限性。

2. 心理诊断原则性

医学上的临床诊断主要有三个原则：病因诊断原则、病理解剖诊断原则、病理生理诊断原则。学习者容易记住的可能是病因诊断、形态诊断、功能诊断。

（1）病因诊断原则

病因诊断原则如慢性风湿性心脏病、急性肾小球肾炎、过敏性紫癜等，是通过实验室检查如病原学、免疫学和影像学等检查技术做出病因性的诊断。病因诊断反映疾病的本质，决定疾病的治疗措施，因此，病因诊断是临床诊断的第一原则

（2）病理解剖诊断原则

病理解剖诊断原则又称病理形态诊断，如二尖瓣狭窄并主动脉瓣关闭不全、十二指肠球部溃疡等，是反映疾病病变的所在部位、范围、性质及组织结构的改变状况，病理解剖诊断主要通过内窥镜、手术活检进行病理组织学检查获得依据虽然不方便，但却是最可靠的诊断方法，因此，是临床诊断的第二原则。

（3）病理生理诊断原则

病理生理诊断原则也称功能诊断，如心功能不全二度、肠易激惹综合征等，

是疾病的病理生理变化，反映病变器官的功能改变。功能诊断是对疾病发展规律的本质认识，是判断病情轻重、预后、劳动力鉴定的主要依据，是临床诊断的第三原则。

在第二章对监狱服刑人员心理咨询的工作组织流程中，我们已经谈到，以诊疗模式作为监狱个体心理咨询的基础，具有现实意义，因此，参考诊疗模式医学临床诊断的基本原则，来确立心理诊断的原则也因此具有现实意义。

但是，由于心理学研究对象的特殊性，要进行病理解剖诊断（病理形态诊断）是非常困难的，一般来说，心理诊断还是以病因诊断和功能诊断为主。

①心理病因诊断。引发心理问题的原因是明确的，常见的有心身反应、心身障碍和心身疾病。生理上的原发病因引起了心理行为异常，原发病的加剧或缓解，相应地也会影响心理行为异常的加剧或缓解。各类应激相关反应或障碍，由明确的生活事件引发，如考前综合征、刑释前综合征、创伤后应激障碍、适应障碍等。人格障碍患者异常的行为模式明显影响其社会功能与职业功能，造成对社会环境的适应不良，病人为此感到痛苦，如拘禁性人格障碍、偏执性人格障碍、反社会性人格障碍等。

②心理功能性诊断。由于引发心理方面问题的原因是复杂的，或者是不够明确的，我们很难以简短的语言概括或者说清楚原因。同时，一般心理问题又未严重到能够符合恐惧症、双向障碍等明确疾病的诊断标准，因此，只能以心理问题最突出的症状，如认知偏激、情感控制障碍、冲动性行为、人际关系不良、环境适应不良等进行功能性的诊断。

3. 心理诊断的分类性

在第一章“监狱服刑人员心理咨询活动主体分析”、第二章“受理面谈的甄别”部分，我们对个体从心理正常到心理不正常进行了归类性的划分，区分出心理健康、心理不健康（心理问题、严重心理问题、部分可疑神经症）和心理不正常（变态人格、确认的神经症、各类精神疾病）几种类型。其中，监狱心理咨询的对象仅涉及出现心理问题的服刑人员求询者和心理健康有发展性问题的服刑人员。心理治疗的对象是严重心理问题、部分可疑神经症以及与精神科治疗相重叠的部分变态人格和部分确认的神经症；精神科治疗的对象是各类精神疾病以及与心理治疗相重叠的部分变态人格和部分确认的神经症。

因此，我们认为，所有与心理有关的问题，都可以在这个体系中找到自己的定位，并且有相应的建议处理措施。所以，完整的监狱个体心理咨询的心理诊断应当是病因诊断或功能诊断＋心理问题的性质＋建议措施。比如刑释前综合征，属于发展性问题，适用于发展性咨询；环境适应不良，属于一般心理问题，适用于心理健康咨询；焦虑症，属于神经症，建议转心理治疗；反社会性人格障碍，属心理不正常，建议精神科治疗或心理治疗等。

八、咨询目标、契约和方案的确定

（一）咨询目标的确定

咨询目标是心理咨询的方向，是求询者和咨询师共同努力的目标，明确的咨询目标，对于促进咨访双方投入、推动咨询持续深入有着不可替代的作用。

伊根（1990）指出，如果目标被陈述为可成就的、清楚和特定的、可测量或可证实的、现实的、具体的、与求询者的价值观保持一致，放在一个合理的时间体系中，目标就会尽可能地具有操作性，并容易实现。一个有效的、恰当的咨询目标的确立，应当符合以下几个特征。

1. 尊重求询者的个人需求

确立咨询目标的过程，例如“你希望通过咨询解决哪些问题？”“你咨询的目标是什么？”“你对哪些地方感到不满意？”“你希望哪些情况能够得到改变？”等。咨询师通常可以通过以上开放式提问来了解求询者对本次咨询目标的期望。

中国人虽然情感丰富，但表达方式却是含蓄内敛，甚至是不轻易表达的。我们通常会说，“我想过得好一点”“我想活得开心一点”等。很多时候，咨询师的提问只能得到这样的回答。我们能够感受到求询者说出这些话时内心的迫切，同样也能感受到一丝压抑和无奈，这符合中国人的表达特点，但不得不说，这样的目标定位是模糊不可操作的。什么才是“好”？什么才是“开心”？“一点”又是多少？“好”和“开心”是一种内心感受，不但难以被他人察觉，而且难以被量化。有人觉得能够有独处的时间和空间就很开心，有人觉得有机会跟朋友聊天就很开心。“一点”对每个人的意义也是不一样的。有人觉得每天挣500元的报酬就足够，但也有人觉得每天必须要有1000元的工作报酬才是他认可的“一点”。咨询的目标应当具体可操作，因此，这种情况下，咨询师应当帮助求询者澄清“你说的好指的是什么”“怎样才算是‘开心’一点呢？”“如果把最不开心看成是0分，最开心看成是100分，那么你现在是几分？通过咨询，你希望能够达到几分？”

有时候，求询者会说“我希望警官能不带偏见，公平地对待我”“我希望他们能接受我”。咨询师应当清楚，此时求询者表达的只是自己的愿望，并不能称为真正意义上的咨询目标。因为，所有的咨询目标都是有关于自己的，而不是去要求别人做什么。咨询师应当帮助求询者明确我们只能通过改变自己，才能改变环境和他人。因此，咨询师要帮助求询者把咨询的目标调整为“我希望能改变警官的偏见，让他能公平地对待我”“我希望能融入他们之中”。

有时候，求询者对咨询的期望值比较高，希望解决的问题很多，如“家里人因为我坐牢弄得一团糟，内心很痛苦和愧疚”“眼睛不好，病毒性角膜炎，向警官反映了多次，想不值夜班，但迟迟得不到调整，又焦急又担心”“某某在整我，我有事找人给我代了一下班，他马上就向警官打报告，警官批评教育了我，其实他自己也找人代过班，现在我是有苦无处说”“想法很多很乱，连续一个月晚上都睡不着”等等。此时，咨询师应当帮助求询者明确“当下你认为最重要的问题是什么？”“我们不可能同时解决所有问题，在这么多问题当中，哪一个对现在的你影响最大？”

以此为契机，咨询师可以教会求询者以“十字法则”来管理自己的问题，分别以紧急的和重要的为两个指标，画一个十字，分出四个象限（如表3-4所示）。

表3-4　管理问题十字法则

	紧急	不紧急
重要	重要、紧急	重要、不紧急
不重要	不重要、紧急	不重要、不紧急

学习者在此处需要回看我们在讨论“讲述服刑人员故事”内容中对问题切入点全选的原则。咨询师要教会求询者，先解决那些紧急而重要的，比如“眼睛和岗位”的问题；再解决紧急但不那么重要的，比如“想法多影响睡眠”的问题。对于不紧急但重要的，如“家里一团糟”的问题，要长远规划，尽己所能地去参与、调节家庭的矛盾，给予家人指导。但对于无能为力的事情，比如小孩放在奶奶处还是外婆处抚养，也不必过于纠结，相信她们都会对孩子好，只要家人身体健康，回去以后再去弥补。对于那些不紧急也不重要的事情，比如“同犯打小报告”的问题，首先，同犯监督也是职责所在，他可以不汇报，但无形中就要为你担责任，他去汇报了，也只是履行职责。其次这件事过去就过去了，现在再纠缠这个事情已经没有必要，反而容易让别人觉得你心眼小。

有时候，求询者提出的“咨询目标”是要解决具体的问题，比如“身患高血压心脏病，希望能够到社会医院去治疗”“副监狱长能够重视和接见，反映自己所遭受的不公正待遇”等。以上问题不属于心理咨询的范围。在具体的处置上，咨询师首先还是要引导和帮助求询者树立正确的求助动机，充分挖掘自身的资源，从而纠正咨询的目标。比如对于提出“身患重病，希望到社会医院治疗”这一类咨询目标的求询者，咨询师可以做如下引导：“到社会上去治疗，首先要病情符合，监狱医生要担当医疗风险，即使出于他们自己的考虑，也不会有意去刁难某一个人，病情危重而故意不让你出去。同样，他们也不敢在病情不符的情况下违反规定允许你出去。其次，出监看病，要经过多个部门的审批，哪一级不同意都不可以。所以，病人首先思想上要让人觉得稳定，否则哪个部门敢轻易同意一个麻烦者、不稳定的人出监，谁都不会自找麻烦。再次，不是所有的病都能够治愈，监狱也不是慈善机构，治疗稳定同样也是治疗，所以对自己的病情要有基本的认识，所提的要求不能不切合实际。最后，事在人为，要尽早出去治疗，自己主动地提出申请当然比被动地等待安排要快。如果你同意以上的看法，我们可以一起来讨论，在不违反规定的前提下，怎样合情合理地提出自己的申请，你看怎么样？”

咨询师通过以上设身处地的分析和建议，自然地将求询者外出看病的咨询目标，引导和转换为“如何合情合理地提出申请，以便尽早外出看病”这种方式的共同探讨，其性质和意义都发生了改变，符合心理咨询“帮助求询者发掘自身资源，解决自身问题”的范畴。

2. 符合心理咨询目标的专业性

心理咨询目标的专业性由咨询师根据初始阶段的谈话内容、咨询后的信息整理、分析评估和心理诊断情况进行把关。

心理咨询的目标应当是积极的目标。例如减轻痛苦的目标是消极的，体验快乐的目标是积极的；“人不犯我，我不犯人”的目标是消极的，合作与共赢的目标是积极的；让自己变得完美的目标是消极的，悦纳自我和不断完善自我的目标是积极的；等等。当然，消极与积极是一个相对的概念，走向积极也需要从消极起步，但是，如果把消极当作是咨询的目标，必然也会限定了咨询有效的“天花板”高度。

心理咨询的目标应当是可以评估的，不能评估的目标仅仅只能称作一种意向。比如“我想变得更好”“我希望改造上更成功”等，不但笼统而且难以量化评估。此时，咨询师应当鼓励求询者将自己的咨询目标变得更加具体，比如“我想更好地控制自己的情绪，不再轻易生气动怒”“我希望今年双评的时候能拿到改造积极分子”等。而咨询师的任务就是帮助求询者，让具体的目标更加便于操作和评估。比如“控制发怒”的例子中，咨询师可以帮求询者设定以症状自评量表（SCL-90）中“人际关系、焦虑、敌对”各因子的分值来评判咨询各阶段“生气动怒”的程度或者以“每周生气的次数”来反映控制情绪的成效。比如“今年拿改造积极分子”例子中把“拿改造积极分子”的总目标分解成“要完成产值排名第几名、完成报道多少篇、不能违规扣分、能为集体做哪些义务劳动”等具体目标。

心理咨询的目标也应当是统一且多层次的，既有表层目标又有深层目标；既有当前目标也有长远目标；既有局部目标，又有整体目标。实践证明，有效的心理咨询目标通常都不是单一的目标，而总是多层次目标的统一。比如一名患有慢性骨髓炎、右小腿残疾的求询者，在与他犯的相处中经常发生人际冲突，在同犯中受到歧视和排挤，自己对此感到压抑和愤怒，于是向心理健康指导中心提出求助。受理面谈咨询师在谈话后，认为“求询者身体残疾导致的内心自卑、敏感、偏激等性格缺陷，是人际关系紧张的主要因素”，建议“咨询以改变认知，把建立自信作为咨询目标”。接诊咨询师在初期谈话中如果发现受理面谈的评估和建议方向是正确的，但是还不够全面，求询者虽然存在自卑、敏感、偏激等缺陷，但总体生活态度是积极的，劳动上、生活中争强好胜，从来不需要别人照顾，人际冲突虽然经常发生，但细究之下，也都不是主动挑衅导致。因此，接诊咨询师觉察到求询者当前的人际冲突、情绪反应、性格缺陷仅仅是表象，如果咨询目标仅仅着眼于此，那么咨询的效果将是肤浅的和不牢靠的。

实践证明，身体残疾未必一定会导致某些心理缺陷，虽然身体残疾可能会有一些共性的性格特点，但具体到某一个人，这些特点并不必然存在。身体残疾是求询者本人不愿触及的痛，但也可能是帮助打开心门的钥匙，因此，咨询师主动调整谈话的重心，从求询者成长的经历着手，特别是了解了求询者身体致残的缘由，以及该事件对生活的创伤和影响。

经过坦诚的交流，求询者谈到，自己原本是一个健康快乐的孩子，但是 10 岁那年的一场车祸改变了命运，落下了终身的残疾，母亲也在那场车祸里为保护他而失去了生命。此后，求询者一直觉得自己代表两个人在生活，一个是自己，一个是母亲，所以他没有资格放弃，所以，不管遇到什么困难，自己也不会退缩。自己也从未说过要放弃，正因为身体有残疾，反而对生命有了更深的感悟和珍惜。

求询者的人格并不存在着重大的缺陷，只是对独立和尊重有着特别的渴求，他在内心里特别希望别人不要把他看作是需要照顾的人，所以他很要强，努力克服困难，像正常人一样完成生产任务。

进一步挖掘问题的起因，求询者的冲突几乎都起源于别的服刑人员对他说的口头禅“去你妈 × ×”。一听到这句话，求询者立马想到的就是对死去母亲的侮辱和冒犯。他感恩母亲给了他两次生命，所以容不得别人以任何形式冒犯母亲，即使知道那是无意的口头禅，也无法控制自己的情绪。

因此，在咨询中，心理咨询师表层的咨询目标是帮助求询者建立自信改变认知；更重要的是深层的咨询目标，是要帮助求询者重新处理好“幼年车祸”以及“母亲意外罹难”两件创伤性事件带来的深远影响。

3. 充分协商，确保共同认可

心理咨询的目标制定，应当是求询者和咨询师共同讨论、充分协商的结果，最理想的可能是咨访双方在目标上取得一致的认识，获得共同的认可。为更好地达成这个目标，在初次咨询后，咨询师应当结合求助者对咨询目标的期望，以及自己通过信息整理、分析评估、初步诊断协调中，对求助者问题的理解，形成对本次咨询目标的初步认识，并且在第二次咨询过程中，与求询者进行交流和取得共识。如果在交流过程中咨访双方的目标存在差距，应当通过坦诚沟通，尽量协调双方立场以取得接近。如果确实难以调和，那么应当以满足求询者的需求为主。如果咨询师无法认同求助者的要求，也可以主动终止咨访关系或者转介其他咨询师咨询。

（二）订立契约

监狱服刑人员心理咨询是一项专业而规范的咨询服务。心理咨询关系一旦建立，咨询的提供者和接受者都享有一定的权利，并履行一定的义务，因此，个体心理咨询的双方都必须充分协商并遵守一致的契约，以保证咨询的顺利进行。

监狱服刑人员心理咨询有自身的特殊性。首先，求询者的身份是服刑人员，且监狱提供的是免费咨询服务，产生咨询纠纷的可能性较小。其次，纸质契约的形式，容易导致一些求询者焦虑，甚至形成阻抗。再次，咨询师因自身事务繁多，时间冲突而推迟延后咨询的情况并不鲜见。最后，服刑人员的人身自由包括监内活动自由受到限制。心理咨询的延迟、中断往往由监狱集体活动、学习劳动的时间冲突、人员调动等客观困难引起，求询者个人甚至咨询师都难以突破。因此，虽然监狱心理咨询有订立契约的必要，但契约的形式应以灵活的口头契约为宜。口头契约的订立由咨询师主导，但必须与求询者协商一致，并务必使求询者清楚地了解以下几点。

1.心理咨询保密的原则

监狱服刑人员心理咨询必须遵守咨询保密的原则，但是咨询师在申明保密承诺的时候应当把握一个尺度，也就是虽然明白监狱心理咨询遵守的是有条件保密的原则，然而在说明时除非求询者提问，否则没有必要特意将保密例外的情况进行解释，以免求询者产生有歧义的理解。

咨询师可以说："我们的咨询关系受相关法律和监狱规定的保护，对于我们今天的谈话内容，我会遵守《心理咨询师的职业道德规范》予以保密，请你放心。"

2. 监狱服刑人员心理咨询的性质

经过初诊接待和摄入性谈话，关于求询者对于心理咨询的了解、改变自我的主动性、解决问题的期望值等情况咨询师已基本心中有数。对于认识上有偏差的求询者，咨询师有必要对监狱心理咨询的性质进行进一步解释，帮助求询者了解监狱心理咨询提供的是心理方面的帮助，而不是改造或生活方面的帮助。咨询师帮助的途径是协助解决，而不是替代解决，求询者本人的努力和改变才是咨询有效的决定性因素。

如果求询者对监狱心理咨询的性质已经有了较为明确的认识，比如第二次及以上的求询者、转介的咨询对象，以及文化认知程度较高对心理咨询有一定了解的对象，咨询师可以跳过这一环节。

3. 双方的义务和权利

监狱个体心理咨询过程中，咨询师与求询者双方都要遵守的义务主要有：互相坦诚、积极投入的义务；沟通协商，积极就咨询目标、方式等问题达成一致的义务；遵守咨询约定的时间、地点的义务；不得无故缺席，如果咨询师或求询者任何一方确有特殊情况不能参加，需要提前通过所在单位心理辅导员通知对方。

咨询师享有的权利有：当有迹象表明来访者不再继续需要咨询服务，或者后续服务对其没有益处时；当心理咨询师受到来访者或者其他相关人员的威胁，或者继续治疗可能会危及心理咨询师的安全时，心理咨询师有结束咨询的权利。

求询者享有的权利有：知情权，包括询问咨询师专业资历、学位等专业背景的权利；了解咨询特点、性质、预期疗程、保密范围等内容的权利；同意权，包括拒绝录音、录像、心理测评或某些咨询技术（如厌恶疗法、冲击疗法、催眠疗法、长期精神分析疗法）的权利；任何时候终止咨询或更换咨询师的权利。

（三）制订咨询方案

咨询方案是实施心理咨询的完整计划，但是在目前开展的监狱心理咨询工作中，严格制定、签署和执行咨询方案的情况较少。可能的原因有监狱心理咨询工作人员绝大多数均为兼职义务岗位，时间不能完全自主。另外，咨询对象文化程度普遍偏低，对签字画押容易形成顾虑或阻抗。主管部门也有意规避一些对效果承诺过多的风险。鉴于目前工作的实际状况，借鉴学者马立骥对咨询方案的完善意见，陈述以下内容。

1. 有必要建立监狱服刑人员心理咨询方案的工作制度

心理咨询方案是对初次咨询时，咨访双方口头契约的细化，是对咨询师和求询者双方的约束和督促，它是心理咨询进入实施阶段必备的文书。

心理咨询方案需要咨访双方共同协商确定。因此，在第二次咨询前，咨询师应当准备好《个体心理咨询方案》的初步文书，以便在下次咨询时，方便与求询者进行探讨和修改。

2. 个体心理咨询方案应简洁实用，便于理解和执行

完整的咨询方案包括：求询者概况、鉴别诊断、确定预后、确定咨询意外和失败的对策及措施、确定本方案允许意外修改的可能范围等内容。为体现方案的简洁实用，便于理解和执行，避免过于详尽的细则成为咨访双方共同的负担，以上内容可以由咨询师自行掌握，不必再列入咨询方案当中。

这里给出的方案参考如下：

表 3–5　心理咨询方案

关于____________________的心理咨询方案	
心理诊断	
咨询的总目标	
使用的咨询方法	
咨询的步骤和阶段	
咨询效果的评估方法	
以上情况已经协商一致，共同认可。 求询者签名： 咨询师签名： 时　　间：	

九、咨询谈话的导入与小节

咨询的诊断阶段并不仅限于最初一次的谈话。诊断过程可能包含一到两次，甚至三次的谈话。每次谈话的开始与结束，或者两个谈话主题之间的起承转合

都需要咨询师运用到一些沟通技巧。这里主要陈述咨询导入与咨询小节在监狱服刑人员心理咨询活动中的运用。

（一）导入性谈话

第二次及以后心理咨询是初次咨询的延续，因此，在导入性谈话中，首先要对初次或前一次咨询的内容进行简要的回顾。其次要询问求询者有没有要补充的内容。再次如果已做出确切诊断，要就咨询目标、咨询方案与求询者进行充分解释、协商，以达成共识。

下面是一些咨询师导入语言的参考：

“再次见到你很高兴！感谢你能遵守我们之前的约定。在上周，我们进行过一次良好的沟通，你谈了你现在遇到的困难和心理的困惑，也谈到了你内心的愿望。对于你上次谈到的内容，你还有什么要补充的吗？”

“好的，如果没有什么要补充的，那我们继续。在上一次见面后，我回去对我们之间的谈话进行了认真的整理，并且根据结果，准备了一份接下来我们要讨论的方案，里面有以下几项内容，我们逐项来看……”

“好的，你觉得两个月的咨询时间太长了，我们可以压缩咨询的次数和间隔，争取在一个月内实现我们的目标。不过那样子需要你付出更多的努力，特别是在完成咨询后布置的家庭作业方面，需要你更加投入，我的要求也会更加严格，你可以做到吗？”

“如果没有别的意见，请你在‘协商一致，共同认可’一栏下签上你的名字。当然，我也要签名。这份咨询方案我们会保存在档案中。在完成这一步后，按照刚才商量的方案，我们开始下一步的咨询。”

（二）咨询小结

虽然现在短程咨询也很流行，但短程咨询也未必就是一次性的咨询。监狱心理咨询的实践表明，一次性的心理咨询通常效果难以深入和巩固，求询者反而容易因此失去对心理咨询的兴趣和信任。有效的心理咨询大多数是分阶段完成的，至少经历初次咨询阶段、正式咨询阶段、巩固阶段和结束阶段。

阶段的划分未必与咨询的次数对等。初次咨询阶段基本上是一次独立的咨询过程，但正式咨询阶段、巩固阶段和结束阶段则主要根据所协商的咨询目标、所采用的咨询方法来安排咨询的次数与时间。比如，在一例“严重自卑，环境适应不良”的个案当中，共进行9次咨询。其中，初次咨询摄入性谈话为1次咨询；以“强化积极感受，合理疏导情绪”为分目标，咨询2次；“转变认知，重建自信”为分目标，咨询3次；“克服反复，巩固疗效”为分目标，咨询2次；结束咨询为1次。但如果遇到需要强烈情绪宣泄者，例如女性服刑人员，那么初次咨询的摄入性谈话可能就需要2次。首先处理她的情绪压抑是工作的开端。

在咨询的每一个阶段，通常需要对本阶段的咨询过程进行回顾和小结，初次咨询后的“信息整理、分析评估、心理诊断”工作是对初次咨询摄入性谈话的小结。此外，在每一阶段目标完成前，都应当在咨询结束时至少安排几分钟与求询者进行简短的咨询小结。咨询小结可以由咨询师陈述，也可以由求询服刑人员陈述。监狱心理咨询中，后者做总结陈述可能会碰到困难，但是如果咨询师加以引导，这个过程是服刑人员整理、消化咨询收获、期望的有效方式。服刑人员在一次咨询结束时所做的口头小结是正式家庭作业简化版，即时强化求询服刑人员对咨询效果的认同或者为后续咨询提供方向。

小结的内容包括：咨访双方对这一阶段咨询的感受；这一阶段咨询效果如何；咨询目标是否达成，是否还有未解决的问题；如果有，原因在哪里，双方该如何进行；下一阶段的咨询目标和任务是什么，该做哪些准备。

例如，结束谈话时，咨询师首先对本次咨询进行小结，再对下次咨询的时间、地点和任务进行约定，然后征询求询者对结束谈话的意见。比如“今天我们的沟通很顺利。在交谈中，你谈到了……情况。为了更好地对你负责，我希望能够回去仔细整理这些资料，以便在下一次咨询中，与你一起讨论我的看法和建议。当然，如果你还想起有什么要补充的，也可以在下次咨询中告诉我。今天我们咨询结束的时间马上就要到了。下一个礼拜一，仍旧在这里，我们再认真地谈一次。你看可以吗？”

一般情况下，求询者会接受咨询师的建议。特殊情况下，求询者还希望补充一点信息，或者对咨询还有一些疑问，咨询师也应满足求询者的请求，给予简要的回答，但是在时间上一般控制在5分钟之内，不宜拖沓。

咨询小结不仅是口头的回顾与讨论，也需要进行简单的记载。记载的形式有以下两种：

第一，求询者的家庭作业记载。为了巩固和深化咨询效果，许多咨询流派都强调，在咨询结束后，给求询者布置一定的家庭作业，以便求询者在回去后，再次回顾咨询的过程。求询者在家庭作业中对自己的心理问题进一步剖析和思考，领悟更多更深的收获；评估咨询的效果，反思还有哪些咨询目标没有达到，沟通交流中还有哪些遗漏，以便下次咨询时，咨询师能获得及时、准确的反馈；也可以将咨询中习得的技能尝试运用于改造、生活当中，进一步巩固咨询的效果。

第二，咨询师的咨询小结。在咨询阶段最后一次咨询记录中，应当安排独立篇幅进行咨询小结。其主要内容包含：咨询师对本阶段咨询过程进行简要的回顾；认真阅读求询者家庭作业后，如实记录对作业的感受和反馈；检讨诊断及分析评估是否准确，所使用的咨询方法和步骤是否合理；本阶段咨询目标是否达成；咨询过程中言行是否得当，以及相应的如何改进等内容。

十、心理咨询的延期、中断

（一）心理咨询的延期

心理咨询延期是指在特殊情况下，咨询被迫打断向后延期的情形。可能的原因有咨询师出差、培训、会务等客观原因不能履约；求询者生产任务紧张或其他紧急任务；监狱迎接重要检查、演习或其他大型活动时间冲突等。

如不涉及保密，咨访双方因各自的原因不能履约参加咨询时，应提前一天以上，当面或者通过所在单位心理辅导员互相告知，并约定下次咨询的时间、地点。

（二）心理咨询的中断

心理咨询中断，也可以称作心理咨询的非正常结束，通常由于心理咨询师的工作调动，求询服刑人员调离监狱、押回重审、外出住院长期治疗等被动因素引起。前述中断主要是咨访双方以外的客观原因引起。咨询中断后，不太可能再重启咨询，或者再次建立咨询关系时，不能称为重启咨询，只能称作重新咨询。

如果咨询师提前掌握心理咨询将要被动中断的信息，在不违反相关保密要求的前提下，咨询师应提前进行咨询结束处理，处理措施参见正常咨询结束内容。

咨询中断后，心理咨询师应在咨询记录上，注明中断的原因，并进行咨询小结。如果属于押回重审、外出长期住院等情况，在求询者重回监狱后，咨询师应通过相关渠道，主动了解求询者重新咨询的意愿，并给予相应的心理帮助。

心理咨询中断也有可能是因为咨访双方的主观原因引起，这是一种特殊情况。如果是求询者主动要求中断咨询，这样的情形在监狱个体心理咨询中并不多见，但并非绝无仅有，特别是在一些被动求助型服刑人员身上以及咨询陷入僵局的情况下更容易发生。服刑人员主动中断后，咨询师应主动联系与求询者面谈一次，了解求询者对于本次咨询安排、咨询过程的真实想法，询问是否需要转介其他咨询师继续咨询；并且在咨询小结时，认真分析中断的原因，检讨需要改进的地方。当然也存在咨询师因为自身的问题而提出中断，例如咨询师对求询服刑人员产生强烈的反移情，或者由于岗位变化原因与服刑人员产生直接的利益关系，咨询师从维护求询服刑人员心理健康利益的角度考虑而主动踢出去的转介，都是咨询的中断。此种情况下，咨询师需要对求询服刑人员说明原因，从专业的角度进行解释，使求询服刑人员对此能够正常地接受，而不至于受到二次伤害。

第二节　咨询的实施阶段

在心理咨询第二阶段开始时，在一定程度上，服刑人员的问题通常已经被确定。咨询的实施阶段包括咨询师和服刑人员两方面的艰苦工作。在这个时期，咨询师一定要警惕不让服刑人员处于一个被动的位置，而应该让他们处理自己的问题。虽然咨询师是出于好心，但其误导行为将会使得服刑人员无法成熟并会有无助感，常常为服刑人员带来更多的问题。

实施阶段的内容一般包括目标设定和实施的灵活性、形成可操作的日程、制订突发事件计划、做出承诺和选择、影响性技术的实施、采取行动。要注意的是，上一阶段陈述某些工作内容也会在此阶段出现。学习者需要时可以回到前面所述内容查阅。

一、目标设定与实施的灵活性

我们在本章第一节中已经谈到如何设立具体可操作的咨询目标。咨询师的专业、客观性使其在帮助服刑人员设定目标时扮演积极和指导的角色。

咨询师必须警惕这样的现实，一些服刑人员会发现自己完成目标是困难和阻滞的，而其他人则能轻松完成。服刑人员完成任务的方式是多种多样的。咨询师在帮助服刑人员达到目标时必须保持灵活性，根据需要修正和改变目标。一些服刑人员可能只有一个目标，而另一些人则可能有很多目标。服刑人员拥有目标的数目往往取决于他们问题的性质。咨询师必须意识到他们应该把重心集中在那些成功的可能性大的目标上，因为服刑人员会因为完成了较小的目标而获得力量感。

二、形成可操作的日程

一旦咨询师和服刑人员设定了目标，制定出完成目标的步骤大纲或目录就十分重要。这就是所谓的制定可操作的日程，或通俗地说，一个用于完成目标的计划。如果服刑人员的目标是要控制自己暴怒的情绪，那么他可能需要做下面部分或者全部的各项事情：

①找一个可以让自己隔离刺激情绪的地方；

②与能够时常接触的伙伴建立支持契约，以便及时得到帮助；

③与其他“敌对”人员隔离；

④加入情绪治疗团体；

⑤学习更多表达自我情绪的方法；

⑥赢得情绪治疗团体的支持；

⑦读取情绪治疗团体的资料。

这个日程并不是没有遗漏的，服刑人员也不一定要按这个顺序采取行动。它只是举例说明目标和日程之间的区别。目标是最终目的地，而日程则是达到目的的不同路径。另外，这些路径应该是畅通的，即可操作的，可实施的。

咨询师如何与服刑人员制订这些计划并形成可操作的日程？伊根（1990）建议，当咨询师制订到达目标的计划时，和服刑人员使用头脑风暴法。头脑风暴法是用来形成新思想的创造性技术。在服刑人员进行头脑风暴法的时候，咨询师必须遵守一些原则：咨询师和服刑人员必须不带判断地提出尽可能多的主意和计划；用一个旧的思想来创造新的思想；充分表达疯狂或极端的想法（即使它们可能无法使用），并且厘清和确定那些要做和能做的事情（Osbom，1963）。

在日程被列出以后，服刑人员采取行动之前，咨询师和服刑人员应该尽可能多地讨论日程中被确定的每个步骤。在讨论的时候，服刑人员一定要衡量实施每个步骤的利害得失，讨论可能出现的问题。一些步骤可能对服刑人员是特别困难的，因此结果是无法预料的。通过事先谈论可能性，服刑人员将会对意外情况的出现有比较好的准备。

三、制订突发事件计划

制订突发事件计划在咨询过程的这个阶段是十分重要的。无论是咨询师还是服刑人员自己都不能确定服刑人员能否完全实施行动的日程，因此制订一些突发事件计划，以应对服刑人员可能在事件中失败而不能完成他们的日程中某一步骤的情况。举例来说，比如说某个服刑人员需要学会对自身愤怒情绪的识别，但是他在实际状况中可能不能方便运用愤怒环境暂时中断法，那么备选的方案可以使用书写的方式来表达自己的愤怒情绪。如果监狱心理咨询师有制订突发事件计划的远见，那么服刑人员放弃完成目标的可能性就很小。

四、沟通技术Ⅱ（影响性技术）

服刑人员心理咨询中的影响性技术是咨询师通过自己的专业理论知识与方法技术、个人的人生经验，以及对来访者特有的理解使求询者从中受益的过程。影响性技术，本书选取面质、解释、提供信息进行说明。更多的影响性技术，需要参阅心理师成长的专门教材进行学习。

（一）面质

由于幻想等防御机制的作用，加之缺乏自我反思，服刑人员很多时候难以了解自我的需要、认知、情绪和观念。防御机制拉大了服刑人员和现实生活的距离，使得他们的思想和情感不一致。咨询师此时就需要使用面质的方法。面质又称为对峙、正视现实等。面质不是咨询师对服刑人员某种公开后者潜在的对立、敌意和攻击，也不是咨询师简单地告诉服刑人员身上有哪些过错，进而表达自己正确的观点。它是指咨询师向来访者指出并与之讨论存在于他身上的各种情感、思想和行为之间的矛盾。

面质的目的和意义在于协助服刑人员对自己的情感、思想、行为及所处的情况做深入的了解，澄清各种矛盾，促使来访者放下自己有意无意的防卫心理，面对真实的自我，而对现实采取富有建设性的行动，实现理想自我与现实自我的统一。面质的程度可能从轻微的挑战到直接的针锋相对。它构成了对服刑人员的一种挑战，以动员他们自身的能量为其利益向着更深刻的自我认识和更积极的行为方向迈进。通常它将会，至少是暂时性地给来访者个人的和社会的平衡带来某些危机。当然危机也有机会。

在咨询过程中，面质会有利于使咨询向纵深发展，也有利于咨询关系的建立与巩固，促进服刑人员的成长，共情亦可在面质中得以深化。但是，咨询师也应该意识到面质会给咨询带来危机，使服刑人员产生愤怒情绪和防御、抵触心理，甚至造成服刑人员的脱落而导致咨询的夭折。因此，咨询实践中咨询师使用面质要谨慎、妥当。具体地说要注意如下几点：

首先，面质要以事实为依据。对峙的基础是事实。当事实不充分、不明显时，一般不宜采用对峙。千万不能将对峙当成咨询师发泄情绪乃至攻击服刑人员的手段，否则就失去了面质的本意。总之，面质要和支持结合起来，正如伊根所说的那样，没有支持的面质会引起灾难，而没有面质的支持则是苍白的。

其次，可以使用尝试性面质，这一点在咨询初期尤其重要。在咨询关系建立初期，应尽量不用面质。如果不得不用，可适当应用一些尝试性面质，在语气中加上一些询问性、不确定性的内容，比如“我不知道我是不是误会了您的意思”“您上次说……可这次您又好像说……不知哪一种情况更确切？”如果来访者愿意就此说明，当然很好，如果对方不愿涉及，这时就不必追问下去，免得造成服刑人员难堪、惊慌。此种情境咨询师可以留待适当的时候再行尝试，可使服刑人员有机会在无压力的情况下与咨询师讨论自身的问题。

最后，面质应建立在良好的咨询关系（尤其是高级准确的共情）的基础之上，否则面质就可能无效，甚至会导致咨询关系破裂。监狱心理咨询活动中，很多面质所涉及的问题对服刑人员可能具有应激性，易造成来访者的心理压力，威胁服刑人员的心理安宁，进而导致危机出现。因此，在使用之前，一定要确认咨询关系已经具有相当坚实的基础。

（二）解释

解释包括理解服刑人员信息和交流传达其含义的技巧，是对服刑人员行为、事件或想法之间的联系或其中的因果关系的陈述，或者是对服刑人员的某一行为（包括情感、想法及可见行为等）提出可能的阐释。解释与倾听中的内容情感反应不同，解释针对的是隐含的那部分信息，即服刑人员没有明说或未直接讲出的那部分内容。

在进行解释时，咨询员可以使服刑人员从一种新的角度来看自己。对于服刑人员来说，解释非常有用，因为它可以引出一种洞察、一种见识，而这正是获得良好心理状态的关键，可以带来很有效的行为改变。

适当有效的解释有很多好处：第一，有效的解释有助于建立积极的治疗关系，因为它能加强服刑人员的自我剖析，提高咨询师在服刑人员心目中的可信度，并传达出咨询师对服刑人员的治疗态度。第二，解释可以用来明确服刑人员已经表达出来和未表达出来的信息，以及服刑人员行为之间的因果关系或者类型。第三，解释可以帮助服刑人员从另外一个参考框架来审视自己的行为，或从另外一个角度对自己的问题予以阐释，从而对问题有更好的理解。第四，解释促使服刑人员以更积极的行为取代自我挫败或徒劳无效的行为。第五，几乎所有的解释都可以用来激发服刑人员的洞察力。

解释可以通过许多方式进行。因为咨询师自己的理解和理论学派不同，他们的解释在一定程度上会有所差异。精神分析学派一般强调未解决的需求和基本冲突。阿德勒学派强调求助者的逻辑错误。交互作用分析学派解释来访者的自我状态。认知学派侧重于合理及非合理思维。行为主义强调自我挫败和行为不适应的类型。解释反应的模式一般有三种：一是关系模式，认为解释是通过加强治理模式起作用；二是内容模式，认为解释的内容和措辞可带来一系列变化；第三是差别模式，认为咨询师和来访者之间的观念差异会促使来访者寻求改变。

解释的基本原则。一是保证咨询师的解释建立在了解服刑人员者准确信息的基础上，而不是将咨询师的偏见或者价值观投射在服刑人员身上。这个需要咨询师意识到自己的盲点。如果咨询师有一个很糟糕的婚姻经历，咨询师可能对结婚或者维持婚姻带有偏见，那就一定要注意。这有可能影响咨询师对来访者婚姻问题的解释方式。二是咨询师对来访者的解释措辞尽量用非肯定性措辞，有利于避免来访者对解释产生抵抗或者防御。三是解释的内容不应与服刑人员的生活、知识背景发生冲突。

解释的步骤。第一，聆听并确定服刑人员信息中暗含的意思，如服刑人员所讲的微妙和间接的地方。第二，解释可以让服刑人员以一个与自己有所差异的方式来重新审视问题。这种参照框架应与咨询师的理论背景相一致，而且不要与服刑人员有过大的差异。第三，要确定咨询师自己对问题的看法，其参照框架不应与服刑人员的生活、知识背景发生冲突。第四，解释的措辞要适用服刑人员。第五，通过观察和判断服刑人员对解释的反应，检查和评估解释的效果。要注意观察诸如微笑或沉思等这样的非语言的信息，来确定服刑人员理解或者没有理解你的意思，同意或者不同意你的观点。

（三）提供信息

提供信息是对经历、事件或人物的信息或事实进行言语交流。在咨询的会谈中，来访者很多时候会提出了解有关信息的合理要求。例如，一名新入监的长期服刑人员面对漫长的刑期会感觉很迷茫，会关注怎么样适应监狱的规章制度，怎么样制订在监狱中十几年的生活计划，如何在监狱中与其他服刑人员交往等。

提供信息有四个目的。首先，当服刑人员不知道自己有哪些选择时，有必要提供信息，这有助于服刑人员明确其他的解决问题的方法。其次，当服刑人员未意识到某个选择或行动计划的可能的后果时，对其进行提供信息是有帮助的。再次，提供信息可以用来矫正无效的或不可靠的信息，或驱除迷信观念。最后，提供信息的最后一个目的是帮助来访者审视他们一直回避的问题。

提供信息的基本原则。为了提供正确的信息，咨询师需要考虑三个主要原则，包括何时进行信息提供、需要怎么样的信息、信息该如何传递。在涉及何时提供信息时需要注意的原则是：第一，识别出服刑人员目前已有的信息。第二，判断服刑人员目前的信息是否可靠，是否基于事实，是否充分。第三，要等到服刑人员准备接受新信息时再提供，避免过早提供信息。

五、采取行动

采取行动解决问题对一些服刑人员是容易的，而对另一些服刑人员则是困难的。一些服刑人员在咨询的第一阶段被赋予讲述故事的行动权力，他们能立刻在没有咨询师帮忙的情况下就做得很好；对于另外的一些服刑人员，采取行动要出现在稍后的咨询过程中；还有一些人从不采取行动。服刑人员不愿采取行动的倾向是自然的。让服刑人员开始行动可能对他们比较困难，有时候害怕完成目标会给咨询带来问题。

行动包括服刑人员完成目标的活动，有不同的类型。一些类型的服刑人员行动能被观察和测量，而在很多情况下，行动是不能观察到的，如服刑人员开始有区别地感知他们的问题。这样的内在行动常常导致外部的、可测量的行动类型。

完成目标的大敌是放弃已经开始的行为倾向。服刑人员尤其需要得到行动和保持行动的支持。咨询师、家庭成员、朋友可能是服刑人员获得支持的重要来源。除了支持之外，好的计划也能帮助服刑人员采取和维持行动。

刑事司法系统中，指导咨询过程的战略家是咨询师而不是服刑人员。他们负责引导服刑人员的行动并最终帮助服刑人员解决问题。

六、不同的心理咨询理论与方法

在咨询的实施阶段，不同的咨询师因为接受不同的咨询理念、不同方法的训练而使咨询实施阶段具有明显的个人特色。心理咨询的基础理论有精神分析、行为主义、人本主义、存在主义等；治疗的方法也是多种多样，如认知转变、行为训练、情绪宣泄、沙盘游戏、绘画治疗、表达性艺术治疗、书信治疗、音乐治疗等等。方法的采用需要根据不同求询服刑人员心理问题特殊性而选取不同的干预方法。为了更好地呈现监狱服刑人员心理咨询的实貌，这部分的内容将在后续第六章具体阐述。

第三节　咨询的结束阶段

相比较于本章前面两节内容，这一部分的学习任务稍显轻松，但是却是必不可少。学习者要明确，咨询结束阶段所做的工作如果处理适当，能让前期的咨询工作的努力在结束后对求询服刑人员的继续成长与转变仍旧具有强大的推动力，否则求询服刑人员的被抛弃感会严重损害咨询师在其心中建立的形象，进而对之前所感受到的收获产生怀疑。心理咨询需要一个温柔而又果断的结束。

本章第一节中谈到的咨询中断即是咨询的非正常结束。咨询的正常结束通常以咨询步骤和阶段基本完成、咨询目标基本达成、双方共同认为可以结束时为宜。但是，咨询的结束并非是突然结束，而是在结束之前 1~2 次咨询时，咨询师已经开始准备咨询结束的过程，比如咨询师提示咨询将要结束，开始回顾咨询的收获，要求服刑人员准备好接受离别。

如果咨询师发现求询者有依赖的倾向，则应更早开始准备咨询结束的工作，比如逐渐缩短咨询时间，延长咨询间隔，咨询当中更多地肯定求询者的进步，鼓励求询者尝试和独立。必要时，咨询师可以提前通知，强行地明确咨询结束的时间，以阻断依赖的心理。

咨询正式结束前，咨询师与求询服刑人员共同完成的工作包含以下几个内容：

对整个咨询的过程进行一次提纲挈领式的回顾是极有必要的。咨询师应当帮助求询者就自己的心理问题、原因分析、取得的进步和改变、今后要努力的方向，做一次系统的回顾和梳理，咨询师也应就求询者的进步和变化，表达充分的肯定和鼓励。但是，在此特别要指出的是，任何咨询都很难做到不遗留问题。许多仍存在的一时难以改变的问题，正是求询者运用咨询所获得能力去解决的试验场。也可以说，这些遗留的问题才是求询者未来进步的空间。因此，咨询师在咨询的结束阶段，也应坦诚地指出和讨论这些问题，并表达自己的信任，提出自己的期望。

咨询师在结束阶段对求询服刑人员的言语表述可以有后续这样的参考。比如说："通过近两个月的咨询，我见证了你的成长和进步，我完全认同你刚才对自己这两个月来心路历程的总结。我也完全相信你能以更积极、阳光的心态投入到今后的改造和生活当中，处理好与警官、同犯的关系。但是，我也想和你交流一下我的观察和感受。你还是很容易沉浸在自己的情绪当中，而忽略别人的感受。最典型的就是别人在没说完的时候，你有打断别人说话的习惯，而在你说话的时候，你不说完，别人根本没有机会插嘴。在咨询中，我曾与你讨论过这个问题，你说你父母说话都很急，就像争吵一样，这是你从小养成的习惯。我明白，一个从小养成的习惯很难改变，但是你还是努力去改变了，比如，在与我谈话中，你会和我一样放慢语速，降低音量，这样很好，可是一出了这个门，在与门口护监谈话时，你又恢复到原来的样子了。所以，我希望你也能注意到这个问题，并且在今后的生活和改造中去克服和改变，相信你能做到的。"

第四章　监狱服刑人员心理咨询情绪处理

情绪和情感在人类心理和自我概念的发展中扮演了一个重要的角色。为了理解不同年龄、性别的服刑人员，心理咨询师必须认识、理解情绪和情感在我们的生活中所扮演的角色。

情绪植根于生理，它首先被体验为一种内部心理活动，但是，每一种情绪和情感都使得行动和行为带有某种倾向性。一个人是否依据情绪而行动要看社会、生物和生理等多种因素的相互作用，比如年龄、性别、人格、文化、社会约束力、机遇和道德观念等。

在我国，春秋末期李悝所著《法经》是我国第一部比较系统、比较完整的封建成文法典。《法经》有六篇:《盗法》《贼法》《囚法》《捕法》《杂法》《具法》。这些法典都被看作是社会法规试图调控人类情绪生活的一种努力。在西方，第一部与伦理道德有关并被具体表达为法律的法典是《汉穆拉比法典》(Code of Hammurabi)(约公元前2100年)。后来出现的《十戒》(Ten Commandments)成为犹太教和基督教所共有的法律和道德的基础。当我们回溯过去的时候，我们能够看到人类情绪曾经一再地压制理性。在某种程度上，或许可以说，人类有两个心灵：一个用来感觉，一个用来思考。这两种心灵相互作用构成我们的心理生活、情绪生活和行为生活。明确地说，大脑的感性和理性持续相互作用，并在绝大多数情境中共同发挥作用。

17世纪，法国的一位著名哲学家巴斯噶（Blaise Pascal，1623—1662）在其

《冥想录》中写道："人类一切推理作用，只是服从感情。"他认为，人类的思考和推理往往受到情绪的影响。随着社会的发展与脑科学的进步，情绪的重要性逐渐受到各界的重视。现代社会竞争激烈，生活紧张，治安不良，人们往往产生精神不安、恐惧、不安全、焦虑、失眠等情绪问题。许多的社会乱象也是情绪作祟：暴力、吸毒与自杀往往由情绪失控造成；愤怒、忧郁、焦虑是情绪失调导致。根据《美国医学学刊》估计，美国每年因为抑郁症造成的社会损失高达4兆美元。情绪失控与失调，对个人、社会、国家的影响到了人们不可忽视的阶段。

在刑事司法领域，我国学者胡俊文[1]对情绪情感对罪犯行为的影响研究分析表明：罪犯自身情感和需求密切联系，需求得到满足，则会获得肯定的情感体验，如高兴、满意，罪犯则会以一种轻松的心态积极投入到监管改造中去；反之则引起否定的情感体验，如焦虑、忧郁、恐惧，严重的还会引发脱逃、自杀等行为。罪犯的情感需求满足与否与监管改造安全密切相连。

刑事司法的实际工作中，情绪的功能和角色常常不被刑事司法专业人员所重视，或被小看或被忽视。为了使刑事司法系统中的咨询取得最佳的效果，咨询师必须注重情绪的问题，能够在咨询过程中识别、理解和运用情绪语言。

第一节　情绪的生理机制

本节讨论需说明的是，为了突出服刑人员心理咨询师需要掌握的重点内容，本文简化了大脑的一系列高度复杂的过程和功能。这里简要讨论的主要结构是脑干、边缘系统、大脑新皮层以及杏仁核。图4–1与图4–2包括了对于理解情绪非常重要的大脑结构。

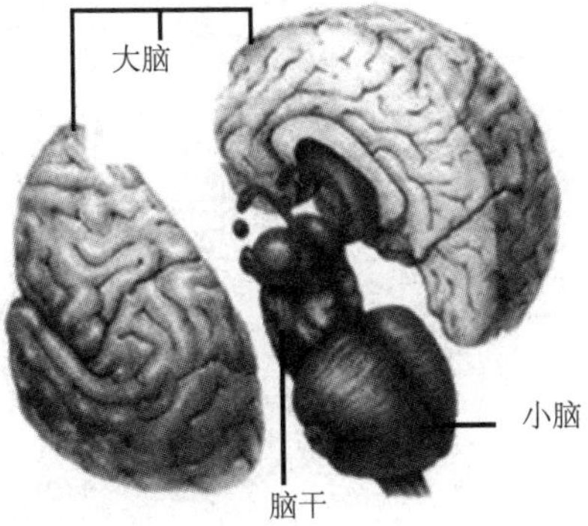

图 4–1

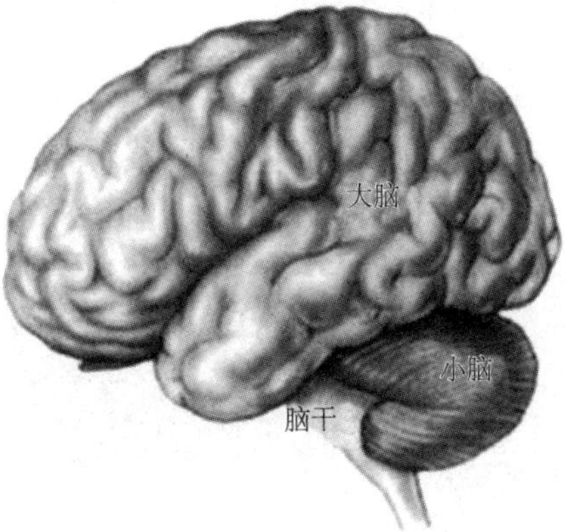

图 4–2

一、脑　干

脑干是脑最主要的部分。图 4–1、图 4–2 说明了脑干的位置，它包括了预先设定的调节器。这种调节器能够在需要的时候保持身体重要功能的运行，并且保证对我们生存的方式进行反应。脑干还负责身体的自主系统，比如产生唾液、呼吸、心跳、瞳孔扩张、血压以及呕吐反应。根据科学家的看法，我们的情绪中枢源于脑干部位，而大脑的思维中枢或皮质也是起源于情绪区域，情绪脑最早出现（Goleman，1994）。

我们的情绪生活最早植根于我们的嗅叶。这部分负责我们对气味的感觉。自有人类开始以来，人就依赖嗅觉来确定危险和辨明食物。嗅觉对于人类生存是重要的。古老的情绪中枢就是从大脑的嗅觉部位开始进化并进而环绕脑干的顶端。

二、边缘系统

边缘系统在大脑进化过程中随后形成。图 4–3、图 4–4 说明了边缘系统的位置及结构。它处在人类大脑中心的深处。边缘系统有很多组成部分，包括扣带回、海马、杏仁核、隔区、下丘脑、丘脑、丘脑前核和基底神经节的一部分以及松果体和脑垂体。这里主要介绍与情绪有关的几个组成部分。

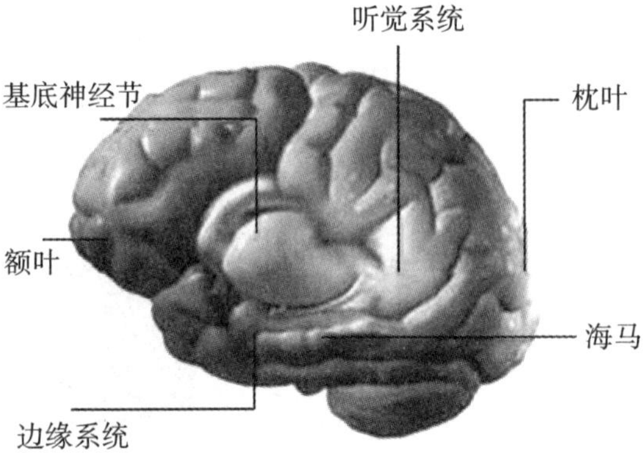

图 4–3

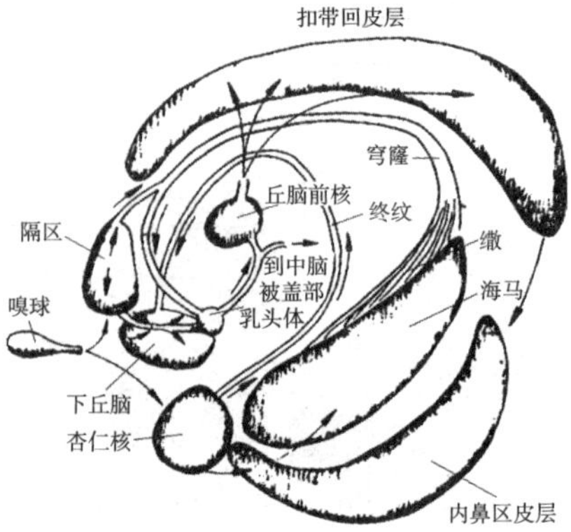

图 4–4

边缘系统调节自主神经系统的活动，控制某些本能行为，诸如探究、喂食、攻击、逃避等。在边缘系统里，与情绪有关的是杏仁核、下丘脑、前部扣带回和海马。边缘系统主管我们的情绪，也是潜意识大脑的中枢，储存了大量的记忆信息。当人类经历那些强度很大的消极或积极的情绪体验时与情绪相关的信息被储存并被分类，然后对这些信息的记忆就与大脑边缘系统的相应情绪联系起来。

（一）杏仁核

杏仁核处于边缘系统的深处。位于颞叶内侧的杏仁状的神经核团，连接着海马、前额区、隔区、丘脑的内背侧。杏仁核在理解情绪以及记忆情绪内容上是一个重要的大脑结构。它是基本情绪的中枢，并负责产生与恐惧条件反射和攻击性反应相联系的情感。杏仁核的主要功能是在生存和情绪需要的背景下过滤和解释输入的感觉信息，然后帮助产生适当的反应。如果没有它，人类就不能生存。我们倾向于通过尝试与错误来学习，而不是通过尝试与成功来学习。情绪不同于思维，我们的情绪记忆储存在杏仁核中。

心理学家斯维特（W.Sweet）和马斯克（V.Mask），对有凶暴情绪的癫痫病人进行手术，人为损坏杏仁核，结果其凶暴情绪消失。

（二）下丘脑

下丘脑具有调节人体的体温、摄食、水平衡、血压和内分泌、睡眠的功能。

下丘脑的侧面可能与快乐和狂怒有关。在一个实验中，电刺激下丘脑隔离区会有快乐产生，于是老鼠会不知疲倦地到电刺激这个区域来获得快乐刺激（Olds，1954）。下丘脑引起的情绪状态是原始的、弥散的、反射性质的。电刺激下丘脑引起的情绪，一旦电极撤去，情绪立刻消失，但真正的情绪是要持续一定的时间的。在人类，下丘脑的疾病也往往伴随着不正常的情绪反应。

（三）前部扣带回

前部扣带回参与味觉和视觉的愉快回忆；痛觉反应；调节攻击行为。在实验中，动物的扣带回如果被切除，则会变得温顺；扣带如果被切除一部分，焦虑和抑郁水平减少。

（四）海马

海马与杏仁核一起参与情绪性记忆。海马体经常被认为是大脑中学习和记忆的中枢。在情绪、语词或是记忆的形成和提取的过程中，海马体都非常重要，并且在决定哪些新输入的信息储存在长时记忆中起着重要作用。MRI 技术已经发现，在早年受到粗暴虐待的幼童受害者到了成年期，其海马体的面积变小（Teicher，2002）。

三、大脑皮质

大脑皮质又称为大脑皮层，它位于大脑最外部，是人类大脑的最大部分。大脑皮质常常被用来说明人脑与其他哺乳动物大脑之间的不同所在。大脑皮质负责我们大部分的思维过程和对于信息的理解。从进化论的观点看，新皮层大约在 1 亿年以前开始进化。一些科学家相信 40 万年前人的大脑在语言和认知能力上同现代人的大脑大体相似（Talan，2000）。皮层的外部层面是一个紧密结合的结构，重量约 1.1 千克，颜色为灰色。它负责奇异的思维、问题的分析以及二级抽象思维。请注意：人与其他动物都有一定程度的抽象思维，但是只有人才有二级抽象思维，比如对生活和精神意义的思考能力。皮层使我们具有高级的情感，是情绪最好调节和控制的机构。另外，皮层包括并支配着额叶和颞叶，而额叶和颞叶在记忆、计划、冲动控制和判断方面具有重要作用。皮质可以说是负责认知、思维的大脑；能够加工感觉信息，并对信息进行整合；控制冲动，使我们能够制订计划，完成机体运动；让我们去理解，做策划，使用符号表征并形成我们的观念。

冲动性人格的个体较易发现前额皮层出现异常。额叶受损后，个体失去随意调节表情的能力，表现为忧郁反应。效价单侧化假设认为：情绪识别（表情）主要是由右半球负责；情绪体验则遵循左右半球不对称性，左半球负责积极情绪体验，右半球负责消极情绪体验。

虽然皮层作为大脑的一个部分，功能卓越，但是它不能主宰所有的情绪生活。在情绪背景下，人的行为通常由边缘系统或情绪大脑来主宰——就像在激情犯罪中所证明的那样。而且，有证据表明是情绪大脑而不是思维大脑在艰难的道德选择中占据主导。这个证据同我们认为道德判断基于理性的假设是相对立的。

第二节 情绪简介

一、情绪的界定

多少年来，很多哲学家和心理学家就情绪的界定以及如何将其分类而争论不休。这样的争论还可能无限期持续下去。在我们的讨论中，情绪被定义为一种内部体验到的生理活动，与之伴随的是其独特的思维、心理的效应、生理状态以及种种行为倾向。Carlson 和 Hatfield（1992）认为情绪机体对身体内部或外部事件的生理的、行为的或者认知的短暂反应之总和，并且包括情感。情绪出现焦躁，多与生理需要相联系。情感出现较晚，多与求知、交往、人生追求等社会需要有关。人和动物都有情绪，但是只有人才有情感。情绪具有情境性和暂时性，情感具有深刻性和稳定性，例如对一个人的爱和尊敬，可能是一生不变的。

情绪包括 3 个反应成分：认知反应成分，即主观的有意识的独特体验，具有某种愉快、享受、忧愁或悲伤等体验；生理的反应成分，即生物体的生理唤醒；行为的反应，包括面部表情和身体姿态、动作（逃跑）等外部表现。我们的每一种思想观念，都会在机体上发生自主性的变化（Zukav & Francis，2001）。简言之，当大脑解释数据或输入信息时，我们的机体将随之产生化学反应。换句话说，当我们思考时，身体就会自动地产生生理反应。情绪没有好坏之分和道德或不道德之说，仅仅只有对情绪所产生的行为反应才被个人或社会标示为好或坏。

二、情绪的分类

情绪的分类根据不同研究讨论的角度不同，而有不同的阐释方式。一些研究者讨论基本情绪或核心情绪，另一些研究和探讨情绪家谱。

（一）核心情绪

核心情绪。核心情绪是指那些能够产生情绪之间的区别、混合、掩盖和等级的基本情绪。

P. 埃克曼（Paul Ekman）在旧金山加利福尼亚大学“人类交互作用实验室”（Human Interaction Lab）所做的研究（Ekman & Fresen，1975），支持人类存在四种普遍或核心情绪的观点。这些情绪是恐惧、愤怒、悲伤和快乐。

这些情绪之所以是普遍的，因为它们都能被世界各地不同文化背景中的人所识别，包括那些没有受过电视或电影影响、没有自己独立文字的人群。埃克曼的研究表明，对全世界的人来说，表情是和每一种基本情绪普遍联系在一起的。世界各地不同文化背景的人都能识别这四种核心情绪。他得出的结论是，与愤怒、悲伤、恐惧和快乐这四种情绪相联系的表情已经通过进化印刻在我们的大脑中。

一些咨询师和治疗家可能对核心情绪持一种比较宽泛的说法，他们认为，核心情绪还可以包括羞怯、不满、不适当、内疚和焦虑。有些人可能还加上热心、抑郁、伤害、好奇以及无力感。无论我们罗列什么样的核心情绪，都有很多词语可以用来描绘人类情感间的细微差异。对于发生在我们身体内部的各种情绪状态，我们可以用许多词汇来描述它。比如，下面的词汇可以用来描述高兴或快乐：喜庆的、满足的、轻松的、平静的、沾沾自喜的、满意的、欢乐的、平静的、舒适的、宁静的、狂喜的、热情的、感动的、高兴的、感激的、兴奋的、激动的、愉快的、轻快的、无忧无虑的、乐观的、快活的、欢乐的、慷慨的、有趣的、生机勃勃的、兴高采烈的、欢呼的、万分激动的等等。

每一种情绪都有独特的生理反应。苏卡夫（Zukav）和弗兰西斯（Francis）（2001）确定了机体中释放情绪能量的七个区域：头顶、前额、咽喉、心脏、胃、生殖器官以及躯干底端。例如，当我们体验到愤怒时，血液冲向四肢，心跳加快，激素（如肾上腺素）分泌，我们感觉充满力量。当我们体验恐惧时，血液流到我们的大肌肉，使我们能够跑开。此外，激素的大量分泌，促使我们提高警惕，寻找危险物。有时，我们胸部收紧，呼吸变得又快又浅，体温下降。当我们体验到爱时，我们整个身体变得放松，变得平静和满足。因为内啡呔的释放，我们体验到能量的增加。有研究表明当一个人坠入爱河时，MRI 就可以测量出大脑有 6~20 个区域的脑电活动会增加（“真正的爱情是可以测量的”，2000）。当我们悲伤时，新陈代谢下降，我们的机体失去活力。通常，悲伤中的人会感到没有口味。厌恶的生理反应包括鼻孔收缩和想要呕吐。惊讶的生理反应是视网膜扩展，以接受更多的视觉信息。焦虑则经常导致身体颤抖或震颤。

（二）正性情绪与负性情绪

临床心理学家会告诉我们，大多数人对坏的事件关注得太多，对好的事件关注得实在太少。这虽然会引发个体过多的不愉快体验，但是从物种延续上来看，这种现象完全合理。一条鱼错失寻找食物的线索，鱼不会付出太高的代价，反正大海里的食物多得很，一时还饿不死，但是如果不小心忽略捕食者靠近的信号，那么这条鱼可能就一命呜呼了。如果鱼类的警觉性不高，那它的基因很快就会遭到淘汰。这种物竞天择的结果就是，动物包括人类，对威胁及讨厌事物的反应，要比对机会及喜好事物的反应来得更快、更强烈、更难于克制。人类的心理会主动搜寻并回应威胁、侵犯及挫败，所以我们没办法强迫自己从好的角度看事情。这也就意味着个体容易体验这种物竞天择优势带来的副作用，无须努力，就能品尝的负性情绪的滋味。

已有许多研究，并且形成了许多评定量表来探明诸如恐惧、悲伤、愤怒、厌恶、孤独、拒弃、羞耻、内疚、伤害等负性情绪。负性情绪，如前所述，对人类有着具体而强大的影响力。负性情绪的反复出现似乎比积极情绪更为真实，更为持久，强度更大，更具伤害性。结果是，负性情绪在边缘系统里比积极情绪印刻更深，更易被激发，对行为的影响也更大（McGraw，2001）。由于情绪脑对人类起着主导作用，故而在绝大多数情况下，这些消极情绪留给我们的标记将对我们的行为产生强烈的支配作用。

服刑人员将按照那些已经整合为他们生命中一部分的情绪标记来生活和行动，而这在很大程度上是因为强烈的情绪使服刑人员将这些情绪标记在一个很深的水平上而被印刻和内化。这些情绪集结在杏仁核和边缘系统的深处。负性情绪及其标记的影响永远不会消除，但是咨询者可以和服刑人员共同努力，以降低或减弱这些情绪对其行为的控制力。

心理咨询者必须在深层次的情绪水平上开展咨询工作，以帮助服刑人员减轻情绪上的痛苦和伤害，而正是这样的情绪创伤会消极地影响他们的自我概念并导致未来的犯罪行为。为使咨询更加有效，监狱心理咨询师必须专业而娴熟地从事这种情绪工作。

（三）羞耻感、内疚感与怨恨感

对于监狱心理咨询师来说，理解和处理所有的情绪都是重要的，但是，有三种服刑人员的情绪难以确定和处理，那就是羞耻感、内疚感以及怨恨感。

羞耻感和内疚感都是强烈的情绪。如果这两种情绪没有使我们过于沉溺其中而不能进退自如（个体如果对这两种情绪持有的深度与时间过于长久，很可能导致自身生活痛苦，生存意念降低；相反，适当的羞耻感和内疚感能让我们有效自察），它就能赋予我们力量以改变我们的行为。这两种情绪的作用就是让我们对他人和自己负责，它们是责任、约束的源泉，用来限制我们的行为。

通常，我们会在公众场合感到羞耻，感到所有的眼睛都在看着我们，我们想躲藏起来，恨不得找个缝钻进去。当我们感到羞愧时，会觉得自己很渺小，并且需要平静一下。羞耻是一种当大脑知道我们正在触犯自己的价值体系时产生的一种情绪。当我们犯了错误并且相信其他人也知道此事的时候，我们就感到羞耻。科学家已经发现在猴子大脑的额叶部分有一组细胞是轻度不满中枢（oops center），以警告它们曾经犯过的错误［大脑的轻度不满中枢（oops center of brain），2000］。这种研究倾向于探究诸如思维自由意志的起源这类基本问题的本质。它能帮助我们更好地理解诸如强迫性障碍这样的心理障碍。另外，内疚感是一种更为个人化的情绪，它与违背我们自己的原则有关。当我们违反自认为应当遵循的法则时，会普遍体验到这种情绪。即便别人不知道我们做了些什么，我们也会体验到内疚感。解除羞耻感和内疚感的过程是困难而复杂的，因为在对服刑人员进行咨询时，这两种情绪可能会同时出现。另外，咨询师可能还需要面对如何为服刑人员重建适当的羞耻感和内疚感的问题。

服刑人员的怨恨感也经常被他人觉察到。他们似乎更加容易体验到这种情感：别人伤害了自己、别人出卖了自己、别人不尊重自己等等。这一人群突出的怨恨情感是咨询师需要去疏导、化解的工作重点。如何对这类情绪加以处置在每一种咨询学派都有自己的阐述。古典精神分析可能会挖掘当事人隐藏的早期心理需求；认知学派可能会引领当事人去尝试合理的、建设性的思考。咨询师对此的处理，需要结合自己擅长的咨询理论与技术加以应对。

三、情绪能力和发展

（一）情绪能力发展的关键期

情绪主要是在后天得以发展的，或者仅仅发生在个体发展的一些特殊时期。换句话说，从出生到成年，有一些有助于个体发展的机会窗口只在短暂的关键期打开。在人类发展过程中，情绪是通过一些重要的关键期而得以发展的。这一事实隐含的意义是，如果监护人和有影响力的人物在个人的早年生活中错过了教会他对羞耻心、内疚感和共情等情绪（这些都是限制人类行为的情绪和过程）进行感受学习的关键期，那么这个年轻人就不可能形成像同情、情绪稳定、心理健康、完备的认知潜能、信任、自信、人际交往以及控制自己行为的能力。

哈佛医学院的威塞尔（Thorsten Wiesel，1982）和休伯尔（David Hubel，1988）于1981年赢得了诺贝尔奖奖金，他们发现：教会大脑细胞工作时的感觉经验是强制性的；过了关键期后，大脑细胞失去了它们对诸如语言、嗅觉、肌肉控制以及推理的学习能力。哈佛大学的厄尔斯（Felton Earls，1991）也指出道德情绪，如对他人的敏感性，在人生的头三年得到发展，并且深植于大脑的化学变化中。

在人的大脑发展中有四个重要的关键期或机会窗口。它们是：胎儿期、从出生到3岁或4岁、从4岁到10~12岁、12岁以后（Guinness，1987）。

不同能力的发展都有着对应的关键发展时期。大脑发展存在关键期，并不意味着错过了关键期，相应能力就没有任何恢复的可能，更准确的含义是，错过了关键期，在后期相应能力的发展需要更多的努力、更多资源的支持。监狱心理咨询师可以成为这样的支持者、辅助者，也要知道自己所面对情景的真实状况。

（二）情绪虐待以及影响

在对服刑人员进行咨询时，心理咨询师必须了解与情绪相关的科学知识。研究表明个体在身体、性和情绪上所曾受到的虐待与其精神障碍有很强的联系。其中，情绪虐待的形式好像显得相对比较仁慈，比如无视他人情感，贬低他人的成就以及告诉他人“他永远无法达到其个人目标”等。其他的形式显然偏于恶性，诸如贬损他人名声、批判羞辱他人、要求他人改变外形，甚至利用极端的形式相威胁，包括身体伤害或致人死亡等。情绪虐待者通过控制信息、说谎、利用、胁迫，有时甚至用绑架及身体虐待等方式来获取力量以虐待他人。监狱心理咨询师必须能够识别并处理情绪虐待的问题。

在儿童和青少年阶段，大脑处在发育成长的时期受到的虐待将影响到大脑的结构和功能，大脑神经系统的发展会改变。虐待导致的影响会以多种形式表现出来，如抑郁、焦虑、自杀观念、人格障碍、创伤后压力、攻击性、多动症、冲动性、物质滥用以及行为不良等（Teicher，2002）。

国内学者相关研究对此也有印证。邹志礼[2]等研究者也发现，童年期受到虐待的个体的焦虑、抑郁水平较高。邵阳[3]等人做的相关分析显示，青少年情绪特征及其控制机制与家庭教育方式存在密切联系：父母采取严厉惩罚、拒绝否认、过分干涉等负性养育方式越多，其子女具有更高的愤怒情绪，并容易在特定情境中向外表达。

在了解情绪培养缺失以及忽视甚或虐待导致情绪问题现实的同时，作为咨询师，我们还应该明白的是，神奇的大脑在对环境的反应中持续发生着变化并顺应环境。事实上，科学家从成人大脑的尸解中发现有新的脑细胞被创造［脑细胞创生（Brain-cell creation），2002］。大脑的变化可以是积极的，也可以是消极的。对大脑的消极影响包括暴力、犯罪、抑郁等。咨询和治疗的好处是通过治疗、教育、再教育、药物以及其他干预措施能够使服刑人员的大脑产生很大改变。

第三节　监狱心理咨询师对服刑人员情绪的处理

监狱心理咨询师对服刑人员情绪的处理，主要涉及共情。共情在我们出生时显示出来，在我们成长过程中得以发展。当婴儿听到其他婴儿哭的时候会感觉紧张，而且会模仿同伴的哭声。当初学走路的孩子看到小伙伴受伤，就会试图安慰他们。最后，到了儿童期以后，为了发展更高级的共情，就要让我们对身处困境者感同身受。

作为咨询技巧的共情及其应用在第二章已经讨论过，这里讨论的重点是共情的重要性以及对犯罪行为的预防。对于共情和情绪的关系最好的论述之一是戈尔曼（Daniel Goleman，1994）的《情绪智力：它为什么比智商更重要》（Emotional Intelligence：Why It Can Matter More Than IQ）。

心理咨询师要想与服刑人员共情，就要求他们在处理情绪时要理解与放松。可以把共情定义为进入他人主观经验世界的能力。在这个过程中，可以以一种开放性的、非评价性的角度分享他人的世界，但是并没有迷失自己。戈尔曼（1994）把共情能力定义为情绪的调节力。共情的发展是一项重要的情绪技能，是与能体验他人的痛苦并给予同情相联系。一个能与他人共情的人能够读懂和理解别人表现出的非言语姿势、声音、表情等。因为在人们的交往中大多数交流在本质上是非言语的，所以那些能够共情的人可能对他人更敏感，也能与他人建立更好的关系。另外，共情需要一个人考虑并感受到他人的情绪，然后退后一步思考如何做出恰当反应，并且最终不会使自己的反应压制他人的情绪。男性和女性对这种复杂而强烈的被称作共情的体验都很精通。不管人们喜欢把共情看作什么，共情的能力都依赖于我们的觉知。我们对自己和他人的情感越开放，就可以在与他人的相处中越娴熟地运用共情。

共情能力和大脑边缘系统这一情绪中枢联系紧密。戈尔曼（1994）已经证明当情绪脑掌控我们的身体，而我们处于强烈的情绪中时，我们的共情能力就降低。共情能力依赖于一个人平静和善于接纳。这意味着，咨询者须有对自我情绪情感较高的调控力。

强奸犯、虐童者以及绝大部分残忍的罪犯显然都缺乏共情。他们没有感受受害者痛苦或同情他人的能力。缺乏共情使这些服刑人员轻易地将他们的行动合理化。戈尔曼（1994）指出，在罪犯成长的历史中，从一个家庭到另一个家庭，这种情绪上受忽视和没有机会发展共情能力的事情非常普遍，并且重复发生。徐凯文[4]等人研究发现，童年创伤经历对共情能力的影响主要表现为：躯体虐待越严重，观点采择能力越低。

儿童期照料者的虐待会导致精神病性障碍发生率的增高，并且这种伤害会导致不能治愈的大脑功能损害[5]和违法犯罪行为[6]。童年虐待所导致的行为和情绪问题随着时间的推移，会导致共情过程的改变[7]。服刑人员心理咨询者必须能够识别和处理情绪虐待的问题。

参考文献

［1］胡俊文．试论情绪、情感对罪犯行为的影响［J］．求索，2011，卷缺失（8）：154–155.

［2］邹志礼，蒙华庆，胡华，等．青少年罪犯焦虑、抑郁情绪及其与应对方式的相关性研究［J］．第三军医大学学报，2011，卷缺失（12）：1296–1299.

［3］邵阳，谢斌，乔屹，等．男性暴力型违法犯罪青少年的愤怒情绪特征与父母教养方式对照研究［J］．中国临床心理学杂志，2009，卷缺失（4）：481–483.

［4］徐凯文，王雨吟，李松蔚，等．心理创伤、共情缺陷与反社会人格障碍［J］．神经损伤与功能重建，2010，卷缺失（4）：253–258.

［5］Teicher M H. Wounds That Time Won’t Heal：The Neurobiology of Child Abuse Cerebrum［J］.Cerebrum（S1524- 6205），2000，2（4）：50–67.

［6］Widom C S，Maxfield M G. An Update on the“Cycle of Violence.”Research in Brief［Z］.Washington，DC：U.S. Department of Justice，2001.

［7］Jones N，Gagnon C. The Neurophysiologyof Empathy［M］// Farrow T,

Woodruff P Empathy in Mental Illness. United Kingdom: Cambridge University Press, 2007.

[8] Widom C S, Maxfield M G. An Update on the "Cycle of Violence." Research in Brief [Z] .Washington, DC: U.S. Department of Justice, 2001.

[9] Jones N, Gagnon C. The Neurophysiologyof Empathy [M] // Farrow T, Woodruff P Empathy in Mental Illness. United Kingdom: Cambridge University Press, 2007.

第五章　监狱服刑人员心理咨询的常见问题

第一节　对男性和女性服刑人员的咨询

为了最有效地开展服刑人员心理咨询工作，心理咨询师有必要了解男女性别在生理、社会、文化以及沟通方式等方面上所存在的相似性和差异性。本章从男女性别差异的角度对服刑人员心理咨询活动进行探讨。本节探讨的内容，涉及下面几个概念：性、性别、性激素。性是以基因和性器官将有机体分成雄性和雌性。性别，则是带有心理意义和文化意义的概念。性激素是与性有关的腺体分泌的激素。

男女性别的差异是在相应生理差异基础之上结合心理、文化的差异来分析说明的。本节所阐述的方法，虽不能适用于任何时间的每一个男性或女性，但适用于大多数时间的大多数男女。由于男女大脑所存在的差异还没有一个最终的结论，因此，随着研究的不断展开，对基于脑科学研究的结果所做的解释也将不断深化。还没有科学证据能证明男性与女性的沟通、倾听和听觉能力是大脑固有的还是后天习得的。很大的可能是，这两种情形是并存的。监狱心理咨询师需要考虑到这一点，认识到不同性别心理特征的生理基础的同时，也应该看到自己工作的着手点及可能性。

监狱心理咨询师需要形成一定的洞察力，以应付在治疗情景中可能出现的性别差异问题。若咨询师具有这样的洞察力，当咨询过程中确实发生了性别问题，也不会给咨询师与服刑人员之间带来多大的麻烦。对男女性别差异以及男女沟通方式的了解，将有助于提高咨询师的敏锐性和熟练性，以应付咨询过程中出现的与性别有关的各种问题。

一、男性与女性的差异

（一）遗传及性激素的差异

男女性别差异在生理上的表现并不是本书重点讨论的内容，但是生理上的差异是我们思考两性差异首先会考虑到的因素。生理的两性差异，主要表现在遗传上，因基因、基因链、染色体的差异促成个体生理发育的差异。其次，性激素在胚胎期、青春期分泌的不同塑造着相应的两性性征。监狱心理咨询师要注意到的是，男性的雄性激素有引发暴躁、冲动的倾向，而女性的雌激素则使得女性更加温和。

（二）男女性别大脑半球的分工

男性和女性的生理差异会影响服刑人员的心理咨询活动，并且有可能部分解释为什么男性犯罪要比女性犯罪多。

美国心理生物学家斯佩里博士通过著名的割裂脑实验，证实了大脑不对称性的“左右脑分工理论”，因此荣获 1981 年诺贝尔生理学或医学奖。正常人的大脑有两个半球，由胼胝体连接沟通，构成一个完整的统一体。在正常的情况下，大脑是作为一个整体来工作的，来自外界的信息，经胼胝体传递，左、右两个半球的信息可在瞬间进行交流（每秒 10 亿位元）。人的每种活动都是两半球信息交换和综合的结果。大脑两半球在机能上有分工，左半球感受并控制右边的身体，右半球感受并控制左边的身体。

人脑的不同部位有不同的特定功能，这些功能不是与生俱有的，而是在后天的经历和学习中逐渐形成的。杰尼斯（Genesee，2000）用了一个比喻，将人脑比拟为一部装配了复杂硬件却还没有安装软件的计算机：“人脑的‘软件’，好像台式计算机的软件一样，要利用人脑特有的加工能力，以服务于像视觉、嗅觉和语言这样的特殊功能。每个人都需要获得和发展他们自己的‘软件’，以便能充分地运用大脑与生俱来的加工能力。”

总之，是后天所输入的信息决定了人脑具体部位的功能。研究表明，男女性别在大脑半球分工上有一定差异，与女性相比，男性更多的是左脑优势

（Bigler，1992）。下表 5–1 列出了左右大脑的一些特征和功能，下图 5–1 则是人类左右脑的俯视图，图上还标出了分开左右大脑的胼胝体。一般说来，女性趋向于右脑半球优势，而男性趋向于左脑半球优势。右脑负责人类的情绪、情感、直觉、关系和创造力等，左脑则主要负责空间关系、制订计划、事实、逻辑、工程设计、行为活动等等。男性要比女性更早获得空间能力。空间能力常常用于体育运动和狩猎活动中。

总之，男性或女性自身的个体差异要多于男女两性间存在的差异，而对于大脑两个半球之间的差异，我们还没有完全了解。

表 5–1　左右脑的特性功能

左脑特点	右脑特点
注重分析的学习风格	注重全局和整体的学习风格
事实为取向	整体为取向
有序的行为	凭知觉和灵感做事，行为具有秘密性
考察事物的局部和细节	注重事物之间的关系和创建
细致周密并具指导性计划	富有想象力、创造性和自由度
较缺乏情感	富有情绪情感
有计划地工作	行为易变
擅长书面和口头表达	擅长视觉和图形加工
数字技能强	艺术才能强
线性思维	非线性和知觉思维

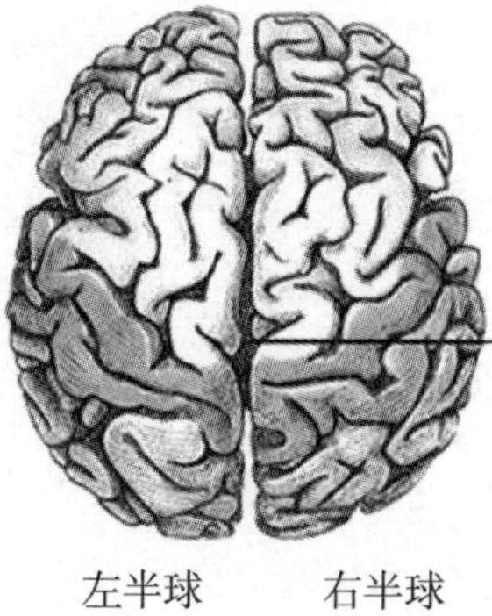

图 5–1　左右脑俯视图

（三）大脑半球优势

男性和女性在大脑分工上的不同引起了科学界和公众的极大关注和争论。值得注意的是，对于男女大脑中胼胝体的大小和功能，科学的争辩还没有最后的定论。因此，在解释大脑半球的分工时，我们要特别谨慎。

胎儿发育过程中产生的荷尔蒙决定了婴儿的性别。婴儿出生时，男性的大脑要比女性的大脑更大更重。男性婴儿头的周长要比女性婴儿头的周长更长。男性女性的大脑中都有一个结构称为胼胝体，它的作用是传递大脑左右两半球之间的信息（图 5–1 能看到胼胝体）。胼胝体是一个由 2000 多万个神经轴突和数十亿神经连接体所组成的纤维束，它把控制情感的右侧大脑与控制语言的左侧大脑连接起来。

当谈到大脑半球优势时，有研究表明，女性趋向于双侧脑半球优势，而男性趋向于单侧脑半球优势（Goodman，2000；Tanner，2000）。不过，对这种观点要持谨慎的态度。双侧脑半球优势即是指同时使用左右两侧大脑，而单侧脑半球优势则是指侧重使用某一侧的大脑。研究表明，女性因为在胼胝体里有更多的连接组织，因此她们的大脑以双侧优势为主。这或许可以部分解释为什么女孩比男孩更早地形成语言能力，也可以解释男女之间存在的一些其他差异。

（四）男女不同性别的认知过程上的差异

在感觉特征上，除视觉外，其他感觉女性都优于男性，尤其在听觉方面。具体见表 5–2。磁共振脑成像技术（MRI）是研究大脑及机体组织的作用机制的一种先进成像技术。该技术的研究成果已给我们提供了大量有关大脑结构及功能的文献资料。研究者使用 MRI 来扫描记录被试者在完成特定任务时血液在大脑相关部位的流动情况，结果显示男性女性在听觉过程中其大脑功能各不相同。男性在听觉过程中，血液在大脑左侧颞叶中的流动明显加快；而女性在听觉过程中，血液在大脑双侧颞叶中的流动同时加快。这也印证了女性更多的是双侧脑半球优势，或者在特定情况下是右侧脑半球优势（Tanner，2000）。大脑活动的差异研究也显示，在同时参与两组对话时，女性的听力要比男性强（Tanner，2000）。

表 5–2　女性优于男性的感觉特征

视觉	女性暗视觉敏锐
触觉	女性更敏感
听觉	女性听觉的绝对感受性较男性高
嗅觉	女性更敏感
味觉	女性对苦味较敏感，比较喜欢甜味

在知觉方面，女性更多地借助于某些具体的地点识别；男性借助于方向和距离识别。空间知觉声音定位方面，女性比男性更强。大体而言，女性的感知力远远胜于男性，而这也就是我们常说的“女人的直觉”。女性有一种与生俱来的洞察和破译无声信号的能力，与此同时，她们往往也独具慧眼，能够发现那些通常会被男性忽略了的细节。这也是为何几乎没有哪位丈夫的谎言能够逃过妻子的法眼；反过来大多数女性却能把男人唬得团团转，而让对方不自知。

在记忆发展上，男女性别差异见表 5–3；思维发展上的差异见表 5–4。

表 5–3　男女性别记忆上的差异

<table>
<tr><td rowspan="2">类型一</td><td colspan="2">形象记忆、情感记忆、运动记忆</td><td>女性</td></tr>
<tr><td colspan="2">逻辑记忆</td><td>男性</td></tr>
<tr><td rowspan="3">类型二</td><td colspan="2">短时记忆</td><td></td></tr>
<tr><td rowspan="2">长时记忆</td><td>机械的、形象的信息</td><td>女性</td></tr>
<tr><td>抽象的，理解的信息</td><td>男性</td></tr>
<tr><td rowspan="3">类型三</td><td></td><td>青春发育期前</td><td>青春发育期后</td></tr>
<tr><td>有意识记</td><td>女性优于男性</td><td>男性优于女性</td></tr>
<tr><td>无意识记</td><td>女性优于男性</td><td>女性优势减弱</td></tr>
<tr><td rowspan="3"></td><td></td><td>青春发育期前</td><td>青春发育期后</td></tr>
<tr><td>机械识记</td><td>女性优势</td><td>女性优势程度不明显</td></tr>
<tr><td>意义识记</td><td>男性优势不明显</td><td>男性优势</td></tr>
</table>

表 5–4 男女性别思维发展上的差异

<table>
<tr><td rowspan="2">思维类型</td><td>女性</td><td>更多偏向形象思维，第一信号系统活动占优势，文学、艺术、教育</td><td rowspan="2">仅表现为各自有所偏重，不表现为能力的强弱</td></tr>
<tr><td>男性</td><td>更多偏向逻辑思维，第二信号系统活动占优势，数学、物理等自然科学</td></tr>
<tr><td rowspan="2">思维品质</td><td>女性</td><td>学龄前期，女孩占优势</td><td rowspan="2"></td></tr>
<tr><td>男性</td><td>学龄后期，男孩占优势（深刻性、灵活性、独创性、敏捷性）</td></tr>
</table>

（五）男女不同性别在言语活动发展运用上的差异

在个体言语活动发展早期，女孩较男孩发展快，发展水平高。具体表现在：女婴的嘴部肌肉动得比男婴早；女孩说话时间早 2~4 个月；在学前期词汇量较大；能够灵活运用句子和运用复杂句子的实践早，发音清晰完整。男孩更易表现出语拙、失语甚或阅读障碍。女性在成年后，口头言语具有更加明显的流畅性和情感性（多用升调，带有怀疑或者期待），而男性具有更加明显的逻辑性和哲理性（充满肯定）。在说话和对事物的描述中，女性会比男性使用更多的细节。女性每天使用的词要比男性多。她们平均每天使用 25000 个单词，而男性平均每天只用 12000 个单词（Smalley，1993）。这就延伸出一种观点，即当人们在学习过程中经历了强烈的情绪，那么他们所学的经验和信息就更有可能被记住。因此，女性在学习过程中趋向于体验到更多的情感并记住更多的细节，而男性的学习则趋向于更多的归纳和概括。男女相比，女性在沟通中更富个性化，而男性则更具客观性。

另外，女性书面语言的流畅性不如口头语言显著；男性书面语言的逻辑性和哲理性比口头语言更加明显。监狱心理咨询师对不同性别服刑人员制定干预策略时可以考虑到这一点，也许“写作治疗”更加适合于男性服刑人员，女性服刑人员则需要更多的面对面交流，后者将在直接的对话过程中获得表达和获取情感理解的需要。

（六）男女性别不同的文化特征

对于男女性别差异的研究比比皆是，学习者可以很容易获得各种有关性别差异的文献资料，包括男女非语言行为、姿态、语言的形成和使用、生理机制、说话方式、人际关系、态度、世界观、道德行为、大脑、管理方式、训练方式、教学方式、助人风格等各方面的资料。作为一个监狱心理咨询师，首先需要了解在咨询背景中这些差异的存在，并且积极地应对这些差异，然后才是去研究这些差异背后的原因。

虽然同一文化背景中的男女同时出生、发育并共同生活，但男女在生理和社会性上仍然存在不同。结果是，男女在沟通方式上也倾向于不同（Tanner，1986，1990）。服刑人员心理咨询的过程和效果同样也较显著地受到男女性别在这些方面差异的影响。根据 McKay、Davis 和 Fanning（1995）的观点，男孩或男人、女孩或女人是在非常不同的文化背景中形成其社会化特征的。具体文化特征的差异性见表 5-5。

（七）沟通及问题解决过程

女性在沟通和问题解决过程中，按先后顺序，首先是情绪体验，其次是谈论并思考问题，最后再采取行动。女性倾向于先公开谈论问题，然后再解决它。女性往往是在公开谈论问题的过程中，问题本身就得到分析与解决。女性通常倾向于在谈话和与人分享的过程中来整理情感。女性的言语包含有更多的情绪，情绪是她们思维过程的重要成分。女性是关系取向的，而男性是成就和计划取向的。女性偏好于对过程的体验，而男性则热衷于征服世界，获得成就，采取行动和达到目的。

男性进行沟通和解决问题时工作程序与女性有所不同。他们首先是情绪体验，然后是思考采取行动，最后也许才会去谈论它。当遭遇强烈情感时，男性通常会默默地独自解决。

最后，女性的自我受环境的束缚，而男性的自我则独立于环境。比如，女性通常会把她的自尊与其所处环境联系起来，而男性则不会。

表 5-5　女性与男性社会化特征比较

女性的社会化特征	男性的社会化特征
寻求联系	追求身份地位
把对称平等看作和谐	把不对称、不平等当作挑战
喜欢相互依存与合作	喜欢独立和自律
被一致的意见所决定	被权力、信仰或多数人同意的规则所决定
渴望亲密关系	渴望独立空间
希望能得到同伴的赞同	希望能得到同伴的尊重
在私人场合更能侃侃而谈	在公共场合更能侃侃而谈
与他人分享问题	独自应对问题
注重事物的细节	注重事情的细节
把私事和公事混为一谈	公事公办多
寻求帮助、建议和指导	不愿向别人寻求帮助、建议或指导
容易共情和产生同情心	分析问题并提出建议
试图理解问题	试图解决问题

（McKay，Davis & Fanning，1995，P. 110）

二、女性犯罪人在押状况及犯罪特点

人们普遍认为，犯罪的女性比男性要少。国内外的各类司法机构中，女性服刑人员确实比男性少，但自 20 世纪 80 年代以来，女性被逮捕、起诉、判刑的比率一直在稳步地增长。在美国，据魏格曼（Wagaman，2003）引述的资料：1980 年，女性只占监狱囚犯的 4.1%，到了 1998 年，这个百分比就增到了 6.5%。在 20 世纪 80 年代，被囚禁女性的平均年增长率为 8.3%。另外，在 1990 年到 1995 年间，女性被逮捕率增长了 24%，而男性则增长了 13%。据美国司法统计局（2001）的统计，在所囚禁的暴力型罪犯中，女性占 14%，她们攻击的对象多是最亲密的人（Snell&Morton，1994）。另外，大约一半被囚禁的女性在犯罪时正在吸毒或酗酒（Greenfield&Snell，1999）。这些数据表明，女性罪犯有明显的物质滥用问题，但与她们的男伴相比，她们更少得到物质滥用的治疗（Chaiken&Johnson，1988）。

在我国，被监禁和羁押的女性在押人员在数量上近年来也呈快速增加的状态[1][2]。据我国司法部网站披露，从2000年底至2006年6月间，全国在押的女性犯人数净增了3.9万人，平均每年增加15%，大大超过了在押犯的平均增长数[3]。具体参看表5–6。

表5–6　专栏

专栏一
2015年4月3日，有新闻报道：近日，中国人民大学法学院副教授程雷等完成《我国女性在押人员处遇状况研究报告》，通过访谈、问卷调查和实地调查等方式，梳理了当前女性在押人员处遇的真实情况。报告重点关注了女性在押人员的健康权、人格尊严与隐私保障等。 所谓的女性在押人员是指在刑事司法中的未决犯与已决犯两部分人群。报告研究样本包括两所女子监狱、三所看守所中的女犯监区。依据编号，A监狱位于中国大陆中部地区，B监狱位于中国西部地区，C看守所位于南方沿海发达地区，D看守所位于中国西部，E看守所位于南方中部省份。 报告根据公开资料统计，近年来我国女性罪犯数量呈明显增长态势。2003年为71286人，2004年为75870人，2009年为85167人，2010年为90322人，2011年为93051人。自2004年到2011年，女性服刑人员总体增长率为30.53%，而服刑人员总体增长率为7.16%，远低于女性服刑人员的增长率。 我国并未公布看守所内羁押的女性未决犯的具体数量，报告推断，看守所内女性未决犯的数量必然也呈现出递增态势。总体而言，被监禁和羁押状态的女性在押人员在数量上近年来快速增加。 女性犯罪往往与自身特点有一定关联。报告调查的两所监狱女性已决犯和三所看守所女性未决犯，暴力犯罪仅占到女性犯罪的13.04%，非暴力犯罪占到女性犯罪的86.96%，而调研数据得知男性暴力犯罪占到了男性犯罪的32.64%。女性在押人员进行暴力犯罪，主要集中在：第一，因遭受家庭暴力而实施的犯罪，其中以D看守所尤为明显，因为家庭暴力而实施的故意杀人、故意伤害案件占到该所女性犯罪的18%，占到女性暴力犯罪的13.33%。第二，因婚外情、恋爱关系、同居关系、邻里纠纷或其他不良人际关系而引起的报复犯罪频发。 调研数据还显示，毒品类犯罪占到女性犯罪的41.88%，占女性非暴力犯罪的48.17%，其中以B监狱和D看守所尤为严重，毒品类犯罪占到了女性犯罪的50.66%。根据D看守所民警介绍："毒品的利润高达500%，对于大多数没有工作和生活来源的贫苦人群来说，这是他们致富的捷径。"调研发现，参与毒品犯罪的妇女中文盲和小学以下文化程度的占绝大多数，她们往往对毒品犯罪的严重危害性及其行为的严重后果缺乏认识，容易被利用。课题组采访了B监狱监管民警，据他介绍："由于地处西部边远山区，教育状况十分落后，对于绝大多数是文盲的她们，替别人运输毒品，是她们赖以谋生的工作，她们并不认为这有多么可耻，也意识不到所造成的社会危害性。"

续表

专栏二
调研对D看守所的未决犯和B监狱的已决犯共计458名女性在押人员统计发现，已婚者占到了犯罪女性的62.88%。另外，女性在狱中婚姻状态是否稳定，和其个体背景有很大关系，因职务犯罪入狱的、刑期在10年以下的、文化素质较高的，相对较少遭遇婚姻上的动荡。年轻服刑人员更容易离婚，她们常常担心另外一半在外面有外遇，感情更不稳定。 从年龄看，根据调研数据统计，18岁至30岁的占女性犯罪总量的26.23%，30岁至50岁的占到了女性犯罪总量的63.62%。女性未成年人犯罪占女性罪犯的1.30%，不容忽视。 原则上，我国对女性已决犯实行女子监狱单独关押，例外情形下在男犯监狱开辟单独的女犯监区。报告指出，我国目前共有36家女子监狱，除了云南有3所，江苏、四川、河南、贵州、内蒙古各有2所女子监狱外，其他各省、自治区、直辖市平均只有1家女子监狱，这些女子监狱大多数位于省会城市附近，交通便利，拥有完整的监管设施。

综合以上材料，我们可以得到这样的认识：国内外的女性犯罪人数量虽然在总体上较之男性犯罪人偏低，但是增长率却很高。这导致的现实是，监所中的女性服刑人员是一个不可忽视的群体。另，我国女性犯罪类型中，毒品犯罪占很大主体，她们文化水平较低，对毒品危害认识不深，这是咨询师需要考虑的另外一个因素。

综合上述研究资料，可大致总结到，我国女性服刑人员与犯罪的特点[3]，在服刑时期呈现如下情况。

第一，女性服刑人员的文化程度普遍较低，主要集中在文盲到初中文化程度。碰到不良刺激，思维认知比较狭窄和偏激。

第二，女性服刑人员因其性别特点，情感细腻丰富，因此常常有丰富的情感体验，倾向于悲观消沉，也时常因强烈情绪而导致行为失控。女性服刑人员对自身情绪情感的感受与调控是咨询者的工作重点之一。

第三，部分女性服刑人员有着从受害者转变为犯罪者的经历。这个经历中隐藏着她们对伤害行为的隐忍、压抑、退缩、回避，以致最后在情绪激发下的犯罪行为的爆发。她们对伤害行为的有效应对应该是心理咨询师应当去关注的要点。

第四，女性犯罪人员中，毒品犯罪人员占主体。这部分女性在经济利益的驱动下，而不顾自身的社会责任、法律约束而实施犯罪行为。咨询者需要考虑如何增强她们面对利益的诱惑理性选择。

面对服刑人员，心理咨询师不能抛开对象本身所带有的这些特点而着手工作。咨询师时刻需要铭记，“人比问题更为重要”。

三、监狱心理咨询师依据性别差异的工作准则

我国对女性服刑人员心理的研究相对较少。目前对服刑人员的心理研究主要以男性服刑人员为主，女性服刑人员心理研究结果不多。因此，本书对女性服刑人员心理咨询的实践经验总结借鉴国外的研究成果，可以以其为参照。

（一）一般性准则

基于上述的理论和实际调查资料，咨询者对异性咨询对象需考虑以下原则。见表 5-7。

表 5-7　监狱心理咨询师面对异性服刑人员的工作建议

女性咨询师面对男性	男性咨询师面对女性
认清谁在等级制度的最高端	首先是寻求建立联系
明确自己与他人各自的等级位置	寻求共同的等级或位置
独立行动	合作
对问题投票表决	被一致的意见所决定
意识到男性需要保护个人空间	表达对他人的欣赏
表达对对方的尊重	闲聊
在公开场合讲话要注重事实	分享问题
专注于咨询业务	交谈中富有感情
从男性那里寻求帮助、建议	公事、私事结合起来讨论
同情和指导	寻求帮助、建议和同情
注意共同解决问题	给予理解而不是建议

（McKay，Davis & Fanning，1995）

（二）女性服刑人员咨询的特殊问题

1. 女性服刑人员的未成年子女

咨询者应认识到，被咨询的女性服刑人员会有一些特殊的问题。在美国，

60%~80% 被囚禁的女犯有幼小的孩子（Kauffman，2001），其中大多数有 2 个以上的孩子。在中国，据统计，截至 2005 年底，在我国监狱服刑的 156 万名在押犯中，有未成年子女的服刑人员近 46 万人，占押犯总数的 30% 左右。监狱服刑人员的未成年子女总数逾 60 万人[4]。

孩子的重要性对被监禁的女性和男性是不一样的（Pollock Byrne，iggo）。对女性而言，监禁是最痛苦的，因它把自己与家人、朋友分隔开来。对大多数女性来说，与男性相比，她们对孩子承担了更多的抚育、金钱、情感支持和责任。监禁期与孩子的分离是女性服刑人员不得不经历的最痛苦的事情，由于目前社会救助体系的不完善，这些大量的法致留守儿童缺乏必需的抚养和监护的状况使女性服刑人员更容易出现心理异常和犯罪行为，情绪上显现无比焦灼。被监禁母亲对子女生存状况的担忧，是需要咨询师考虑的问题。

咨询师还应考虑到，被监禁的母亲还有另外一些特殊的问题。例如，很多母亲无法与孩子及他们的抚养者保持联系，由于与孩子分离，她们很少知道有关孩子的问题，很少有人来看望她们。很多时候，孩子很怕到监狱来看望妈妈。泰民（Temin，2001）报告，有 50% 以上被监禁的母亲报告说，在监禁期间从未个人去看过孩子。即使在最好的条件下，母子分离的双方都会产生情绪障碍。孩子可能学会了把自己的抚养者当作父母，再回到亲生父母那儿是很困难的，这对亲生父母、孩子、抚养者都是一种痛苦。

女犯要面对的另外一个问题是如何向孩子解释她们为什么被监禁。

2. 女性服刑人员的婚姻情感关系

“所有类型女犯（已婚或有事实婚姻）的婚姻满意度均低于对照组”（李凌江，张海燕等[5][6]）提示女性的婚姻质量可能是影响其犯罪行为的重要因素。女性对维持亲密关系的需要反映在她们对婚姻生活的重视程度上。她们很大程度因为情感问题犯罪入狱；入狱后由于失去自由，对婚姻、情感稳定的安全感更容易丧失。

监外亲密关系的易丧失性，使得被监禁的女性较关心人际关系、支持、社会与个人的亲密性。与此相反，被监禁的男性关心的是控制、权利与个人价值的失去（Wagaman，2003，P.127）。显而易见，女犯关心的是孩子与家庭。在对被监禁女犯咨询时要注意，女犯在监禁时有一种建立准家庭并与之亲和的倾向，她们倾向于与其他被监禁的妇女建立替代性的家庭关系并承担相应的角色，以应对被囚禁的痛苦。她们倾向于“组成拥有亲密关系的初级群体，通常包括同性恋的接触以及类似家庭的关系”（译自 Tittle，1969，P.492）。另外，咨询师应理解女性同性恋关系的作用，并要处理在女监中这种普遍的关系。咨询师必须了解女性服刑人员可能存在的问题，并愿意与她们一道处理这些问题。

3. 女性服刑人员的社会独立能力

女性服刑人员面临的另一个问题是，她们缺乏工作技能及对工作的准备，所以，她们为抚养孩子会过着艰苦的日子。这些妇女在找工作时会有挫折感，因为她们找到的常是女性化的，相应的低收入工作，很难支撑她们的家庭。她们很少感到自由，却常感到自己无能为力，需要依赖男性，成为他们的附庸。她们不能支撑自己的生活，被动，缺乏技能，常被同是罪犯的男性控制与支配。因此，许多女性服刑人员常在身体上与心理上受丈夫或男友的虐待与折磨。这些女性中的一些人除了杀死虐待她们的人，看不到还有其他方法来解除痛苦与危险（Pollock Byrne，1990）。

国内目前的调查表明：“由于女犯不能在正常活动中取得成功（低成功性），因此增加了其通过非正常渠道（例如犯罪）取得成功的可能性。”[6] 这表明女犯在入狱前在自己的职业生活中没有太多的成功体验。这是她们的实际状况，考察其原因，跟她们工作技能的缺乏有关。

当对女犯进行咨询时，咨询师必须考虑到她们具有的特殊问题和需要，咨询重点是帮助她们控制自己的生活，使她们在经济与情感上独立。要想使她们获得独立，必须教她们：如何获得技能，以供养她们的孩子；教养技能；生存训练；个人责任；独立。

为了帮助女性服刑人员在经济上能养活自己，咨询师必须要帮助其考虑可以找到的工作类型、职业培训、找工作的程序、简历的准备、建立自信的需要及其他许多要关心的因素。一些女性服刑人员喜欢那些在传统上受女性青睐的职业，但一般而言，收入高的职业多是在传统上受男性青睐的职业，如机电、焊接、卡车驾驶、电器等。大多数女性服刑人员拒绝这一类型的职业，尽管这些职业收入可观。咨询师要关注这一问题，帮助女性服刑人员充分利用职业培训的机会来获得经济上的独立。

4. 女性服刑人员的情绪化

咨询师在对女性服刑人员进行咨询时要考虑的一个重要因素是：女性比男性更情绪化。被监禁的女性比男性情绪更易波动，行为更易消极、抑郁，易寻求支持，依恋他人（Pollock Byrne，1990）。她们具有更多的抑郁症状，而这与她们主观感受到的社会支持与自我的自尊存在着明显的负相关[7]。中国的女性罪犯表现出明显的外向和高神经质[6]。这表明中国文化背景下的女犯也表现出情绪易波动、转变迅速的特点。在外向性人格特质的影响下，她们的交流和诉说的需求也就更为迫切。她们倾向于在监禁环境下建立类似家庭的环境，并且在其中扮演相应的角色。女性罪犯渴望家人的关心情感需求比正常状态的女性更为强烈[8]。

人人都有倾诉的需求，而这些性别差异以及特殊环境使女性服刑人员更加迫切地寻求倾诉。她们主动地向咨询者寻求心理健康服务（Wagaman，2003）。所以咨询师必须准备处理女性服刑人员这些无穷无尽的心理健康需要。

思考题

1. 你认为男性与女性服刑人员有哪些相似点和不同点影响了你的咨询活动?

2. 女性服刑人员有哪些特殊的心理咨询问题?

3. 男性咨询师对女性服刑人员咨询时，需要注意哪些问题?

4. 女性咨询师对那性服刑人员咨询时，需要注意哪些问题?

参考文献

［1］赖修桂．浅析女性犯罪的特点、原因及预防［J］．中国政法管理干部学院学报，1997（3）：51-55.

［2］康树华．女性犯罪论［M］．兰州：兰州大学出版社，1988：17.

［3］张亚飞．从文化变迁看女性犯罪的社会预防［M］．河北公安警官职业学院学报，2008（9）．

［4］卢琦．监狱服刑人员未成年子女基本情况调查［M］．青少年犯罪研究，2006（6）．

[5] 李凌江，杨德森．婚姻稳定性与家庭行为方式[J]．中国心理卫生杂志，1990，4(6)：257-261.

[6] 张敏强，王海燕，牛端．五类成年女犯的人格特质及相关因素比较[J]．中国心理卫生杂志，2006，卷缺失(9)：600-603.

[7] 罗艳红，蔡太生，张玉宇．领悟社会支持、自尊与女性罪犯抑郁的关系[J]．中国临床心理学杂志，2012，卷缺失(6)：885-886，893.

[8] 郝佩韦．论女性罪犯关押期间心理表现的双重性[J]．河南大学学报（社会科学版），2010，卷缺失(1)：44-50.

第二节　对创伤性服刑人员的咨询

一、创伤的诊断学标准

根据《韦伯斯特新世界词典》（1990），创伤被界定为两种形式，身体伤害或情绪打击，常常伴有持续的精神作用。在精神病学上创伤被定义为“超出一般常人经验的事件”。创伤通常会让人感到无能为力或是无助感和麻痹感。创伤的发生都是突然的、无法抵抗的。也有学者将创伤定义为“任何一种突然发生的和潜在的生活危险事件”。

创伤的诊断标准。ICD-10将创伤界定为个体突然遭遇或持久地陷入异乎寻常的威胁性或灾难性时间或情境之中，这类事件或情境几乎可使每个人都出现弥漫性的痛苦。这类事件可能包括自然灾害、人际争斗、严重外伤、目睹他人死亡或本人被折磨，以及恐怖、暴力或其他犯罪行为的受害者。DSM-IV中将创伤界定为当事人亲身经历或目睹或面对某一事件或一些事件，包括死亡或死亡威胁或严重的损伤，或可能危及自身的或他人的生理完整性。

创伤的症状学标准包括事件（暴露）、侵扰（重复，闪回）、回避、遗忘或者反应过度综合征（包括睡眠障碍、噩梦、攻击行为、注意障碍、过度警觉/惊跳反应）症状存在至少一个月，遗留社会功能障碍。

二、创伤对个体的影响

无论创伤是源于物理的、情绪的、性的滥用，还是源于战争、饥饿或瘟疫，它都能改变个人处理生活问题的方式。尽管早年经历过压力和创伤有可能帮助个人用一个成熟的大脑来应对和适应危机四伏的世界，但一部分创伤受害者会因此产生心理障碍。这类创伤就像难于愈合的躯体创伤一样，年复一年，衍生出各种痛苦，明显地影响当事人的社会功能，降低其生活质量。

事实上，抚养者与儿童的情绪错位常常被体验为创伤。根据当前的科学推断，儿童期的创伤体验能改变脑内的神经道路，进而改变个体脑功能的作用方式。

创伤被任何经验或事件所引起，这些经验和事件使个人体验到强烈的消极情绪，如中毒性羞愧（toxic shame）、持续的恐惧和焦虑、拒弃感、被遗弃感、不适应、无能感、无助感、孤独感和失望。这些强烈的消极情绪使个人更易逃避现实并采用防御机制（当痛楚太大而需要保护自我时所采用的办法）。防御机制的形成不是一个意识过程，更多是一个反射的、本能的、自动化的反应，以使个体得以生存。即使我们能意识到使用防御机制的过程，但我们不能阻止其发生发展的过程，如同我们不能停止当受伤时白血球和血小板凝结成血块一样。与创伤相关的几个常用的防御机制是：

①否认：通过改变知觉而否认痛苦事实的存在，否认使个人逃避现实。

②合理化：指个人对自己无法接受的行为后果做合理化的解释。

③最小化：使某事小于其真实情况。

④责备：把错误归咎于他人而不是自己。

⑤正当化：把错误的事情正当化，或为自己的行为辩护。

⑥投射：把自己不能接受的事情或特征转移到他人身上。

引起创伤的各种事实包括持续的贫困、长期的药物滥用、酒精滥用、恶劣的环境、被忽视、被遗弃、刻板陈腐的生活、物质滥用、性滥交等。创伤事件将改变脑的生化结构，并导致暴力、犯罪和抑郁等行为，改变个人的思维方式及其他行为。巴克斯特（L.R.Baxter，1992）做了一项研究，即用正电子发射断层扫摘技术（positron emission tomography，PET）扫描了 OCD 病人的大脑。PET 扫描是通过检测脑内血液循环和新陈代谢来测量脑的功能。葡萄糖是大脑的能量源泉，当具体脑区的神经元被唤起，那么该区的葡萄糖也将增加。巴克斯特的 PET 扫描揭示了药物治疗或行为治疗均能独立地导致脑内的相似性变化。

童年期的任何创伤以及产生的情绪体验将永久烙刻在大脑的杏仁核中。强烈的消极情绪，特别是像羞愧、恐惧、拒弃、不适当、被遗弃、无能感、无助感、孤独感、绝望等情绪尤其如此。羞愧是创伤的一个核心情绪。创伤使个人趋向于感到“元羞愧”（metashame）或“中毒性羞愧”（Bradshaw，1988）。这种羞愧渗透进个人的生活，影响个人的思考、行为、情绪及所有的幸福生活。它还时常使个人故步自封并重复同样的消极行为。

三、创伤后压力障碍（PTSD）

创伤后压力障碍（PTSD）影响成千上万的成年人和儿童，他们曾经经历过一些暴力事件，如掠夺、家庭暴力、儿童虐待、战争的突发、自然灾害、政治迫害以及通常的犯罪（Resnick&Kilpatrick，1994）。在过去，PTSD 被认为是经历过严酷战争的士兵的障碍，而现在达成的共识是，它能影响所有年龄段的男男女女和来自不同背景的人。形成 PTSD 的个人将出现精神创伤并影响其生活和安全。

PTSD 是一种脑障碍，它有时能使脑内产生持久的生物和化学的变化。PTSD 的出现可能仅仅源于一种创伤或者一次灾难性的事件，也可能源于一系列小的创伤事件的累积效应。PTSD 的出现不必是个人确实经历了他难以控制的对其生活和安全产生的巨大威胁，而只需要他感到威胁的出现，体验到它对其生活和安全产生了巨大的威胁。任何一种情景都能对人的生活产生很大的压力。也许遗传素质和易感性可解释为什么一些人形成了 PTSD，而另一些人没有形成。人类的大脑是非常强健的，许多经历了创伤情景的人并未在其生活中体验到 PTSD。也有证据表明人脑能产生类似于大麻的活性成分，这种脑内的化学成分能消除个人创伤记忆，并形成一种新的药理性药物来治疗 PTSD、焦虑和恐怖症等症状［脑内拟态大麻（Brain mimics marijuana），2002］。

四、受到创伤的服刑人员

据我国研究者对服刑人员的创伤性事件调查发现，服刑人员中各种类型的童年虐待发生率均显著高于大学生群体，尤其是虐待经历的发生率。国外研究者认为创伤中以性虐待发生率最高，儿童期性虐待的历史会导致成年后严重的心理和生理健康问题、物质滥用和犯罪[2]。在服刑人员中，有童年创伤经历的比例高达50%，并且性创伤发生率最高，这是一个令人惊讶的结果[6]。张建调查了2186名女性罪犯，发现女性罪犯创伤后应激障碍终生患病率和最近1个月患病率（时点患病率）分别为1.41%和1.01%，均高于全国1982年、1993年调查数据；在女性罪犯创伤后应激障碍中，创伤事件最多见的是与人际暴力相关的精神创伤。

李瑶[2]的研究发现，反社会人格障碍、童年期创伤经历和羞耻感之间两两存在正相关，这与已有研究结果一致[1, 3-4]。通过线性回归分析表明，羞耻感和童年期虐待都对反社会人格障碍的形成具有影响。这表明，童年期的创伤经历，尤其是虐待，更容易使个体形成反社会人格，而且反社会人格的形成，与个体由于在童年期受到虐待和忽视而形成的羞耻感有关。长期经历父母、主要照顾者的虐待和忽视，尤其是被虐待的个体，在社会化的过程中羞耻感更强，并且更容易对他人以及社会产生仇恨心理，实施攻击行为，进而形成反社会人格[5]。以上研究结果提醒心理咨询师，此类服刑人员的内心羞耻感对其反社会行为有重要的影响作用。

五、心理咨询师在创伤治疗中的角色

神经科学家佩里（Bruce Perry）也指出，压力是产生攻击和暴力的主要变量，而压力形成的紧张将改变个人的脑结构。再有，泰歇（Martin Teicher, 2000, 2002）的研究表明，如果个人小时候未经历过强大的压力，那么，他们的大脑在一定程度上会形成较少的攻击性和反社会行为，而形成更多的情绪稳定性、社会性和同情心。洛克菲勒大学的研究者麦克尤恩（Bruce McEwen, 1997）指出，如果那些在压力和创伤情景下成长的儿童在其生活中遇到关心他们的成人，给他们提供积极的养育经验，那这些经验将有助于消除压力的影响。心理咨询师在服刑人员抵制消极和压力事件中应扮演主要的角色。

六、创伤性治疗的途径

监狱心理咨询师在对服刑人员的创伤治疗中，应当了解的治疗途径有：药物、眼动技术（EMDR）、认知行为、催眠治疗、暴露治疗。

思考题

1. 创伤给服刑人员可能带来什么样的影响?

2. 对其生活中经历过许多创伤的服刑人员做咨询时，应形成哪一类的咨询计划?

参考资料

［1］李瑶，徐凯文，王雨吟，等．服刑人员的反社会人格障碍及与羞耻感、童年期创伤经历的关系［J］．中国心理卫生杂志，2011，卷缺失（9）：686–690.

［2］徐凯文，王雨吟，李松蔚，等．心理创伤、共情缺陷与反社会人格障碍［J］．神经损伤与功能重建，2010，卷缺失（4）：253–258.

［3］Morrison D，Gilbert P. Social Rank，Shame and Anger in Primary and Secondary Psychopaths［J］. J Forensic Psychiatry，2001，12（2）：330 –356.

［4］Lobbestael J，Arntz A，Sieswerda S. Schema Modes and Childhood Abuse in Borderline and Antisocial Personality Disorders［J］. J BehavTher Exp Psychiatry，2005，36（3）：240 – 253.

［5］Horwitz A V，Widom C S，M c Laughlin J，et al. The Impact of Childhood Abuse and Neglect on Adult Mental Health：a Prospective Study［J］. J Health Soc Behav，2001，42（2）：184–201.

［6］Freyd J J，Putman F W，Lyon T D，et al. The Science of Childhood Abuse［J］. Science（S1095- 9203），2005，308（5721）：501- 501.

第三节 不同年龄阶段服刑人员的咨询

一、青少年服刑人员

青少年服刑人员的年龄范围较广，通常在 16~25 岁之间，犯罪行为通常为一般罪行。年少的儿童通常没有能力与机会做出严重的犯罪行为，除非被年纪较大的青少年或成人犯罪人所利用以避免惩罚。一般而言，十一二岁的青少年就已开始有能力做后果严重的坏事了，而且，一个人越早触犯法律而成为罪犯，就越可能一直到成年都在不停地犯罪（Masters & Roberson，1991）。这里谈论的青年服刑人员与后续讨论的成年服刑人员在年龄阶段上有所交叉。部分超过18岁的个体处于生理发育成熟的成年早期，但是因为心理发展不够成熟，行为特征上仍带有明显的冲动，缺乏有效的情绪和行为控制能力，因此仍作为青年期范畴来讨论。

（一）青少年的大脑神经发育与犯罪行为

神经科学和少儿精神病理学的研究结果表明，青少年犯罪与他们的大脑发育不成熟有关，这使得他们会做出愚蠢的判断、鲁莽的决定，包括卷入危险的犯罪活动（Williams，2000）。研究表明，负责人类自制、判断、情绪调控、组织与策划的前额叶皮质是大脑中最后发育成熟的区域之一。它的发育是从12岁至20岁。

在青少年期，大脑同样要经历一个自然发育的陡增过程（神经元形成许多新的连接）。伴随着大脑的发育过程，是一个自然的删减过程，即那些失去功能的神经连接将逐渐消亡，以使大脑更有效地工作。而在这个过程完成之前，许多青少年都不能完全运用大脑的能量来做出可靠的客观的判断，致使他们容易受到同伴压力的影响而做出冲动的行为（Williams，2000）。

（二）青少年服刑人员的咨询挑战

监狱心理咨询师应该了解，在形事司法系统，有许多因素使得对聪明的青少年服刑人员做咨询非常困难。第一个因素就是青少年期，即从儿童向成人发展的过渡期，个体在心理上对独立、自我掌控的寻求。一般而言，青少年期对男性是指14~25岁这段时间，对女性是指12~21岁这段时间。年轻的青少年服刑人员由于正处于青春期，身体与情绪产生很大的变化，荷尔蒙水平快速增长，学习着如何成为独立的成年人，开始远离与减少父母与其他成人的影响。一方面这些青少年在主动寻求脱离成年人的影响范畴，另一方面，一些年轻服刑人员的父母由于缺乏教养技能，以至于他们对孩子几乎也没什么影响。青少年与教养者之间相互产生影响的距离扩大。

在青少年期，青少年开始与认同危机做斗争，他们常问这类的问题："我是谁？在世界上我处于什么样的位置？”“我要为我将来的生活做些什么？”他们在努力争取独立的过程中，常发现他们实际上很难摆脱成年人的控制。他们需要从成人尤其是咨询师那儿获得忠告与建议。如果咨询有效的话，青少年服刑人员会心悦诚服地承认自己做事的方式是不奏效的，他们也愿意接受自己无力解决自身问题的事实，从而希望从咨询师哪里获取问题的解决可靠性建议。不过，年轻人在变得越来越独立的过程中，很少愿意或能够承认自己无力控制自己的生活，无法解决自己的问题。

使对青少年服刑人员的咨询变得困难的第二个因素是，他们很少会自己主动向咨询师寻求帮助，常常是他们的父母、警官请求司法机关对他们加以关注，给予咨询。他们认为主动寻求司法机关的帮助是给自己找麻烦，而不认为麻烦是由他们自己造成的。

使对青少年服刑人眼的咨询变得困难的第三个因素是，他们很难接受要为自己的行为负责的概念。在他们心里，绝大多数人认为他们遭受惩处是警察的错误或歧视，而不是因为他们的行为伤害他人，触犯了法律。

使对青少年服刑人员的咨询变得困难的第四个因素是，他们的生活阅历有限。这使他们无法从中汲取、学习相关的经验与智慧。他们缺乏成熟的阅历条件。海尔德与皮亚杰（Inhelder & Piaget，1958）的研究表明：对大多数人而言，换位思考（角色扮演）及抽象思维能力的出现在 11~15 岁之间。如果青少年还没有具备抽象思维的能力，那他就很难做出合理的推论、进行概括及吸取经验与教训。

使对青少年服刑人员的咨询变得困难的第五个因素是，他们只为此时此地而活着，只关心即时的快乐与欲望，而不关心未来。他们中的大多数人很少考虑自己的生活在 5 年后会是什么样子，还有着过高的自我评估，常把自己看作是战无不胜的人，因而常常毫无畏惧地冒险做危险的事情。也正因为如此，他们有着更高的概率触犯法律底线。

使对青少年服刑人员的咨询变得困难的第六个因素是，他们对同伴过分忠诚及过多地受同伴压力的影响（Sutherland & Cressey，1974）。在一些案例中，较多是负面的同伴压力导致了青少年的犯罪。咨询师要认识到，青少年服刑人员所处的社会环境常缺乏正面的、有影响的人物，因而易受不良同伙的影响。

正处于青春期的青少年愿意向同伴寻求忠告与建议，因同伴也正经历着与他们相似的事情。所以，青少年服刑人员常在从众心理以及在团体中寻求自身位置的社会心理影响下穿同类风格的衣服、听某类音乐、吸毒、酗酒。有效的咨询应包括青少年服刑人员的同伴，因为他们更愿意向同伴学习，更重视从同伴那里获得的建议，认为这种建议比成人的建议更值得信任。他们更愿意接受同伴告诉他们的事实。成人说同样的话却常常不奏效。咨询师应认识到，对青少年服刑人员进行咨询，与同伴在一起的团体咨询能更有效地消除他们的孤立、恐惧、困窘与羞耻感。另外，在鼓励、坦率、开放、问题共享的同伴团体咨询中，他们也能从同伴那儿学习沟通交流的技能。同伴咨询更加适宜处理青少年的心理问题。

使对青少年服刑人员咨询变得困难的第七个因素是，他们认为咨询师与司法机关是“一伙的”。很多时候，青少年服刑人员认为：他们犯一点小错，咨询师就出卖他们或监禁他们。

使对青少年服刑人员的咨询变得困难的第八个因素是，青少年服刑人员在犯罪时感到冒险很小、失去的极少。这因为他们多来自不幸的家庭，或父母过度溺爱但缺乏教养技能而无法控制他们。成年人怕失去工作、家庭、社会地位和财产，而青少年一般不会害怕失去什么，因为他们没有得到过什么，也无所谓失去。

使对青少年服刑咨询变得困难的最后一个因素是，他们常被一种或一些心理障碍所困扰。这些心理障碍包括：对抗性违规行为、自杀行为、行动障碍、智力落后、注意缺陷性障碍或注意障碍性多动（ADD/ADHD）、双相化障碍、抑郁、自伤行为、精神病障碍、情绪障碍 、创伤后压力障碍、学习障碍。多障碍患病率（comorbidity）这一术语用来指个体同时患有一种以上的心理障碍。鲍斯基（Boesky，2003）报告说：违法的青少年常被诊断出同时具有三种或四种心理障碍。

绝大多数咨询师认为青少年服刑人员特别难管理与咨询。有时，青少年服刑人员不把他们当回事。咨询师不应试图通过恐吓改变青少年服刑人员。对那些由于生活中缺少爱、尊重与归属而带来问题的人而言，光是恐吓是不够的。

咨询师在与青少年服刑人员打交道时应记住：随着长大、成熟，他们会学会承担责任，从而不再犯罪。例如，有些服刑人员有了孩子后发现孩子要吃饭、穿衣、要住房子，从而使他们几乎没有讨间与精力与同伴厮混及从事违法的行为。当然，这样的情况也有个体差异。另外，年轻服刑人员在思维上不像成人那样固执，他们更愿意尝试新的想法。所以，咨询师要成为青少年的榜样，促使他们的生活风格加以改变，这样才会收到满意的效果。

咨询师要用各种方法来鉴别青少年服刑人员可能有的问题。有关青少年服刑人员及他们具体的问题信息，可直接来自他们自己、家人、老师、警察、专业治疗人员及其他与之接触过的人，也可通过筛查工具及咨询师个人仔细深入地观察。鲍斯基（2003）为治疗人员提供了下列建议，以便从青少年那儿获得可信的自我报告的信息：在不会发生干扰的隐秘环境下进行心理健康筛查或会谈；在筛选之前要讨论怎样处理结果及结果的可信度如何；阅读与青少年有关的任何文件或记录，以确定如何提问；用实事求是的态度来问问题；无论青少年如何回答，都不要轻易下判断；在他们报告从事不好的行为时，不要跟他们生气，被激怒；如果可能的话，让青少年认识并信任的人来进行筛查工作。如果他们不能准确地回忆某些症状、经历或行为是何时发生的，把对他们重要的生活事件列一个时间表（如生日、犯罪行为发生时间、曾经的重大生活事件），以便提供一些时间参照，帮助青少年更准确地回忆。

根据国内目前的研究，对青少年服刑人员群体心理行为问题有一定干预疗效。文凤、邱昌建[1]使用“威廉姆斯生活技能训练”对未成年男性罪犯的干预效果明显，WLST能有效改善青少年犯的心理状况，促进其更好地适应管教所的改造生活。Chen[2]发现在成年男性罪犯个体中，WLST也具有同样的改善效果。Zhang[3]等研究发现WLST能促进青少年犯更多地采用积极的应付方式。徐莉萍[4]等研究发现，与一般同龄群体相比，少年暴力罪犯使用的防御机制仍以成熟型为主，中间型次之，不成熟最少，符合心理防御机制发展规律。但与一般同龄群体相比，不成熟型、中间型机制和相关因子应用明显偏多，提示少年暴力罪犯心理健康水平不及一般同龄少年，应付挫折和应激的方式和能力达不到社会的要求。咨询师对青少年的防御机制可有目标性的提升方案。

二、成年服刑人员

这里所指的成年服刑人员，从法律对刑事责任能力的界定来看，指的是18岁以上处于监禁环境中的服刑人员。鉴于老年服刑人员的特殊性，本书将在后续对老年服刑人员进行说明。对成人服刑人员咨询的一个最大难题是该群体的很多人被监禁多年，以至于他们对司法机构很依赖。这种依赖已成为他们的一种生活方式及标签。这类服刑人员已被程式化（institutionalized）。服刑人员被监禁的时间越久，他们越可能被程式化。在欧美司法矫正领域，另一个用来描述程式化服刑人员的词语是“国家供养的囚犯（state-raised convict）”。服刑人员在拘留所、管教所及监狱度过的时间比在自由社会上度过的时间要长，他们易发怒，易产生暴力行为（Johnson，1987）。

对监狱心理咨询师有所助益的有关成年服刑人员的研究结果是：

第一，成年服刑人员的道德水平的提高有助于预防犯罪。这一点在本书第一章第三节内容中有所涉及。柯尔伯格（Kohlberg，1981）认为，通过研究罪犯的道德发展水平可以更好地了解他们。他提出，与相同社会背景的非犯罪者相比较，罪犯多处于道德发展水平的阶段1与2，而非犯罪者多处于阶段3与4（Kohlberg&Turiel，1973）。他认为，道德水平的提高可预防个人犯罪。咨询者在对狱内与狱外的罪犯进行咨询时，应了解他们的道德发展水平。

第二，当服刑人员被程式化后，他们学会了用独特的、常常是不健康的方式来应对生活。咨询师应对服刑人员不健康的态度、行为及价值观加以敏锐的观察。被程式化的服刑人员常被要求何时起床、吃饭、睡觉及被点名。这种严格的管制使服刑人员无法对日常生活加以决策，从而导致他们的幼稚化（infantilize）。而幼稚化的服刑人员又开始不相信自己有能力做简单的生活决策，怀疑并害怕自由的社会。一些服刑人员深信监狱外的生活是毫无希望的，他们常年躲在大墙里面，没有工作过，无法对监狱外的人解释这么多年他们都在干些什么。被程式化的服刑人员也常感到社会对他们的歧视。

第三，咨询师应了解成人服刑人员要面对很多问题，如找工作并维持工作的稳定，处理人际关系与社会的蔑视，控制愤怒、孤独及压力。一些成人服刑人员有智力上的缺陷，这是咨询师应注意的。

三、年长和年老的服刑人员

对“老年”的界定，不同的分类系统有不同的界定。对普通群体的老年阶段划分，通常指的是年龄在 65 岁以上的个体。目前随着我国社会老龄化现象的突出，在各种司法机构中，年长和年老的服刑人员数量在迅速增长。

对被监禁的年长或老年服刑人员咨询时，咨询师要注意很多问题。老年服刑人员常喜欢被安置在一起，与年轻的、冲动的、粗暴无理的服刑人员隔离开。他们也更喜欢轻松的、被人羡慕的工作。这样的安排常招致年轻服刑人员的怨恨与嫉妒。科瑞特考斯基指出，年老的女犯有别于男犯。与男犯相比，她们在狱中存在更多的适应问题，更少参加娱乐活动，多没有工作，社会阅历更少，表现出更多的恐惧，更多地抱怨健康问题及居住条件。总体来说，监狱心理咨询师要注意到年长服刑人员因为老化带来的共同问题：病史、心理与身体健康（包括痴呆）、长时间的监禁使其害怕回到社会、社会关系与孤独问题、死亡与临终问题。

思考题：

1. 青少年服刑人员的大脑神经发育与犯罪行为有什么联系？

2. 对青少年服刑人员进行咨询可能会面临怎样的挑战？

3. 你认为对青少年服刑人员咨询，可以采取什么样的有效方法？

4. 作为监狱心理咨询师应当了解成年服刑人员会有怎样特殊的心理现象或心理问题？

5. 监狱心理咨询师对于年长或者年老的服刑人员要关注哪些方面的问题？

参考资料

［1］文凤，邱昌建，等 . 使用“威廉姆斯生活技能训练”对未成年男性罪犯的干预［J］. 中国心理卫生杂志，2015.

［2］徐莉萍，等 . 男性少年暴力罪犯心理防御机制分析［J］. 中国心理卫生杂志，2002.

［3］Chen C，Li C，Wang H，et al. Cognitive Behavioral Therapy to Reduce Overt Aggression Behavior in Chinese Young Male Violent of Fenders［J］. Aggress

Behav，2014，40（4）：329-336.

［4］Zhang S，Wang H，Chen C，et al. Efficacy of Williams Life Skills Training in Improving Psychological Health of Chinese Male Juvenile Violent Offenders：a Randomized Controlled Study［J］. Neurosci Bull，2015，31（1）：53 — 60.

第四节　其他服刑人员常见心理问题类型

一、被监禁的服刑人员

服刑人员群体身上最大的特征，莫过于“失去自由”。被监禁的服刑人员存在的问题与自由生活在社会上的违法者是不同的。当被监禁后，他们不仅失去了自由，随之也被剥夺了其他社会性需求的权利，例如异性关系，尤其是夫妻间的关系。当服刑人员被监禁后，外界的探望是被限制的，信件要检查，日常生活被严格规定，生活比较单调乏味。此种状况下，以往众多社会需求的被剥夺会使服刑人员将要面对很多的社会应激，引发其出现各种心理行为反应。总之，监禁给服刑人员带来更多的应激问题：与家庭的分离、害怕被家人与朋友抛弃或遗忘、担心家庭会断绝对其经济的支持、释放后对社会的适应、与外界的沟通交流、在监狱中的生存与程式化、与其他囚犯的相处等。监狱心理咨询师必须要考虑到这些问题。

被监禁的改造生活与正常社会生活的巨大差异，对心理咨询师的工作来说，是一把双刃剑。有利的是在监狱，服刑人员一天 24 小时地被监管与观察，咨询师很容易在需要咨询的时候接触到他们，也可以得到客观的报告，从而知道服刑人员在日常监狱生活中如何处理自己的问题。由于服刑人员处于高度组织化的环境中，对他们可能出现的问题可以进行快速的反应。监狱心理咨询不利之处，一是监狱生活与社会生活不同。服刑人员的基本需要，如吃、住、工作在监狱都被安排好了，不需要服刑人员出去找工作、找地方住、找食物。在监禁时，服刑人员的一些问题似乎被解决了，其实是被掩盖了，一旦面对又变成了突发性的问题。不利之二是服刑人员没有机会在真实的环境中练习处理他们的问题。监禁环境本质上不同于正常的社会情境。与服刑人员心理问题、心理障碍相联系的家庭因素、正常社会人际因素在这个环境里难寻踪迹，由此引发的有效解决问题的认知及行为模式似乎难于找到重新被塑造及成长的环境。

对被监禁的服刑人员咨询时，咨询师应注意监狱化这个问题，即服刑人员在一定程度上把在监狱中的角色、规范与价值观转化为自己的。被监禁服刑人员越接受监狱的亚文化与囚犯标签，咨询师与服刑人员越难严肃地解决所咨询的问题。当服刑人员被监狱化后，他们持有的价值观使他们很难与咨询师分享信息，不尊重工作人员（包括咨询师），对监狱工作人员产生广泛的怀疑（Jensen&Jones，1976）。公开愿意咨询的服刑人员可能会被同伴嘲笑，从而无法在狱中立足。

狱中的咨询师要面对的另一个问题是，某些服刑人员想操纵与控制监狱的工作人员。服刑人员具有精明的控制技巧，某些情况下，咨询师很久才意识到自己被操纵，但已为时晚矣。有时，服刑人员有目的的特殊言论能引发一系列事件，从而给咨询师带来很多问题。所以，咨询者要注意他们可能被服刑人员设计圈套，有必要了解如何识别服刑人员设套的一些特征（Allen&Bosta，1978）。监狱心理咨询师如何应对这种操控呢？咨询者应避免深入的自我揭露，不要告诉服刑人员自己存在的个人问题，避免与服刑人员亲密的谈话，最好保持一定的职业界限；咨询者不能允许服刑人员叫他们过于亲密的名字（以免太亲近）；对待服刑人员的方式应保持一致；在约定的时间进行咨询。心理咨询师通过上述方式使服刑人员意识到心理咨询活动的职业性特征，而非可以利用的朋友关系，以防止被他们操纵。

二、入监适应不良的服刑人员

大部分服刑人员在进入严格的监禁环境后，能很快适应新的生活、劳动与学习方式，顺利渡过适应教育改造生活这一关，而少数服刑人员在矛盾心理交织作用下，陷入持久的不良适应心理状态，出现认识、情绪、行为等方面的不良表现。

一是认知。在新入监的服刑人员中，一些内向的人不喜欢和不熟悉的人交往，总担心别人瞧不起他。有的认为监狱存在牢头狱霸，感到难以适应周围的人和事物。他怀念以前的熟人和熟事。有的人很容易产生一些不合理的认知，如还是过去好，周围没有人喜欢我，这里的人不真诚，我的人生完了，改造得再好也没用，以后不必严格要求自己了等多种主观认识。

二是情绪。由于环境等情况变化大，压力大，一些服刑人员容易出现害怕、嫉妒、焦虑、自卑等情绪表现，对改造感到力不从心，容易产生厌恶情绪，总认为到这里了就一切都没有希望了，很容易自卑、生气。产生强烈孤独感的服刑人员与管教干警对立，总认为他们与自己过不去，对他们善意的帮助也从反面去理解。

三是行为。入监适应不良服刑人员行为上表现为退缩，过分保护自己，什么活动都不参与，从不主动和其他人交往。而有的服刑人员在刚进入监狱时，内心想表现得积极，但总认为自己没用，别人也看不起自己，内心极不稳定，甚至出现很多躯体症状，使改造生活受到很多影响。

解决入监适应问题，时间是最好的解药。但是实践中一旦发现此类求助者时务必考虑是否涉及监管安全问题，咨询师要对其做一些适当的治疗和干预。下面是曹军瑭对入监适应问题解决步骤①的研究总结。学习者可以将其作为参考。

第一步了解病史。如发现有躯体疾病，请先到监狱医院就诊。

第二步外观检查。有无外伤，尤其要关注明显的新伤疤和旧伤痕。如果头部受过伤，务必慎重对待，需要排除是否因脑器质病变导致的行为异常。

第三步排除伪病。这是监狱心理咨询与社会心理咨询最大的区别。拘禁环境中有些服刑人员企图通过伪装生病达到一定目的。遇到伪病者怎么办？有效处理策略是不拆穿，而是寻找机会给其台阶下。因为他们的动机是好的，行为是错误的。比如认为通过装精神病可以保外，然后就可以早点回家。其中想早点回家的动机就是好的，但是采取的手段方法是错误的。我们要在入监心理健康教育的时候做好这方面的提醒，做好正面宣传。

第四步根据求助者文化程度选择治疗方案。初中以及高中以上文化的，适宜用阅读治疗小学三年级以下和文盲的，建议让求助者的同乡一起参与交谈，化解适应困难导致的不良情绪。

① 曹军瑭 . 隐形人——拘禁心理解析与治疗［M］. 南京：南京师范大学出版社，2012.

三、抗拒性服刑人员

作为心理咨询师，我们喜欢什么样的来访者呢？当然是积极配合、袒露心声、行为负责的个体了。但是，监狱心理咨询师对监禁环境下的服刑人员的预期最好现实些。绝大多数服刑人员对咨询师都会产生一定程度的抗拒，这是因为他们进入监狱并非自愿。一些服刑人员使用明显外露的方式表达他们的抗拒，比如愤怒，甚或咒骂；而有些服刑人员的抗拒方式则很隐秘，例如认为自己没有问题，没有需要对他们咨询。

监狱心理咨询师需要对服刑人员这些隐藏的抗拒行为有所了解和警觉。这些行为可能还包括：对自己需要咨询感到尴尬，甚至羞耻，所以不想参与；觉得接受咨询就不得不承认自己是有病的、无能的、有欠缺的；感到咨询是一种很痛苦的被揭穿的过程，感到自己的隐私不被尊重；害怕在咨询中所发现的问题；反抗与司法机关打交道的任何事，认为与司法机构有关的任何人、任何事都是他们的敌人；觉得自己在司法机构唯一具有的权力就是抗拒；怨恨、不信任、不喜欢咨询者；与咨询者在个性、人格上存在着无法融合的差异；觉得他们已做出了充分的努力，可咨询师觉得自己做得还不够。

解决服刑人员对咨询抗拒的最好办法就是诚实地面对、处理它。服刑人员觉得自己是被迫咨询的，那抗拒就会出现。这种情况在监狱咨询中是常见的事实。监狱心理咨询师同样需要认识到，一定程度的抗拒是正常的，需要做好碰到无时不在的抗拒的心理准备。咨询师与服刑人员一起讨论并表达他们对抗拒的感觉，是消除它的第一步。

四、暴力型服刑人员

作为监狱心理咨询师，常常要对有暴力倾向的成人或青少年服刑人员做咨询。服刑人员常来自贫穷的地区。在那些地方，暴力是一种生活方式，到处充斥着攻击斗殴及其他类型的犯罪。在这样环境中的人所接受的价值体系强调的是用攻击与暴力来解决问题。在监狱，被囚禁的服刑人员时常用暴力来保护自己（虽然这是不被监管者所允许的）。没有得到有效矫正的服刑人员回归到社会后，当感到自己受到威胁时也会快速地用暴力来反应。

首先我们来了解暴力型服刑人员的几个特征。

（一）与暴力有关的脑化学物质

已发现脑内有几种物质与暴力、攻击和某些重复犯罪有关。

肾上腺素。这种激素是由肾上腺分泌，它使人心跳加快、血压增高、肌肉紧张。身体中肾上腺素的适当分泌，将有助于人们准备、战斗或逃逸，或在面对紧急事件时采取行动。当紧急事件结束后，肾上腺素恢复正常，身体趋于平静。但当个人长期体验持续的压力和创伤就会致使肾上腺过分活跃，产生过多的肾上腺素，并导致个人产生消极的情绪，狂怒不已，或者做出不情愿的妥协，从而取代了个人正常的积极情绪、慎重考虑后产生的问题解决的能力、协商后处理问题的意愿。

氢化可的松。也是应对压力时由肾上腺分泌的激素。与肾上腺素一样，身体中氢化可的松（oortisol）正常水平的分泌，将使个体在面对紧急事件时通过战斗或逃逸的反应来采取行动。当肾上腺产生过多的氢化可的松，就会导致与肾上腺素相似的结果。当个人经历了压力和创伤后，身体中的氢化可的松的数量就会增加。这将会使个人变得更具强迫性，喜怒无常，很少能集中精神，很不情愿冷静地处理问题，并有可能更具攻击性。当身体中的肾上腺素和氢化可的松均分泌过高时，受之影响的个体更倾向于把并无威胁性的情景解释为充满危机，从而采取行动。因此，不难理解，如果压力和创伤没有增加这些物质的分泌，那么一些大好人怎么会被驱使卷入他们通常不能解释的暴力行为。

去甲肾上腺素。这种激素把信息传递到其他脑中枢，以控制心率，同肾上腺素和氢化可的松一样，它被看作是一种预警激素，使大脑和身体准备应对危险。去甲肾上腺素被看作是肾上腺素的脑译本。当身体中去甲肾上腺素的水平太高，个体就会表现出过分兴奋，激情和冲动的暴力犯罪更易发生。值得注意的是，高水平的去甲肾上腺素被看作是 PTSD 的化学物质。低水平的去甲肾上腺素将驱使个人成为一个感觉寻求者并去追求刺激，并与冷血的、有预谋的、掠夺性的犯罪有关。

5- 羟色胺。这是脑结构中发现的神经传递素，又称为缝核，它与抑郁及其他的情绪障碍、强迫性、OCD 障碍、恐慌和其他的焦虑性障碍、偏头疼以及其他的生理学问题有关。它被看作是大脑最重要的情绪管理器，管理所有人类的情绪、动机和基本本能。当身体中分泌正常水平的 5- 羟色胺，这种激素就能保持一种初始动机和情绪的抑制。5- 羟色胺像前面所提及的其他物质一样，其身体中的正常水平的分泌有助于减少个人实施攻击性行为的可能性。正常水平的5-羟色胺是与清晰的推理能力和与他人的和睦相处以及安宁感有关，低水平的5-羟色胺与高水平的去甲肾上腺素结合起来，则与强迫性的攻击行为和犯罪行为有关系，而高水平的5-羟色胺与低水平的去甲肾上腺素结合起来就与对内的攻击性有关，比如抑郁、自杀、成瘾等（Clayman，Vaughn & Donnaud，1989）。

（二）暴力型罪犯的生物学社会学基础

1. 雷恩对杀人犯大脑的研究

近来，许多研究都把焦点放在暴力行为的生物社会基础上（Raine，Brennan，Farrington & Mednick，1997）。雷恩等人（Raine，Buchsbaum & Lacasse，1997）用正电子放射断层扫描术（PET）扫描了38个杀人犯的大脑（PET扫描是指在操作一些简单而重复的任务时，测量脑的不同区域是怎样加工葡萄糖这种脑燃料的）。研究者特别关注在大脑的前额叶皮层区域的活动，前额叶皮层是在眼睛的正后面的一块区域，它控制诸如评价、灵活的思考、心理控制、对未来的预期、深谋远虑、道德发展、社会意识、抑制的练习、过去经验的学习、计划性、注意问题解决、情感和情绪表达以及移情等，研究者把罪犯分为控制组和实验组。控制组由那些未犯有谋杀罪的罪犯组成。实验组有两个，一组是由那些犯有有计划、有预谋实施谋杀的罪犯组成，另一组是由那些犯有冲动和情绪性谋杀的罪犯所组成。他们发现，在控制组中罪犯大脑的所有区域都表现出活跃性，而当冲动型杀人犯的脑活性被测量时则发现其前额突出部分的活跃性明显低于控制组，当有预谋的杀人犯的大脑被测量时，其前额突出部分的活跃性却高于控制组（“功能家谱，脑功能紊乱”，1998；Raine等，1998）。

雷恩等（2000）的研究发现，大脑前额叶皮层紧密联系着有着反社会人格障碍（APD）的罪犯的暴力行为。反社会人格障碍罪犯的行为特征有说谎冲动性、肤浅的情绪、缺乏责任感、缺乏良心和道德感、长期的反社会行为。雷恩等（2000）用脑成像技术发现，有着反社会人格障碍的男性囚犯，其前额叶皮层的灰质比正常男人少11%～14%，大约少了两茶匙。事实上，较小的前额叶皮层联系着低的自主反应（自主的、非自愿的或反射性的反应，如心跳、血压和呼吸等反应），它在76.9%的准确性上能预测反社会人格的出现，当生物和社会因素被一起考虑时，可在88.5%的准确性上预测反社会人格障碍（“脑的大小”，2000）。

2. 佩里关于大卫教派儿童的研究

佩里（Bruce Perry，1998）研究和治疗了1993年从得克萨斯的韦科地区释放出来的大卫教派的儿童（见表5-8），发现了这批儿童在经历了严酷的考验之后，表现出行动冷静，并有着极高水平的去甲肾上腺素，他们的心率每分钟100～170，而这个年龄段儿童的平均心率大约是每分钟84。实验花了大约3周的时间，使这批儿童的心率恢复正常（“韦科的儿童”，2003）。根据佩里的研究，这么高的心率反应，可能反映出这种经历导致了大脑的较低部位和脑干发生了永久性的改变。此外，他还指出这种暴力所带来的创伤，不仅能改变个体的脑结构，而且能改变大脑的化学平衡。

表5-8　大卫教派事件

专栏
1993年2月28日，美国联邦执法人员出动坦克和飞机，对大卫邪教设在韦科的总部进行围剿，当天在冲突中有6名大卫教徒和4名联邦执法人员丧生。此后，双方进行了长达51天的武装对峙。1993年4月19日，为了结束对峙，联邦执法人员对大卫邪教总部韦科山庄采取行动，山庄被大火烧毁，80名包括妇女和儿童在内的大卫邪教教徒在枪战和大火中丧生。邪教教主考雷什也葬身火海。此事引起美国媒体和民众对政府行为过当的批评，被称为韦科惨案。 一批儿童虽然在该教派的焚烧仪式前被释放出来，但是由于这种仪式摧毁了他们唯一的世界，并杀死了他们的父母，所以，他们易于体验到下述类型的创伤。许多儿童亲眼看到他们的父母选择和教派的领袖大卫·科内西（David Koresh）一起被焚烧而死，而不是选择活下来并照看他们。大多数儿童相信他们很小就不得不为这一教派的领袖而死。他们被禁止与任何这一教派成员以外的人接触。他们被教导世界上只有这一组织的人是好的，值得信赖的。他们被迫接受每天长时间的圣经研习。他们被教导去颂扬。“我们是战士，我们要去战斗，有一天我们不得不去死，我们要高举血染的旗帜，我们要坚持到底直至死亡。”（“韦科的儿童”，2003）一些不到10岁的儿童被他们的父母移交给大卫·科内西，并遭到性骚扰。他们经历了与70名来自美国酒精、烟草、武器管理局代表的交战。许多儿童很小就目击了血淋淋的尸体。他们被编组后送到了一个陌生的家庭（得克萨斯州韦科地区的卫理公会教派的儿童之家），接受陌生人的照顾。他们相信，如果他们与这一组织外的人沟通合作，将被大卫·科内西发现并被杀死。他们在电视上看到50个成人和25个儿童的死亡（“韦科的儿童”，2003）。

随后，佩里和马赛勒斯（J.Marcellus）（2002）确认了这一观点，就是毁灭

性和受虐性的经验将影响儿童脑的发展和功能，其神经元和脑的突触将由于儿童的这些经验而发生改变。

3. 关于童年虐待的研究

新西兰一项重要的研究发现，男性在童年期被虐待，如果其遗传基因发生变异并导致低水平的脑生化酶，那么他们就更容易变成罪犯或显现出其他的反社会行为。研究者跟踪了 442 个男性被试者，从他们 1972 年出生开始，其中有 154 名在童年期被虐待，如被其母亲拒弃、生理上或性方面的受虐、早年遭受了监护人的频繁更换。研究者发现，基因发生变化的受虐儿童有 85% 最终在成年期表现出反社会行为，包括卷入暴力犯罪（Singer，2002）。

另外，还有 Lansford 的研究结果使其认为有儿童期虐待经历者易于形成高攻击性个性[1][2]，而 JanetI Warren（2006）等报道，高攻击性者具有较高的儿童期受虐待率[3]。

4. 关于情感忽视的研究

国内刘灵等的研究结果发现高攻击性青少年所受到的教养方式大部分是拒绝、冷漠和粗暴型的[4][5]。

Julie[6]（2001）认为性虐待受害者不能将他们的症状和童年的性经历或遭遇联系起来，受伤害的记忆被整合在整个人格结构之中，并通过愤怒、攻击、自伤、自杀或抑郁、情绪不稳等表现出来。

Soderstrom H（2000）等研究[7]发现，单纯受到忽视的儿童，比仅受到虐待或同时受到忽视和虐待的儿童，易发生心理、行为或情感的异常问题。受情感忽视儿童的两种典型表现为高攻击性和高社会退缩[8]。Joyce-lyn 等[9]（1999）调查数字显示，被忽视、虐待儿童中 50% 有可能发生青少年犯罪，40% 有可能暴力犯罪。由此可见，情感忽视与犯罪行为有密切的关系。Koenig[10]（2000）观察了被虐待和没有受虐儿童与母亲的互动关系，发现受躯体虐待的儿童在童年期表现出较多的外化性问题，如不顺从、攻击成人或其他儿童，更容易出现攻击行为。Widom[11]（2001）研究发现犯罪行为的产生与个体高攻击性和情绪问题及暴力行为有关，而情感忽视可以对个人行为、情绪、认知等方面产生深远的影响，可以增加个人的高攻击性和低自尊水平，引发暴力行为、情绪问题等等，因而他认为情感忽视是犯罪行为产生的一个重要因素。

国内李宝花[12]研究结果显示，暴力犯组童年期创伤经历中各因子得分均高于非暴力犯组，提示暴力犯受到童年期虐待的情况较非暴力犯更为严重，而童年期受虐待带来的个体高攻击性、情绪失控及暴力行为的负面后果，都可以直接导致暴力犯罪行为的发生。

这对于暴力犯心理问题矫治以及暴力犯罪的预防有着积极的作用：提示在儿童的教养中应强调童年虐待的问题；给予他们更多的情感支持和理解。童年期创伤经历对暴力犯人格特征的形成有着较大影响，因此教养中应当重视虐待与忽视的问题，这将有助于减少人格中的冲动及攻击性和对于暴力犯罪行为的预防。

（三）对暴力型服刑人员咨询的建议

大脑的发展具有可延展性和可塑性，尤其是在童年期。儿童生活的情景可能创设一种安全感，也可能创设巨大的创伤和恐惧。消极的经验使儿童有更大的可能犯罪。

脑物质（化学物质和激素）联系并调节着个人的攻击性，我们大多数人都有正常水平的脑物质，并对生活情景产生适当的反应而不会产生犯罪行为。然而有研究表明，当这一平衡被打破，攻击性将增强或降低。也有可能一些罪犯没有压力、创伤、暴力家庭或其他显著的环境特征，但他们的5–羟色胺的水平很低，这将导致他们有较大的生物倾向以产生犯罪行为。

必须注意到这样的可能性并不意味着能减小服刑人员对犯罪行为的责任，但这样的信息对监狱心理咨询师是重要的，有利于准确地诊断问题，并给服刑人员制定最有效的治疗计划。

另外要提醒咨询师的是在和暴力型罪犯打交道时必须加强自我防护。即使最温顺的服刑人员在某些不确定的刺激作用下也会变成残暴、易激怒的人。在这种情况下，咨询师先要保护好自己，要知道，对处于情绪激愤、行动失去自我控制的服刑人员进行咨询是不可能的。

当咨询者怀疑一个服刑人员正情绪失控或存在暴力行为，就不应独自与其相处。备选的处理有可能是先将该服刑人员处置于单独的隔间，待情绪平复后再与之对话交流。

五、性罪错型服刑人员

对性罪错型服刑人员及其咨询需要存在很多争论。性罪错型服刑人员有男有女，但多是男性。绝大多数服刑人员鄙视痛恨那些侵犯女性或者儿童的性犯罪者，把他们当作最下流的人。一般的公众也对性罪错型犯罪者持有负性的刻板印象，常认为他们是肮脏的、无人性的。咨询师要想对性罪错刑服刑人员进行有效咨询，必须把这些可能存在的负性刻板印象努力摒弃！

如果咨询师不能消除这类偏见，他们就无法咨询。性罪错刑服刑人员会感到咨询师的蔑视。在这种情况下咨询师最好去找自己的督导，讨论自己面对的问题，如果可能，把这类个案转给那些没有偏见的咨询师。这种坦诚的处理方式会使各方都受益。为了对性罪错型服刑人员进行咨询，咨询师必须能够与其共情并勇于面质，还应记住，不是所有的性罪错型服刑人员都是一样的。

性犯罪包括很多种，如暴露癖、强奸、儿童性骚扰、性施虐狂、窥淫癖、网上儿童色情图片传播等。咨询师如果把它们都归为一种类型，则会无法提供有效的治疗服务。而且，如果咨询师对一种性犯罪有偏见或存在咨询障碍，并不代表对其他类型的性犯罪都具有偏见或咨询障碍。另外，咨询师应记住，性犯罪的初犯与惯犯之间存在很大的差别。性罪错型服刑人员之间的差异也会影响咨询师的建议与咨询策略。

监狱心理咨询师应注意性罪错型服刑人员如何为他们自己的行为辩护。这一群体的绝大多数会以某些特殊的方式否认他们的行为，并使他们的行为合理化、正当化。咨询的另一个重点是使性罪错型服刑人员明确地为自己的行为负全责。由于绝大多数性罪错型服刑人员无权无势，自尊很低，所以，提高他们的自尊也是种很好的咨询策略。由于性行为常使犯罪者觉得自己很有力量与控制力，所以，也要直接抨击服刑人员这种功能不良的思维方式。团体咨询是一种极好的工具，因为在该类群体的同一团体，彼此更善于识别对方性犯罪的思维模式。

目前[①]，预防重犯的认知—行为治疗、药物支持被认为是治疗性罪错型服刑人员较好的办法。行为矫正与药物治疗也被运用于多种类型的服刑人员，但是，

①［美］Ruth E. Masters. 罪犯心理咨询［M］. 杨波，等，译 . 北京：中国轻工业出版社，2005：94.

任何一种方法都无法完全成功地阻止该类群体的再犯罪。大多数情况下，对性罪错型服刑人员仅依靠咨询是不够的。

六、心理异常的服刑人员

心理异常的服刑人员从心理康复的角度看不应关在司法机关，而应安置在精神病学康复机构，以得到相应的照顾与治疗。学者 Lamb 等（1995，1996）认识到应该对有心理问题的罪犯给予更有效的分类与处理。

据笔者在某省监狱调查了解到，该省司法机关对心理异常，具有幻觉、妄想，与现实脱节等症状服刑人员的监管处置是：被收入监狱服刑改造的精神病服刑人员较多，但只能通过定期请精神科医生开药物缓解，同时申请司法精神病鉴定，在符合条件且有床位的情况下调往司法系统内的医疗机构集中关押。但由于医疗机构床位紧张，大部分个体还是收押在原监管机构，和普通罪犯在一起。监狱对他们只能加强严格的监督控制，在发病期间采取保护性束缚控制，防止自伤和他伤事件发生，同时进行药物治疗，病情稳定后，在康复阶段进行相应的心理辅导。

对该类服刑人员监管处置理想的状况是，对他们分类处理，但是因为监管的实际条件不允许，实际上有很大一部分心理异常的服刑人员仍旧关押在刑事执行机构，刑期结束后才回归社会。所以，监狱咨询师不得不面对他们和对他们进行治疗。

监狱心理咨询师应了解各种心理异常疾病之间的区别，对精神病、神经症与人格障碍做出鉴别。另外，咨询者及其他治疗人员必须对有情绪问题、边缘人格障碍及物质滥用障碍的服刑人员做出鉴别。无论是与服刑人员较多接触的专业治疗人员，还是非专业治疗人员都一定要熟悉《中国精神障碍分类与诊断标准第三版 CCMD-3》，专业人员还可以参看 2015 年美国《精神障碍诊断与统计手册（第五版）》（DSM-5）（Diagnostic and Statistical Manual of Mental Disorders）。

（一）精神病性障碍

精神病性障碍罪犯表现出明显的与现实脱节。他们的人格严重分裂。可能有幻觉、稀奇古怪的行为与信念、妄想或其他症状。他们常不知道自己是谁，也无法照顾自己，不讲卫生，无法和人打交道，可能伤害他们自己或他人。狱内狱外的咨询师常误认为他们在管理、控制自己方面有问题。狱中的精神病服刑人员会带来很多问题，如是否该把他们与其他一般罪犯关在一起。他们会出现明显的心理退缩症状，因而可能有自杀行为而需要观察，需服用精神病药物。他们由于心理疾病而引起的行为需加以约束，如关在隔离间以保证安全等（Holton，2003）。监狱心理咨询师不能对有特殊问题的服刑人员进行咨询与治疗。如果必须，建议把这类服刑人员转到心理健康机构，他们常需住院治疗。在试图处理心理异常的服刑人员前，咨询师应采取措施保护自己与他人。

接受刑事惩罚的服刑人员可能有情绪上的障碍，这可能是精神病，也可能不是。常见的情绪障碍有抑郁症、躁狂症与双相性障碍（也叫躁郁症）。咨询师应能鉴别这些障碍，如患抑郁症的服刑人员常有自杀行为；但有自杀行为的服刑人员不一定患有抑郁症。

（二）边缘性人格障碍

边缘型人格障碍是狱内狱外咨询师都应熟悉的另一种常见的障碍。服刑人员边缘型人格的情绪变化非常快，几乎是爆发性的，让常人根本无法想象。这些服刑人员常常极易从幸福快乐的最高点一下子跌进抑郁悲伤的最低谷，心中充满了愤怒，一段时间后又自然平静了。然而，边缘型人格障碍服刑人员自己却找不到使其陷入莫名的狂怒中的任何线索和理由。由于不能理解自己情绪的强烈变化，他们时常变得更加自我悔恨，情绪更加抑郁和痛苦。边缘型人格障碍服刑人员所遭受的痛苦就像是患了情绪性的"血友病"，缺乏一种凝血机制来自然调节情绪情感。一旦被刺激触发，这些患者的情绪就会像"血友病"患者流血不止一样，最终会导致死亡。此时此刻，边缘型人格障碍服刑人员极易倾向于做出一系列冲动的行为或者自我毁灭的行为——滥用药物、绝食、自伤自残乃至自杀。有边缘型人格障碍服刑人员极易产生自杀意念以及发生自我毁灭性的行为。这类障碍的临床表现有对抛弃感的逃避、控制愤怒困难、空虚感、频繁自杀或自伤性行为、冲动及不稳定的自尊与人际关系。霍顿（Holton，2003）提出，有边缘型人格障碍倾向的罪犯常使咨询师与他人很紧张，因为需要别人向他们保证不会遗弃他们，常常挑拨离间制造危机。

（三）神经症

大多数患有神经症的服刑人员具有情绪问题，但与现实仍保持联系，能自理，也能接受咨询师的建议。他们的人格并没有严重分裂。一般而言，神经症服刑人员对自己或他人都不会造成严重的威胁。他们常表现出焦虑、强迫——冲动性行为、歇斯底里、抑郁及其他症状。这些患有神经症的服刑人员较之心理异常的其他类型对他人的危险性较小，因此司法实际情形中没有做单独分类管理的处理。监狱心理咨询师在实践中有很大的可能碰到这样的来访者。咨询师要考虑：这类个体需要心理咨询与适当的药物治疗相互配合。

（四）社会病态人格

监狱咨询师也必须能够对社会病态人格做出鉴别。社会病态人格型服刑人员被认为具有长期的人格障碍，而不是心理疾病。他们在服刑人员中占很大比例（Masters&Roberson，1990）。目前还不清楚是社会病态人格导致了人们犯罪，还是服刑人员在司法机关，尤其是囚禁的经历导致了这种人格的产生。社会病态人格型的服刑人员无论年龄大小与性别，都表现出某一些特殊的特征或症状：自我中心、充满敌意、冲动、有魅力、对他人漠不关心、不合群、不忠诚、无法深爱他人、对自己的适应不良不感到担忧等（Cleckley，1941）。

对咨询师而言，社会病态人格型服刑人员是很难与其打交道的，因为他们习惯性说谎，没有良知，不吸取教训，不关心自己对他人做了些什么。他们很难把自己放在受害者的位置上，设身处地地体验受害者的痛苦。他们常故意摆布咨询师，说出咨询师想听的话。他们常装出模范来访者的样子，使咨询师相信他们想改变，愿意做任何事来与咨询过程相配合。因此他们的掩饰隐藏性很强。

另外，社会病态人格型服刑人员很少明显表现出对抗咨询的现象。他们跟随着咨询计划，但却未体验到与咨询有关的情绪，如焦虑、抗拒、恐惧、害怕、抑郁、快乐等。监狱心理咨询师要提醒自己这类型障碍的存在，并且需要花时间和精力去鉴别，因为这一类型的服刑人员显现得那么合作，是咨询师通常喜欢的来访者类型。所以，咨询师常常会被社会病态人格型个体的表面现象所迷惑。

社会病态人格障碍很难治疗，因为无人知道造成这种障碍的原因。尽管一些研究表明，这种障碍可能到了40~50岁时会因脑电波的成熟而减弱（Bartol，1980）[13]。咨询者要知道，自己无力帮助社会病态人格型服刑人员恢复良知或对他人发自内心的情感，无力停止他们说谎的冲动，安全的做法是集中精力改变他们的外在行为，让他们产生成人应有的责任感。

咨询师应该接受长期系统的教育培训，以跟上矫正领域以及精神疾病等领域的最新发展。

参考文献

［1］刘灵．中学生攻击行为的情境特征研究［D］．福建师范大学．

［2］徐砺．对罪犯的艾森克个性问卷（EPQ）调查分析——以四川宜宾某监狱234名男性为例［J］．西南民族大学学报（人文社科版），2007，（196）12：139- 142.

［3］李宝花，王彬，张金响，等．男性暴力罪犯的冲动、攻击性人格特点及其与童年期受虐待的关系［J］．精神医学杂志，2010，卷缺失（2）：119–122.

［4］Lansford J E，Kenneth A D，Pettit G S，et al. A 12–Year Prospective Study of the Long–term Effects of Early Child Physical Maltreatment on Psychologica，Behavioral and Academic Problem Sin Adolescence［J］. Archive Pediatr Adolesc Med，2002，156：824- 830.

［5］Finzi R，Omacohen. Attachment Styles in Maltreated Children：A Comparative Study［J］.Child Psychiatry and Human Development Child Psychiatry，2000，31：123- 145.

［6］Warren J I，South S C. Comparing the Constructs of Anti–social Personality Disorder and Psychopathy in a Sample of Incarcerated Women［J］.Behavioral Sciences & the Law，2006，24：1- 12.

［7］Julie A S，Amy M，Smith S，et al. Risk Factors for Child Neglect［J］. Aggression and Violent Behavior，2001，26：258- 262.

［8］Soderstrom H，Tullberg M，Wikkelso C，et al. Reduced Regional Cerebral Blood Flow in Non–psychotic Violen to Fenders［J］. PsychiatryRes，2000，98（1）：29.

[9] Cicchetti D，Toth S L. A Developmental Psychopathology Perspective on Child Abuse and Neglect [J]. Journal of American Academy of Child and Adolescent Psychiatry，1995，34：541–565.

[10] Bergvall A H. PsychoMed，2001，31（6）：1095–1105.

[11] Koenig A L，Cicchetti D，Rogosch F A. Child Compliance/Noncompliance and Maternal Contributors to Internalization in Maltreating and Non–maltreating Dyads [J].Child Dev，2000，71：1018–1032.

[12] Widom，C S.Child Abuse and Neglect In S.O.White（Ed），Handbook of Djustice [M]. NewYork：Plenum，2001，31–47.

[13][美]兰迪·拉森，戴维·巴斯.人格障碍与调适[M].郭永玉，刘娅，译.北京：人民邮电出版社，2013：143.

第六章　监狱服刑人员心理咨询的理论

本章主要介绍刑事司法背景中服刑人员心理咨询活动所基于的理论。这些理论包括精神分析动力学、合理情绪、格式塔、行为矫正、认知—行为、现实咨询、危机干预、家庭治疗等。需要注意的是，这里所描述的咨询理论在刑事司法体系外也广泛用于普通心理咨询来访者而不局限于服刑人员。当然，随着心理咨询理论与技术的发展，还会有很多适用理论出现。

本章讨论的各种理论流派都是关于咨询师应当怎样与服刑人员互动才能促其改变的思想和理念。本章出现的各种咨询理论目标很难具体区分，但他们均寻求服刑人员的成长、积极的改变以及守法的行为。他们的区别体现在达到这些目的所运用的手段、方法以及程序上。

第一节　心理咨询风格和技术

一、咨询师的咨询风格

咨询师的咨询风格是对来访者咨询起作用的一种独特的或典型的行为模式。它包括咨询师在个人或群体环境中对来访者的行为倾向性。咨询风格依赖于四种要素：知识、训练、经验、人格。

知识是指在心理咨询中涉及的事实、原理以及原则。咨询师必须熟悉咨询科学。学术知识提供咨询的理论基础，在此基础上可以使咨询师探寻、辨别并且分析来访者行为的模式和倾向。理论知识可以帮助监狱心理咨询师将服刑人员的行为与其可能经历的重大问题相联系。理论知识对监狱心理咨询师是重要的，但它不能独立构成咨询风格。

训练通常是在模拟情境中准咨询师与扮作服刑人员的个体进行的练习。通过训练和重复练习，咨询师能够逐渐熟练业务。

经验是在实践中与真正的来访者打交道中获得的。包括亲自承担咨询职责的过程以及亲自在刑事司法环境中体验真实的服刑人员心理咨询过程的特性。一般来说，监狱心理咨询师具有的经验越丰富，在对服刑人员的咨询过程中会感到越轻松。监狱心理咨询师感到越轻松，越会流露出更多的自信。

人格是咨询风格赖以建立的最后一个因素。这是唯一的不能被咨询师习得的因素，因此，它是在服刑人员心理咨询风格的发展中仅有的常数。一些心理学家相信，由于心理咨询师既可能生来具有一个咨询人格，也可能不是，因为人格是很难改变的；另一些人相信人格在个人5岁或6岁时就已确立。不管怎样，即使咨询师经过多年的咨询和治疗，其像害羞和武断等人格因素通常也还是保留在咨询师个体特征上，但这并不意味着安静、沉默的人不会成为好的咨询师，而武断、话多的人会成为好的咨询师，或者所有好的咨询师必须具有超凡的能力。它意味着人格是一个我们必须接受的天赋因素。一些服刑人员可以与具有特定人格的咨询师很好地相处，而另一些人则害怕具有同样人格特征的咨询师。监狱心理咨询师必须了解，自己的咨询风格不会总是与所有服刑人员的人格或需要相吻合的。

监狱心理咨询师必须能本能地觉察到对每个服刑人员最好的咨询方法和技术，并且能把他们用起来感到最舒服的咨询形式和风格融合到咨询中。如果咨询师对某种咨询形式感到不适，将会消极地影响服刑人员并且导致咨询无效。咨询师所遇到的最糟糕的情况，就是在服刑人员的眼里咨询师不够自信和非专业，这会使咨询师丧失被信任。

二、咨询师的技术

咨询风格与技术是不同的。风格相对来说是不变的，并且可以被看作是咨询师专业人格的一部分。技术是独立于人格与经验之外的。只要咨询师对技术的使用有适当的训练，任何技术或方法就可以被任何一个咨询师所用。技术是在个人和团体咨询中解决特定问题的技巧；风格是对个人和团体的行为倾向性。对咨询师来说，了解自己秉持何种咨询风格是非常重要的，这样，其就可以选择并且使用与自己风格相匹配的一种或多种咨询形式。例如，一个监狱心理咨询师在咨询一个特定的服刑人员时选择使用非指导性咨询风格，对这个咨询师来说，选择与非指导性风格最相容的技术就尤其重要。

第二节　服刑人员心理咨询的理论

现代对于心理问题或者心理障碍的治疗，有两种主要的疗法。一种基于心理学技术，一种采用药物干预的方式。药物干预的疗法也被称为生物医学疗法，包括药物使用、手术方法以及电击治疗。仅使用生物医学疗法只能减轻障碍的症状，比如焦虑、抑郁或注意问题。虽然在很多的案例中，控制症状可能就是患者所需要的全部，但大多数专家都认为，在使用生物医学疗法对心理障碍进行治疗的同时，需要使用某些形式的心理疗法。作为监狱心理咨询师，基于其受到的专业培训的范畴、心理问题的局部工作领域、药物处方权的不具备以及监狱服刑人员严重心理障碍群体的存在等多种原因，需要意识到自身在心理咨询或者心理治疗中的工作角色、工作领域。监狱心理咨询师主要使用心理学技术，对具有心理问题的服刑人员开展工作，当然可以配合其他的生物医学疗法共同干预。

关于治疗与矫正罪犯的行为、态度与价值观念中，有的着重于了解个体的动机和行为，以此发展起来的心理技术被称为洞察疗法；有的着重于行为的改变，以此发展起来的心理技术被称为行动疗法。大部分心理学实践工作者都会采用洞察疗法与行动疗法相结合的方式进行咨询或治疗。下面要介绍的洞察式心理理论包括精神分析（动力学）、来访者中心疗法（非指导性咨询）、格式塔理论、家庭咨询；行动疗法基于的理论包括合理情绪疗法、行为矫正、认知行为疗法、现实咨询、危机干预咨询。另外对心理咨询理论的分类还可以从非指导性和指导性的角度来讨论。如果我们可以将所有咨询理论放在一个连续体中，大多数的咨询理论则处在指导性和非指导性两极之间。契合于监狱服刑人员心理咨询的实际，下述内容重点对指导与非指导咨询进行说明。

一、指导和非指导性咨询

（一）非指导性咨询

非指导性咨询（Non-directive Counseling）有时被称为“来访者中心、来访者定向或罗杰斯疗法”。这些术语都是指由卡尔·罗杰斯（Carl Rogers），一个人本主义心理学家所倡导发展的咨询形式。非指导性、来访者中心以及罗杰斯式等理念指的是他的方法论。这种咨询形式关心的是一些人性问题：人本主义、个人主义、个人的潜力、个人的尊严、个人的独特性、个人的主观经验（知觉）、健康、非病理性的行为、爱、创造力、精神性、通过个人的成长发现自我、个人价值观。

非指导性咨询的主要前提是个人是唯一有权决定自己的未来的人，并且没有人可以告诉他什么对他来说是正确的（Roges，1951）。因此在咨询过程中，指导完全来自于个人。在咨询关系中来访者是主要的，而咨询师扮演的是一个不重要的、第二位的、帮助性的角色。在个人的决策中，咨询师不承担任何责任。个人诊断其自己的问题并且有责任控制咨询过程以及解决自己的问题。非指导性取向的监狱心理咨询师不提出诱导性问题、不暗示、不诊断、不坚持或不提供劝告。诱导性问题将剥夺服刑人员对咨询过程的控制，而提供劝告与“服刑人员是唯一有权决定自己未来”这一理念不相符。

非指导性取向的监狱心理咨询师角色需要提供一个温暖、自由、非威胁、非判断以及情绪开放的环境。在这个环境中，服刑人员感到有足够的信任来打开并自由地讨论自己的问题。在这种治疗氛围中，信任关系得以建立，服刑人员开始接纳真正的自己，放下面具，并且开始探索自身。一旦咨询师提供了适当的条件，在这种条件下积极的改变能够发生，服刑人员将敞开心扉，而监狱心理咨询师就能通过正确的共情作用进入服刑人员内心世界。在非指导性咨询中，监狱心理咨询师要成为服刑人员的一个人性投射屏幕、一面镜子。通过积极的倾听，咨询师可运用身体语言及情绪反应，给服刑人员所说的话提供反馈。

如果咨询过程是成功的，服刑人员将在思想、情感、态度、价值观念、行为等方面得到顿悟和洞察。

非指导性咨询师不解释、分析或解决服刑人员的问题。在此理念下，非指导性咨询师不通过提出策略、操控、回避等方式来质疑或面质服刑人员。这样的对质被认为会疏远服刑人员并且将他们从咨询过程中吓走。然而，非指导性咨询师可以用非指导性的方式来挑战服刑人员，以此来考察、澄清并且找到他们问题的答案。据信，个人通过非指导性咨询最终会更清楚地认识自身，并且因此解决他们自己的问题（Rogers，1961）。作为这种咨询过程的结果是，罪犯将增强自己抵御犯罪行为诱惑的能力（Hatcher，1978）。

非指导性取向的监狱心理咨询师通常只在此时此地与服刑人员相处以解决他们的问题，通过对服刑人员以诚相待来扮演自己的角色模式。

在我国的文化背景中，刑事司法领域的工作者可能会提出疑问，非指导性的咨询师看起来对服刑人员“无所作为”，即该取向的心理咨询师还可以对服刑人员做些什么。在非指导性咨询理论中没有任何事情可以禁止咨询师与服刑人员分享情绪。例如，一个服刑人员不断地使咨询师紧张，咨询师的责任不是回避或忽视这样的行为，而是要一起与服刑人员分享。如果咨询师发现自己总是不喜欢某服刑人员的行为，非指导性咨询师必须告诉这个服刑人员。根据非指导性咨询理论，这样的诚实将会产生对话、澄清以及信任。如果非指导性咨询师在他们的案子中隐藏起自己的情绪，就不可能有效地开展咨询。

非指导性咨询在刑事司法背景中有它的反对者和支持者。批评者相信，非指导性咨询师的角色是被限制的，因为这种技术不允许提问、劝说、质疑以及对质服刑人员，并且他们肯定大多数罪犯需要这些咨询技术的干预（Lester&Braswell，1987）。批评者还指出，如果监狱心理咨询师仅仅依赖积极的倾听、共情，以及将共情传达给服刑人员，那么咨询过程会永远持续下去，并且永远解决不了服刑人员的问题。支持者则相信，善于倾听并且与服刑人员建立亲和、信任关系和共情的咨询师在当今的刑事司法领域中越来越少，并且如果咨询师使用这些技术，更多的服刑人员会得到帮助。

本书认为，鉴于我国特有的文化背景，针对监狱服刑人员的心理咨询师在咨询的态度和理念上应当借鉴非指导性咨询理论，建构良好的咨访关系，而在具体的问题解决策略上，则需要根据具体服刑人员情况采取不同程度的指导性咨询策略。

（二）指导性咨询

指导性咨询（Directive Counseling）与非指导性咨询是相反的。有很多服刑人员心理咨询形式在许多显著特征方面都被认为主要是指导性的。指导性咨询的目的也是帮助来访者，但是咨询师负责并控制咨询进行的方向。指导性取向的咨询师须考虑以下问题：在有限时间内快速帮助服刑人员；咨询师的专门技术在于帮助服刑人员处理他们的心理问题；咨询师在诊断服刑人员问题并帮助其做出和实施决定中起到支配和肯定作用；通过对问题较早的辨明和解决，使服刑人员的潜能最大化；咨师者对咨询负有主要责任。

指导性心理咨询的主要前提是，服刑人员在自己解决问题过程中失败，这是他们需要帮助的原因。负责咨询过程的是咨询师而不是服刑人员。因此，对服刑人员问题的诊断和解决由咨询师承担。接受问题解决技能教育和训练的不是服刑人员，而是咨询师，因为其需要更好地为控制咨询过程做准备。服刑人员尊重咨询师鉴别及解决问题的能力。监狱心理咨询师为服刑人员诊断并设定咨询计划；指出服刑人员的过去与现在之间的直接联系，并且是以评价为导向的；提出服刑人员问题的解决方案，并且说服服刑人员采取行动。指导性取向的咨询师提出很多诱导性问题。他们根据现实以及适当的理由质疑，对质于服刑人员，对服刑人员的行动保持密切关注。

指导性咨询在矫正机构中占优势地位有几点原因。咨询师在罪犯回避问题时可以迅速地接触问题的核心；咨询师在他们可以采取的反应类型上是没有限制的；咨询师可以对看起来没有方向的咨询活动改变方向。指导性心理咨询的批评者则指出，在实践中，咨询师没有花足够的时间倾听服刑人员，并且因此太快地得出结论。他们指出，指导性咨询师通过告诉服刑人员做什么以及为他们做决定而将他们幼稚化。同样，对指导性监狱心理咨询师来说，在咨询中建立亲和与信任的关系是不容易的。批评者还指出，指导性咨询师时常引出服刑人员愤怒与反叛的一面。最后，指导性心理咨询师被指责强迫和恐吓服刑人员立即改变他们的行为，但长期的内部变化却很少发生。

指导性咨询目前也是我们国内罪犯心理咨询的普遍咨询取向。“罪犯心理干预”的概念名称言下之意是罪犯心理咨询师对罪犯的心理改变起着主导、决定性的作用。考虑到指导性咨询的弊端，监狱心理咨询师有必要考虑如何将指导性和非指导性适度地融合至自己的咨询风格中，也许还需具体到不同的服刑人员。

二、精神分析—动力学咨询

精神分析和心理动力学这两个术语经常互用。动力学尤指对冲突本质及焦虑动因的理解（Shore，1975）。两个术语都是建立在弗洛伊德独创的理论之上的一种治疗形式。弗洛伊德在 19 世纪晚期至 20 世纪早期，建立了他的动机理论和临床方法。弗洛伊德根据他个人的从业经验，主要是治疗上层阶级的患者所获得的资料形成了他的理论。尽管弗洛伊德治疗的是一组特殊的病人，但他对咨询领域的贡献和影响是巨大的。他的理论对以后几乎所有的治疗形式中的概念、术语以及技术等方面均提供了大量的基础。

精神分析—动力学致力于研究的主要课题是个体的早年经历、无意识的精神生活、人格结构（本我、自我和超我）、人格发展阶段（口腔期、肛门期、性器期、潜伏期、生殖期）、焦虑、心理冲突、创伤性事件、梦、需要、动机、驱动力、弗洛伊德式的口误（无意识但有意义的错误，或笔误和口误）以及防卫机制等。精神分析影响了本章讨论的所有的咨询形式。此外，精神分析学者相信，人类的很多行为是预先被决定的并且具有遗传的基础。

精神分析—动力学咨询的主要前提是相信只有在服刑人员说出并理解自己的问题之后，他们才能够获得顿悟，彻底解决问题并发生改变。Corey（2000）将“彻底解决”定义为一个概念：“是指解释和克服阻抗的重复，因此使来访者解决源于儿童时期的功能失常的模式，并且根据新的顿悟进行抉择。”此外，顿悟只有在无意识的欲望被意识到之后才可能发生。只有服刑人员顿悟问题之后，重构来访者的性格或人格结构的治疗目标才能进行。

精神分析—动力学取向的监狱心理咨询师，通过引出并且解释服刑人员过去的经历帮助其顿悟问题。这样，他们才能了解他们以前的问题并且做一些事情来解决问题。咨询师通过运用诸如自由联想和梦的分析等技术，将服刑人员的无意识动机带到意识之中。咨询师还通过分析人格的因素、人格的发展阶段、创伤性事件、早期儿童经验以及防卫机制等来揭示服刑人员的问题。

咨询师为服刑人员建立个案史。弗洛伊德客观地并且不偏不倚地收集他病人的历史，然而，今天的精神分析者试图运用较主观的方式，即所谓的关系分析（Relational Analysis，DeAngelis，1996）。了解服刑人员的过去对形成顿悟是十分重要的，因此，需要用很多时间来处理服刑人员在儿童早期发生的事情。人生的早期，通常是前6年被精神分析—动力学取向的咨询师看作是个人当前问题的根本，也是预防未来问题的起始点。下述是Corey（2000）提出的非刑事司法来访者带到治疗群体中的问题类型：不能自由地付出和接受爱；难以认识和处理诸如愤怒、抱怨、激动、仇恨以及攻击等情感；不能指导自己的生活和解决依赖与独立的冲突；难以与父母分开并成为一个独立的人；难以接受自己的性别角色，对性观念有罪恶感（P.148）。

Ruth E.Masters在其著作《罪犯心理咨询》中提出，服刑人员除了在刑事司法系统经历中产生的问题外，通常也会将上面引言中同样原因的问题带入到咨询中。罪犯过去未解决的问题保留到现在，并且引起当前的问题（注意：精神分析—动力学取向的心理咨询师强调服刑人员的过去，非指导性心理咨询师强调服刑人员的现在）。

精神分析—动力学咨询可以包括指导性和非指导性形式。之所以是非指导性的，是由于咨询师允许服刑人员将出现在大脑中的任何事物都说出来。咨询师在咨询活动中几乎不说什么，但要做咨询笔记并在咨询后加以研究和解释。在以后的咨询中，咨询师才能将自己的分析与服刑人员分享。就解释、分析以及一些提问而言，这种形式又是指导性的。

纯粹的精神分析—动力学咨询形式在目前的刑事司法背景中很少使用，可能因下述几种理由：大多数监狱心理咨询师不是精神分析—动力学理论的专家；弗洛伊德被认为有趣但是已经过时；监狱心理咨询师没有足够的时间让服刑人员自由联想；监狱心理咨询师想帮助服刑人员解决现在的而不是过去的问题；监狱心理咨询师相信服刑人员对他们为什么犯罪已经有太多的借口和合理化，而精神分析—动力学形式给了他们更多的借口；监狱心理咨询师相信，了解服刑人员犯罪的无意识动机，从学术观点来说是有意思的，却是不实用的。

精神分析—动力学形式给咨询领域提供了一些概念与技术。弗洛伊德贡献给精神分析—动力学咨询的四个主要概念是无意识、人格结构、人格发展阶段以及防卫机制。防卫机制是指通过自我欺骗的无意识过程，来减轻个人对威胁或焦虑感的意识，以保护我们脆弱的人类自我的方式。理解防卫机制对监狱心理咨询师是重要的。如果能识别防卫机制，在咨询过程中就可以理智的方式去应对它。监狱心理咨询师必须注意以下被服刑人员经常使用的防卫机制（Freud，1946）。

一是合理化。合理化是服刑人员将无法接受的行为和思想变成正当或可接受的倾向。当服刑人员为无法接受的行为寻找借口和解释时，一种微妙的魔力就产生了。例如，一个在居住区食品店行窃的服刑人员告诉执行逮捕的警察，这个店主是自找的，因为店主一直在通过抬高商品的价格来偷取附近顾客的钱。

二是理智化。是合理化的一种特殊形式，它发生在服刑人员不能真诚而直接地接受他们的情绪情感时。他们通过冠冕堂皇的讲述来使自己的行为合理化，或者以第三人的口吻说话。例如，吸毒者说：使用毒品的人是不公正的政治和经济制度的受害者。而诚实的说法应当是：我用毒品来逃避我的痛苦。

三是否认。否认发生在服刑人员拒绝认识、承认或相信现实、某些事情的存在之时，它涉及拒绝接受某种情境中的事实。例如，一个因酒后开车已经被捕 5 次的服刑人员却不断地说自己不是一个酗酒者；一个被丈夫不断殴打的妇女仍然继续相信并且告诉所有人他是一个多么好的人；丈夫被人杀死了，妻子仍相信她的丈夫刚去街角的食品店并且很快就会回来。

四是压抑。压抑是无法接受的冲动被排除在服刑人员的意识之外，并且只能在无意识中工作的过程。压抑是否认的一种更极端的形式。在否认时，服刑人员拒绝面对显而易见的事实；而压抑时，服刑人员封闭了无法接受的冲动。例如，一个服刑人员可能没有在一次持刀抢劫中用匕首刺中反抗的被劫者的记忆。压抑的记忆是指被保留在无意识中的创伤性事件的记忆，它们被认为在无意识中影响着有意识的思想、情绪以及行为，即使没有创伤的意识记忆。

五是退化。退化是回归到适合于发展或成长得更早阶段的行为模式。例如，监狱中一个正在上课的成年服刑人员，在老师没有看见的时候，在扔一个纸飞机。可以注意到服刑人员的很多时候表现出儿童的幼稚行为。

六是升华。升华是将毁坏性的或无法接受的能量转到建设性或创造性的渠道上来。例如，一个没有结婚的女子，选择照顾不能自立的孩子的职业，或者一个修女选择性教育课程。

七是替代作用。替代作用是指一种情感从最初经历的对象转移到另一对象之上。例如一个对监狱看守极度不满的服刑人员却对着他（她）的室友大喊或发泄。

八是反向作用。反向作用是指情感体验以相反的方式反映出来的情况。例如，一个调戏儿童的服刑人员，却大肆宣讲反对这样的行为。

九是投射。投射是指把自己实际所经历的事情归于另一个人或环境的倾向。如，一个假释犯跟他（她）的假释官说，假释官是不公平的、残酷的并且固执的。这个假释犯实际上是在描述自己的品质，但只能在别人身上看到这些品质。

十是反应中和。反应中和不属于弗洛伊德所倡的典型防卫机制。它指体验到一种情感但反应就像是没有体验到任何情感，这与反向作用相似。例如，当一个服刑人员被一种强烈的情感所淹没，但其表现如同没有受到任何情感影响以及什么也有感觉到。

防卫机制可以保护服刑人员自我逃避严酷的现实及伴随的紧张和焦虑。对人们来说，保护自己是正常的，并且作为对难以处理的事情的反应，防卫机制自然地发生。因此，防卫机制不一定被视为病理性的。防卫机制允许人们缓慢地处理、应付以及加工那些困难和可怕的信息。

还有一些弗洛伊德没有提及的防卫机制。其中有：

一是分离。分离是当个人认为或感觉到自己就要死去时经常采用的一种特殊的防卫机制。它通常伴有许多身体的或性的痛苦。通过分离，个体从心理上离开这种感受并且远离自己，从而经受得住这种感受。个体必须置身于他自己之外，来应付可怕的、暴露的事件。个体的躯体在原处，但其精神已消失或走开，个体不再清醒地拥有可用的信息，人们经常报告他们不能听、看、闻或感觉到在他们身上发生了什么，一些人不能记起他们数年前的生活。分离是一种经常出现在严重的虐待案件中的防卫机制。分离性障碍的特征就是在身份、记忆或意识的整合中出现了障碍。资深治疗专家的专门治疗是恢复被抑制和压抑以及分离的记忆的关键。

二是现实感丧失。现实感丧失也是防卫机制的一种形式。人们远离重要的他人，以至于他们感受不到周围世界的真实存在。那些经历现实感丧失的人似乎反复地在清醒时却如同在梦境中行走。现实感丧失经常与精神创伤相伴。

三是斯德哥尔摩综合征。这个术语是指与自己的侵犯者产生一种病理性的认同、依恋与共情的状态。有时也被称为“同侵犯者”（Identification with the Aggressor）。这种防卫机制在一个人已经被劫持为人质一段时间的情形下经常被观察到。为了在可怕的情形中获得生存，被害人必须改变自己对劫持者的看法。如果被害人看到劫持者本可以杀死自己但却没有这么做，被害人对劫持者的看法有可能发生改变。被害人看法的改变可能发生在一起事件的数小时内，并且被害人会将劫持者而不是警察、政府或家庭看成是他（她）的真正保护人。

四是责备。认为别人而非自己是负有责任的、有罪的、应受责备的。

五是正当化。当某件事明显错误时使其正确，或为显然不可辩护的事情进行辩护。

某一组防卫机制与特定的服刑人员有关。例如，合理化、最小化、否认、正当化及责备是成瘾者经常使用的防卫机制；虐待儿童的服刑人员经常使用最小化、正当化、否认、合理化、反向作用以及理智化；抑制、压抑以及分离倾向于被那些曾经是可怕的儿童虐待的被害人所采用。

防卫机制行为并不总是故意被服刑人员用来阻碍咨询过程。如果得到咨询师及时的指导，服刑人员将能够识别阻碍他们获得帮助的防卫机制。

三、合理情绪咨询

合理情绪咨询被认为是一种认知疗法，是由埃利斯（A.Ellis，1973）创建的。Corey（2000）注意到，埃利斯将这一咨询形式的名称改为“合理情绪行为疗法”（Rational Emotive Behavioral Therapy，REBT），是因为他坚持合理情绪咨询总是将重点集中于思维、情感和行为之间的联系。今天两种名称都是指埃利斯所倡导的咨询形式。不管监狱心理咨询师用什么名称，重要的是这种助人的认知方法是与智力、思维、逻辑、认知以及语言的发展和使用有关。服刑人员怎样思考将影响他怎样感觉。对事件的各种思考以及对由此产生的情绪的解释，将决定个人的行为。这种咨询形式体现了一种合理的方法，通过该方法咨询师可对服刑人员不合逻辑的思想和观念进行直接的正面的攻击。简单地说，合理情绪咨询师相信，服刑人员经历了产生不合理思想、观念以及信仰的情境。反过来，不合理的思想将产生强烈的、消极的情绪。咨询的目的就是用合理的思想代替不合理的思想，由此导致更适当的情绪反应（Ellis，1977）。理论上，问题行为源于不合理的观念，如果服刑人员知道这些观念和由它产生的情绪，就可能改变他的行为。

合理情绪咨询的主要前提是，只有当服刑人员准备以不同的方式认识事物时才会有所改变。因此，合理情绪取向的咨询师声称，改变服刑人员的思想比探索服刑人员的情绪更有利。情绪和情感在咨询过程中扮演着第二位的角色。

合理情绪咨询师是指导性的并且运用肯定的对话。他们对服刑人员的不合理思想提出质疑并向其解释不合理思维的影响。咨询师的重点集中于用劝服的、说教的方式教服刑人员怎样确认不合理的观念，并且用合理的观念来代替之。咨询师还用很多他们可用的咨询技术。例如，合理情绪咨询师常给服刑人员布置家庭作业或与他们进行角色扮演。服刑人员被鼓励尽可能快地实施不同的行为。

合理情绪咨询师不关心服刑人员的过去、无意识、移情、自我决定、关系的建立或防卫机制。他们对“不指责服刑人员任何不合逻辑的思维过程”的观点提出了异议。以笔者之见，这种咨询形式是更具指导性的形式之一，因为咨询师要直接指出服刑人员有问题的逻辑思维，然后诊断并分析这种非逻辑的观念。最后，咨询师须告诉服刑人员他们要做什么。咨询期间的重点是咨询师的技能、专门知识以及职业道德。有时咨询师给了服刑人员大多的信息，以至于他们不能在较短的时间内去消化。据估计，合理情绪疗法在10~20次的咨询后会使很多人发生变化，尽管也有可能花两年的时间（Lester&Braswell，1987）。

四、格式塔咨询

格式塔这种咨询形式是作为格式塔心理学的一个分支而发展的。格式塔强调所有行为单元的动力学组织，不是像行为主义者那样，对行为进行刺激—反应联结的详细分析。Perls的格式塔疗法强调以下问题：对问题的意识；全部的自我与环境的创造性联系；重塑一个人的感官能力；使一个人明白当前谈话的重要性；提供给个人自我发现的机会。

简单地说，格式塔咨询通过较少依靠（外部）环境的支持以及更多地依靠自我支持来帮助个体成熟和成长。这是由个体通过感官意识训练而获得顿悟而实现的。个体还被鼓励去设想自己行为的责任。当个体通过自我觉察（self-awareness）的过程逐渐变得成熟，其情感、思想以及行为也就变得一致，并且因此而冲突消失。当这种情形发生时，可以说明个体已得到整合，并成为一个整体功能者。在这个时候，个体可以有效地应付问题，靠自己的直觉而较少依靠他人的意见。随着自主性的发展，冲突（以一种方式感觉而以另一种方式思维）就会消失。

格式塔咨询师的角色更多的是指导性的而不是非指导性的。咨询师的角色不是向个体解释或说明，而是帮助个体通过对情境的不同感知获得顿悟。咨询师帮助个体解除僵化的思维方式，使他们可以用新的思维方式感知事物。咨询师通过鼓励个体用言语表达来帮助他们再现眼前的感知，帮助其保持合理的目标并且提供自我发现的机会，使其变得更灵活。对质作为一种获得自我觉察的技术被鼓励使用。咨询师还密切关注非言语沟通，提出“是什么”的问题，而非“为什么”的问题或寻求问题的“原因”，因为这样的问题可以帮助个体避免过分的理智化（Peris，1969）。

格式塔咨询理论对“顿悟”定义为一种“啊哈”（Aha）的体验——对“我为什么以前没有意识到”的自发理解。格式塔咨询师通过回顾过去的体验、安排清楚的观察、积极寻找解决方案来帮助个体获得顿悟，然后等待用新的知觉代替旧的知觉。等待的期间就是所谓的潜伏期。期间，在咨询中似乎感觉没有什么新事物发生，个体似乎已经达到了一个停滞时期。然后，个体会突然地以一种全新处理问题的方式重新开始。格式塔咨询师相信顿悟不可以匆忙出现（Peris，Hefferline &Goodman，1951）。格式塔咨询师倡导发现学习，在这种学习中，个体对问题提出自己的答案。有人认为，发现学习导致长期持续的、不可逆的结果。但是在监狱服刑人员心理咨询的实际中，专业人员对格式塔疗法的理解与掌握不够，对该种疗法的运用会面对很多挑战。

五、行为矫正咨询

行为矫正咨询是指应用操作性和经典型条件反射原则，在一种更适应的方向上改变服刑人员行为的方法。它包括行动、实施、观察以及测量行为。它不关注服刑人员的无意识心理过程。行为矫正与格式塔方法的主要区别之一，就是格式塔强调整个人类正在进行的事情，而行为主义者强调用刺激—反应行为的微小单元来解释人类行为。行为矫正咨询方法使用一些重要概念。下面先对这些概念中的三种，即强化、经典和操作条件作用进行考察，然后再介绍刑事司法背景中所用的一些行为矫正的具体方法。

行为疗法的理论基础有如下结论。第一，人的行为是强化的结果，并受到强化的驱动，强化也许是作为行为的结果而被提供或发生的，因此，强化的具体种类可能增加或减少某种具体行为的发生。第二，行为是习得的，因此也有可能没有被习得。第三，人类和动物应用同样的法则。第四，要改变行为，必须改变行为的结果。第五，假如有正确的环境，任何人都可以成功。最后，一旦行为改变（外部行为）发生，一个人怎样思考（内部行为）也会发生变化。

行为矫正咨询是指导性的。咨询师是老师、导演、专家以及角色榜样，他们在诊断适应不良行为和提出咨询计划方面是积极的。咨询师不花很多时间与服刑人员谈话或发展对问题的意识和顿悟，不关注服刑人员是怎样感觉的或服刑人员的意识和顿悟。咨询师只关心看到行为的变化，因为行为（包括适应不良的行为）是习得的，它可能没有被习得。咨询师改变服刑人员行为的后果，并且接下来会改变服刑人员的所为。一旦行为被改变，服刑人员对新行为怎样感觉也会改变。所有的变化可能通过最少的谈话甚至不谈话来实现。一些人发现，造成行为变化的最重要的变量是咨询师的人格（Kratcoski，1981）。如果咨询师被服刑人员用一种积极的方式来理解，服刑人员更有可能通过行为的改变来取悦咨询师。

（一）协议

行为矫正咨询师经常对来访者使用协议（Ankersmit，1976）。协议是咨询师与来访者之间的准法律的、伦理的协议。协议包括清楚陈述的目标，可以允许咨询师在特定的范围工作来改变行为。被期待的行为解释得越清楚，实现这些行为的可能性就越大（Kratcoski，1981）。需要注意，刑事司法环境中的行为矫正咨询不要求服刑人员的同意。服刑人员必须有同意改变的协议，咨询师才有权利与服刑人员一起改变其行为。服刑人员必须同意改变的事实使咨询与洗脑区别开来。

（二）强化

强化的概念是行为矫正咨询的中心。强化的意思就是一个人可以被训练而对特定的刺激产生反应。强化的形式有两种：正强化与负强化。正强化通常被看作是一种报酬，并且既可以是物质的，也可以是非物质的。正强化物的例子是赞扬、微笑、注意、拥抱、金钱以及特权。Kratcoski（1981）报告，正强化在咨询的开始是特别重要的，它被用来发展和维持新的行为。负强化是去除个体不喜欢的刺激，例如停止经济的惩罚、禁闭。负强化需要与惩罚相区别，后者是给予个体不喜欢的刺激，例如威胁、排斥、嘲笑。人们认为，持续最长的变化是随着正强化发生的，最快的变化是随着负强化发生的。

（三）经典条件反射

另一个行为矫正的中心概念是经典条件反射。经典条件反射也称巴甫洛夫条件反射，是以俄国心理学家巴甫洛夫的名字命名的。巴甫洛夫发现，当一种非条件刺激和一种条件刺激相伴时，一种完全中性的反应可能发生。他第一次根据对狗做的实验描述了他的发现。巴甫洛夫发现，当他向狗呈现食物时（非条件刺激），它们便分泌唾液（非条件反应）。然后他在呈现食物（非条件刺激）的同时使用一种铃声（条件刺激），发现狗会分泌唾液。不久他只用铃声（条件刺激）而没有呈现食物给狗，狗同样会分泌唾液。重复的条件刺激与非条件刺激放在一起而得到一种条件反应，是经典的或巴甫洛夫的条件反射。它是人类学习行为的一种方式。这种学习在很大程度上是无意识的。它主要与促使赞许的行为刺激（发生在反应之前的事物）以及发现促使赞许行为的正确刺激有关。经典条件反射给不合理的恐惧和其他破坏性的情绪反应的获得提供了可能的解释（Lefrancois，1972）。经典条件反射在实际应用中被限制较多，这是因为它不能用来解释大多数的人类行为，而只能解释少部分简单的反射或非自主行为。

经典条件反射在矫正服刑人员过程中遇到的问题有：一个是经典条件反射不需要行为改变的动机，但事实是服刑人员必须有改变行为的动机；另一个是通过惩罚服刑人员，我们可以实现持久的行为改变，事实上，迅速而立即的行为改变是伴随惩罚而发生的，但它不足以使服刑人员真正得到康复（Lester&Braswell，1987）。

（四）操作条件反射

行为矫正咨询中另一个主要概念是操作条件反射（Operant Conditioning）。早期的行为主义者不考虑人们在面对特定的环境如何处理以及反应方面有个体的差异。操作条件反射由斯金纳（Skinner，1971）提出。它强调人类的反应是刺激与奖赏和惩罚联结的明智运用。运用操作条件反射时，咨询师只有等到个体做出期望的反应或接近期望的反应时，才用一种适当的奖赏来强化行为。例如，监狱心理咨询师坐下来并且开展一些鼓励服刑人员开口和说话的活动时，当服刑人员说出这些事情时，咨询师会以友好的方式表现出兴趣和反应，由此来强化服刑人员说话的行为。如果服刑人员什么也不说，咨询师可以通过提供给服刑人员一杯水以及其他可运用的物品来诱使服刑人员开口说话。

行为矫正咨询师常用的一些程序和概念是：饱足、消极练习、系统脱敏、倾注、模仿以及强化时间表。因为这些程序和概念是在刑事司法环境中常见的行为技术，因而对它们做简短描述。

①饱足。饱足是负强化的一种特殊形式。例如，一个受雇在糖果店工作的人被鼓励吃所有他想吃的糖果。这种想法是，雇员会对糖变得饱足，可能会变得厌恶，并且不再吃它。

②消极练习。适用消极练习的个体，被要求故意地重复一些令人不快的动作习惯。其基本原理是，对一种习惯重复故意的表演，会使其处于自主控制之中。这种技术对肌肉抽搐、痉挛以及口吃的消除有帮助。

③系统脱敏。系统脱敏用于病态性恐惧、神经质焦虑、人际困难以及一些类型的性问题。它包括教给服刑人员放松的技术。在服刑人员掌握放松技术之后，焦虑被导入并重复呈现于咨询环境中，直至脱敏发生。

④满灌疗法。在改疗法中，焦虑被大量而强烈地导入给服刑人员。满灌的基本原理是，高强度的焦虑倾向于丧失其产生恐惧的潜力。

⑤模仿。模仿是指服刑人员不必自己经历所有的学习情境，可以通过观察他人而学习，这也被称为观察学习。例如：当一个监狱心理咨询师通过在一次咨询中解决一个咨询问题，展示其成功解决问题的技术，服刑人员即可以模仿这种技术。

⑥强化时间表。这是指强化的频率与模式。强化是建立在时间（间隔）和

比率（部分）之上的。强化的时间表既是固定的，也是可变的，例如，每月的第一天收到薪水是固定间隔表，仅在完成一起销售之后收到佣金是可变的间隔表。似乎最有效的学习发生于随机的强化时间表。很多人趋向于为他们不知道什么时候发生的渴望的结果更努力地工作。例如一个一直不碰毒品的吸毒者是因为他从来不知道什么时候会进行毒品测试。

（五）厌恶技术

行为矫正也运用几种厌恶技术对服刑人员进行心理咨询。厌恶技术是最有争议的行为矫正咨询工具，但它被广泛使用。

①药物厌恶。药物厌恶是指给予导致作呕和呕吐的药物来阻止犯罪行为。药物厌恶通常用于对酗酒者的治疗。常用的药物之一是戒酒硫（Antabuse）。服用戒酒硫的酗酒者如果喝酒，将感到不舒服。这种不舒服和臭气被认为与酒精有关，并使酗酒者最终放弃饮酒。琥珀酰胆碱（Anectine）也被用于治疗酒精中毒，一旦服用这种药会引起窒息的感觉。用于治疗海洛因成瘾的两种药物是美沙（Methadone）和纳曲酮（Naltrexone）。这些药物不会使成瘾者不舒服；相反，他们是麻醉药阻抗剂，可以起到阻止海洛因影响的作用。如果不控制剂量，美沙酮是一种常给服用者提供兴奋的成瘾药品。

药物厌恶的不利之处：它是不愉快的，它会引起服刑人员较早地停止治疗；很多服刑人员拒绝配合；一些服刑人员对药物产生了耐受性，并且一些药物具有消极的副作用。监狱心理咨询师虽然没有使用药物的处方权，但是有必要了解这些药物使用的相关知识。目前没有足够的证据表明药物厌恶是非常有效的。

②电击。电击是在密切的医学监控下，实施一种非痉挛性的、短暂的、低水平的电击，用于治疗自毁倾向、性变态、酒精中毒以及侵犯行为。据推测，这样的电击不会引起组织损伤或延迟的痛苦，长期的效果没有被确定。

③内隐敏化。内隐敏化是一种将不愉快的情景与不良行为配对的言语厌恶方法。例如，要求露淫癖者想象被抓住的后果。这种方法常用于对性变态的治疗。这种技术的优势是，它是在想象的层面上实施的，比药物或电击方法少一些不愉快。因此，这种方法很少被服刑人员终止。

（六）暂停法

暂停法这种方法是指服刑人员表现出不良行为时暂时取消对他的正强化，把服刑人员从正强化的环境中送到一个单独的房间呆一小段时间。正在实施消极行为的儿童经常被使用暂停法把他们与对他们的坏行为给予正强化的同辈分开。据此认为，如果同辈不给他们鼓励，那么他们就将停止实施坏行为。一个极端的、惩罚性的暂停法是单独监禁。

（七）过分矫正

过分矫正是指服刑人员被要求将环境恢复至不适当行为发生之前的情形，然后，再要求服刑人员改进环境，使该环境看起来比以前更好。这种方法常用于未成年人的破坏性行为或监禁化的成年人，例如，被监禁的少年与他人打架并将教室弄得乱七八糟，要求其将教室整理好，然后擦亮地板。

（八）代币法

代币法是行为疗法中运用最广泛的方法之一，也称表征性奖励制。用奖励强化所期望的行为，用惩罚消除不良行为而达到目的。通常，代币法在一个高度控制的环境，如提供持续强化的未成年矫正机构或监狱的环境中运作良好。另外，为实施这种项目，所有的工作人员必须协同工作。服刑人员所预期的行为和报酬或后果的书面协议可使其期望更明确。服刑人员良好的行为会加分，不良行为则减分。这种项目允许服刑人员以释放为目的来争取分数。

然而，代币法也存在问题。代币法的一个问题是，服刑人员变得越来越依赖于矫正机构，故当他们释放的日期接近时，他们也许会故意做出违法行为来来阻挠他们的释放。代币法的另一个问题是，大多数矫正项目假定每一个被监禁的人都将寻求自由或另外一些权利，如更多的娱乐、回归社会或金钱，也即大多数项目均假设每个服刑人员会被同样的强化物所驱动。但事实上，每个服刑人员是被不同的强化物所推动。一些人被自由推动去做正确的事情，一些人被金钱驱使，一些人被更多的娱乐驱使。咨询师必须记住，服刑人员具有不同的强化物，并且矫正项目没有很好地识别每个服刑人员的具体强化物是什么。对负强化物也有同样的问题。对一些服刑人员来说，没有额外的娱乐或被关在车里是一种合意的后果。要使代币经济有效，矫正项目必须要花时间识别每个服刑人员的正强化物和负强化物，并且不对服刑人员做总的概括。简言之，代币法成功的关键在于使每个服刑人员的行为和报酬个别化。

另外，代币法可能使被关押人员意志消沉。代币法通常造成具有高竞争性的环境，被关押人员为分数和权利而竞争，因此，他们总是处在将自己与他人比较的位置上。这可能降低那些在竞争情境中做不好的人的积极性。

代币法的最后一个问题是，当被监禁以及强化是即时的时候，大多数服刑人员会改变他们的行为。然而，一旦服刑人员被释放，强化并不总是即时地出现。代币方法假定服刑人员在被监禁时会内化所习得行为，并且在强化物不出现时也会继续做正确的事。如果行为矫正咨询在服刑人员出监后依然能继续开展，那么咨询效果将比较理想。但不幸的是，矫正机构与服刑人员自然环境之间的有计划交接通常做得不好，因此，代币法的矫正方法并不能很好地推广到真实世界。

对刑事司法背景中的行为矫正咨询有支持也有批评。支持者认为，它是建立在充分研究的基本原则上的，针对问题本身，是与“散弹枪疗法”相反的“靶心疗法”。靶心疗法的技术容易教，并且容易实施，可以用于很多不同的人群，代价不昂贵并且可以很快见效（Hatcher，1978）。批评者则认为，监狱心理咨询师在对服刑人员使用行为矫正时，将会受到其能力的限制（Thorne，Tharp&Wetzel，1967）。行为矫正通常对在矫正机构中的服刑人员是成功的，但在真实世界里却很难成功，不是所有的服刑人员都是一样的，然而大多数刑事司法矫正计划都假定他们是一样的。咨询要有效，行为矫正的咨询师必须受到很好的训练，而那些与服刑人员接触和相关的人必须受到适当的教育，并且愿意应用行为矫正原则（Lester&Braswell，1987）。最后，批评者认为，行为矫正相当于心理控制。

六、认知—行为咨询

认知—行为咨询（Cognitive-behavioral Therapy，CBT）是一种建立在把认知和行为理论、心理学以及技术相结合的基础上的咨询形式。这种形式将服刑人员的行为与其感觉、思想、信念以及大脑中正在进行的合理思维相联系。认知观点不关心大脑的内省或直觉。相反，完全的行为主义者认为，大脑中所发生的事情对个体行为的影响并不重要（见前述的关于行为矫正咨询的讨论）。

贝克（Aaron Beck）被认为是认知行为疗法的创立者，此疗法是建立在个人有能力去收集、组织、记忆以及使用信息来指导来访者行为的基础之上。合理情绪咨询主要关注我们的思想是怎样影响我们的情绪，认知—行为方法主要关注思想是怎样影响和指导我们的行为。后者的假定是人们在做任何事情之前，他们要花时间去思考。如果思维中的症结和怪想能够被纠正，则随后的行为就会被改变。认知—行为矫正把传统的行为矫正与对先于有害行为的不健康态度和情感所做的评估结合起来。改变服刑人员不健康的自言自语是认知—行为策略的一个例子。认知—行为取向的监狱心理咨询师帮助服刑人员重组思维，以摆脱不合理的错误信念。对认知—行为的咨询师来说，错误信念如同计算机病毒，渗入服刑人员的自我观念、人际关系以及生活。这种错误信念被认为导致其违法行为。

认知—行为咨询师使用一种由贝克（1976）发展的、被称为认知歪曲加工方式。认知歪曲包含以下三个方面：过度概括化（一个人从有限的信息中做出笼统推断的倾向）；人格化（个体相信自己就是问题所在的倾向）；两极化（“全或无”的思维，要么全好，要么全坏）。

Yochelson 和 Samenow（1976—1977）对服刑人员人格所做的纵向研究中，探索出一些服刑人员的思维模式，尽管这项研究受到了很多的批评，但服刑人员思维模式可能导致服刑人员行为这一前提是与认知—行为心理学的原则相一致的。研究者在他们的著作《犯罪人格》（The Criminal Personalily，1976–1977）中，鉴别出52种服刑人员思维模式：我是一个受害者；我从来不能正确理解；他们永远抓不到我；我比警察要聪明得多；我只是借了辆车；我做什么并不重要，没人会给我一份工作；我是从一个应该被偷的家伙那里偷东西，我这是“替天行道”；孩子不打不成器；说真话只会让自己找麻烦；社会从来没为我做任何事。因此，为什么我要遵守法律；别人所做的一切都是在伤害我。

认知—行为咨询在许多刑事司法背景中被用来治疗大量不同类型的服刑人员。目前，它被用于性犯罪人群，以个人或团体咨询的形式来解决其认知歪曲，如否认和合理化，这些不合理思维在其犯罪行为中无所不在。美国及加拿大是世界上性犯罪心理治疗最先进的国家。认知行为取向与再犯预防取向为技术主流，后者亦是取用前者之理论及技术为基础而实施之，我们称之为以再犯预防为取向之认知行为疗法。临床研究发现约可减少一半之再犯率（Steele，1995）。国内也有类似研究[1]。Boardman 和 DeMatteo（2003）指出：认知—行为治疗使性犯罪者能够识别可能引起他再次性犯罪的个人危险因素。治疗也关注识别性犯罪者的变态唤醒模式及幻想。通过认知和行为技术的运用，性犯罪者知道怎样降低这些欲望的强度和频率。认知—行为治疗还包括愤怒管理、社会技能训练、问题解决以及决策的元素。认知—行为治疗的本质是帮助性犯罪者与被害人产生共情。

总之，认知—行为治疗咨询试图改变引起服刑人员生活问题的不合理信念。这种咨询形式是有生命力的，因为它假定不管是什么信念，服刑人员有能力通过采取正确的行动来改变它。这种咨询包括使用替代性现实、对消极面的积极思考以及制定一种行动计划来改变服刑人员错误行为等方式。

七、现实咨询

现实咨询（Reality Counseling）是由一位洛杉矶的精神病学家格拉瑟（William Glasser）创始和发展的。这种咨询形式强调服刑人员必须学会对他们的行为负责。事实上，按照现实咨询的观点，心理健康等同于负责任。要负责任，服刑人员就必须面对现实。格拉瑟认为，服刑人员问题的类型和严重性依赖于他们是怎样看待现实的。要面对现实，服刑人员必须满足两个基本的所有人必须满足的社会需要：①爱和被爱，②感到重要、独特和有价值（Glasser，1965）。对服刑人员而言要感觉到自己有价值，就必须达到其行为的满意标准以及维持与他人的成熟交往。格拉瑟假定，所有的人类问题是由于没有满足上述的社会需要而引起的。如果服刑人员不能通过正常的社会联系满足上述需要，他们将采取非现实的也许是犯罪的手段去满足（Wicks，1975）。

现实咨询的主要前提是当服刑人员感到被爱、能付出爱以及感到有价值时，他们的行为将改变。现实咨询的其他重要前提是，人们通过有目的的行为来满足生存、归属、权力、自由以及娱乐的基本需要，并且人们能够完全控制他们所做的事情。没有满足基本需要的服刑人员，将无法承认现实的世界。因此，这种咨询形式鼓励服刑人员通过建立适当的、相互的和友好的人际关系，使自己与他人融洽相处。这种咨询的假设是，当服刑人员与他人没有建立融洽的关系时，现实将被否定，服刑人员也不能满足他（她）的需要（Rackin，1974）。当服刑人员习得了责任感，他们的行为才会改变。以下14个步骤有助于咨询师帮助服刑人员满足需要并变得有责任感。

① 咨询师通过与服刑人员的融洽相处使治疗个性化。

② 咨询师通过直接回答服刑人员的问题而揭示他（她）自己。

③ 咨询师注重可以被检验的当前行为，而不允许服刑人员将过去作为理由。

④ 咨询师强调行为，而不是态度或动机。

⑤ 咨询师很少问为什么，以避免起反作用的解释或找借口。

⑥ 咨询师帮助服刑人员评估他（她）的行为来识别不负责任的、非现实的行为。

⑦ 咨询师帮助服刑人员为未来制订一个更好的计划。

⑧ 咨询师不接受所有的借口。

⑨ 咨询师不与服刑人员产生共鸣。

⑩ 咨询师赞许、支持并且只参与负责任的、积极的以及健康的行为。

⑪ 咨询师相信所有的服刑人员能够改变他们的行为，并因此有积极的期待。

⑫ 咨询师认识到同伴压力的影响并且运用它来治疗服刑人员。

⑬ 咨询师不放弃服刑人员，即使他们表现出抗拒。

⑭ 咨询师不将服刑人员标签为有病或心理失常，只关注行为是负责任的或不负责任的。

总之，现实咨询师与服刑人员适当交往但不产生共情。咨询师不接受借口，并且只寻找结果而不是原因。咨询师总是坦诚和直率的，参与积极的、健康的以及负责任的行为，而不是消极的、不负责任的行为。咨询师不允许服刑人员因他们的问题责备除自己之外的任何人或任何事，并提供一个负责任的角色榜样并且教导服刑人员怎样负责任。

现实咨询经常被选作酗酒者和毒品成瘾者的咨询方法。现实咨询可以说是采用一种直接的“严厉的爱”的方式来做治疗。它已用于关押成瘾服刑人员的矫正机构。请注意，当现实咨询用于未成年人矫正场所或监狱时，它就变得更具纪律性、惩罚性和准军事化。

现实咨询的一个优势是容易学习，它不像其他咨询形式那样复杂。并且，它是以常识为根据的。它可以用于个体或团体咨询，是一种让服刑人员对其行为没有借口并讲求实际的方法。

八、危机干预咨询

危机干预咨询（Crisis Intervention Counseling）的定义是“在不同的压力情景中通过给予诸如倾听与共情、改变直接的环境或建立希望来导致即时安慰的能力”（Bennett 等，1979，P.32）。危机干预咨询的主要目的是帮助服刑人员应对接近或超过他们调节能力的直接的压力情境（Hatcher，1978）。总之，危机干预是一种热切而直接的咨询形式，是以应对具体的危机为目的，而不是涉及全面的态度、行为和价值观念的改变。

危机状态要与精神障碍相区分，这是由于危机状态中的个体可以被描述为在危机之前和之后有正常的心理健康功能。另外，危机倾向于在有限期间内发生，并且在危机结束之后，来访者将结束其混乱状态并会恢复正常。然而，有的人可能在危机状态中过几个月或几年，这样的个体被描述为处在超危机状态（James & Gilliland，2001）。超危机状态可能导致产生焦虑和其他类型的精神障碍。危机干预咨询工作要及时敏锐、准确到位，因此要求服刑人员心理咨询师做出敏锐的、高强度的、准确理解的反应。

对危机的定义是“把一起事件或某种情境知觉或体验为一种超过个人当前的资源以及应对机制的无法忍受的困难”（James&Gilliland，2001，P.26~27）。危机的一些例子是死亡、失业、自杀、毒品滥用、强奸、一些情绪状态（如抑郁、怀孕、婚姻冲突）以及医疗事件。危机干预咨询师对服刑人员可以是指导性的或非指导性的。不管怎样，危机干预咨询被视为与其他咨询形式不同，这是由于它完全关注危机管理。在监狱环境中，监狱心理咨询师在处理涉及试图自杀、精神疾病、伤害、被害或智力愚钝的服刑人员时，经常使用准确及时的危机干预咨询（Morgan，2003）。

有几个事项是咨询师在对服刑人员进行危机干预咨询时必须记住的。首先，危机是由服刑人员而不是咨询师界定的。某一事件对服刑人员来说是一种危机，也许对咨询师来说不像是危机。对服刑人员来说，危机可以在任何时候因任何理由发生。咨询师绝不应当小视或看轻服刑人员所感知的危机。如果咨询师说出诸如“噢！这就是困扰你的事情？”服刑人员很可能感觉到咨询师没有真正理解他们，并且可能感觉比以前更孤立无援。另一方面，监狱心理咨询师应当避免形成一种危机心理状态，将大多数问题视为危机。如果采取这样的心理，会草木皆兵地将很多问题归为危机，并妨碍咨询师与服刑人员一起解决严重的问题（Gambril，1983）。当咨询师形成一种危机心理，并且视多数心理问题为危机时，可能为服刑人员带来不必要的问题。一些咨询师会对服刑人员过度共情（overempathic）。因此，咨询师应当争取在识别以及解决危机之间获得平衡。

危机干预咨询师的另一个问题是，在与危机中的服刑人员合作时必须注意，通常有一个或更多的先于危机或导致危机的压力事件。服刑人员通常认识不到这些起加速作用的事件。咨询师应当给服刑人员机会来探查导致危机的加速事件的情感或思想（Smith，1978）。咨询师应当沿着“是什么导致你这种情感”的方向提问。

当与危机中的服刑人员合作时，危机干预咨询师必须密切注意服刑人员体验到的强烈的情绪反应。服刑人员体验到的情绪如此强烈，以至于他们失去正常心智活动的能力。服刑人员通常不能实际地、逻辑地或连续地讲述自己的故事。他们经常讲述不连续的故事。咨询师应当了解这种现象并且允许服刑人员释放情绪而不要求内容的精确和细节。记住，在危机干预咨询中，咨询师不是寻找撰写咨询报告的信息。咨询师给情绪激动的服刑人员提供一杯水，对服刑人员也会有帮助，小口喝水一般有镇定的效果。此时，咨询师应避免做出过度共情的评价，如“多可怕”或“我不知道你怎么能够继续下去”，这样的评价会对危机火上浇油，使情绪反应继续。咨询师要注意危机中情绪的起落。强烈的情绪反应不会永远持续。重要的是不要让服刑人员独自处于情绪激动状态中。因为他们有可能表现出对自己或他人的危险。

危机干预咨询师必须注意的最后一个问题是服刑人员处理问题的无能。应付问题的无能是由强烈的情绪引起的。通常危机中的服刑人员丧失了做最简单事情的能力，诸如照顾自己等简单的生活任务。危机中的服刑人员体验到无助感。咨询师不应当让危机中的服刑人员独处，并且应当经常评估自杀或杀人的冒险性。

危机干预咨询的主要前提是，危机的成功处理使服刑人员能够更好地应对其他问题和危机。咨询师在危机干预咨询中的第一个任务是通过与服刑人员的互动，以减少其紧张感，使服刑人员能够更有效地运用可能的资源。对咨询师来说，成为一个擅长共情的倾听者以及能够理解服刑人员之体验的好交流者是非常重要的，不必说得很多或集中注意力以解决问题，因为危机中的服刑人员在非理性的时候很少有能力加工信息。在多数时间，服刑人员需要并且想说话，他们并不想要他人的信息或解决问题的方案。危机中的服刑人员由于正体验着痛苦，故而更容易受到影响，他们应当得到帮助来避免在危机结束前做出重大的决定（Smith & Berlin，1981），而问题的解决应当等到危机结束之后。咨询师在危机干预中的第二个任务是提供适当的可寻求相关援助和服务的信息。咨询师应当写下关于治疗安排以及其他可求助机构的信息，并将其置于服刑人员能接触的显眼的位置上，这是因为危机中的服刑人员经常在情绪激越时感觉到自身的孤立与无助。咨询师应当在危机结束之后即开始随访服刑人员。

James 和 Gilliland（2001）提出服刑人员心理咨询师必须记住的 9 条危机干预的原则，它们是：对于经历危机的个人来说，危机既包含危险又包含机会；但也可能发展为一系列复发的超危机点；危机之特点是仅仅持续有限的期间；危机的解决通常是复杂的；危机提供了个人成长的机会以及改变的推动力；大概没有危机的灵丹妙药或危机的快速治愈办法；危机使人们面临选择；情绪失调和心理功能紊乱是危机的一部分；危机的解决与危机工作者的能力相关联。

九、家庭咨询 ①

家庭咨询（Family Conseling）将家庭作为一个单元或一个整体来对待。家庭咨询在我国常用的称呼是家庭治疗。家庭咨询是建立在系统理论的基础之上的。该理论认为家庭系统、抚养以及家庭关系对一个人的生活来说是最重要的。对待行为越轨者，起始点必须是作为系统的家庭，而不是家庭中的个体成员。如果一个家庭成员是违法者，触犯了法律或表现出其他麻烦的越轨行为，家庭咨询理论假定，这样的行为是犯罪人的家庭中存在着一些（通常是不健康和不

① ［美］Ruth E. Masters. 罪犯心理咨询［M］. 杨波，等，译 . 北京：中国轻工业出版社，2005：217.

正常的）事情的征兆。根据 Hadley Holloway 和 Mallinckrodt（1993）的理论，一个不正常的家庭可以被定义为“经历身体、情绪或性虐待的家庭；家庭中一个或者两个照顾者由于精神疾病、慢性身体疾病或药物作用而不能承担家庭责任的家庭；具有不一致的并且不可预测的抚养方式或缺乏照顾、忽视、挑剔的父母—儿童互动关系的家庭”。家庭咨询师的工作就是揭发家庭中所发生的事情，比如无处不在的、无言的潜在系统规则，通常被认为是造成家庭成员越轨行为的原因。

家庭系统理论的一个主要前提是家庭是一个系统，只要压力出现，它便争取恢复平衡或自我平衡。家庭系统被认为有它自己的需要以及自己的生命。系统的生存要比个体家庭成员的幸福更重要。简言之，整体大于部分之和（Bradshaw，1988）。

根据家庭系统理论家的观点，当一个家庭出现功能不良时，通常会有一个恐惧的、依赖的或越轨的人控制整个系统，例如，一个违法的儿童、酗酒的父母或患疑病症的母亲。无论这个越轨的人做什么，整个家庭都会适应这种压力和障碍以达到系统的平衡。就是因为如此，家庭成员开始扮演一些可以识别的角色，如无能者、迷失的孩子、替罪羊、英雄或圣人及福神（mascot）等（Bradshaw，1988）。

功能不良的家庭有一些可以辨别的特征，概括为以下几点：

① 神秘。大多数功能不良家庭隐藏他们不想让外人知道的事情。多数时间里，这些家庭扮成一副故事书的脸孔呈现给外面的世界。这种保持神秘的显而易见的例子是酗酒、吸毒、乱伦、虐待以及精神疾病。

② 贫乏的沟通模式。功能不良家庭的成员不知道怎样或不被允许彼此坦率交流。家庭成员通常会用破坏性的方式进行沟通，交流常常是被动或攻击的、敌意的和间接的。

③ 界线问题。界线是指一种辨别一个人在什么地方终止、世界从什么地方开始、一个人将允许他人离自己有多近的身体和心理的限度。在功能不良家庭中，尊重家庭成员的需要、希望以及意愿是不存在的。说出诸如“不”“停一下”“我感到不舒服”“请不要那样做”“我不喜欢那个”等，对功能不良的家庭成员，这是不容易发生的。

④ 纠缠。在功能不良家庭中，成员与成员的生活纠缠在一起，他们的关系中缺乏清晰界线。家庭成员经常将其他人的感觉当成是自己的，生活在与他人的同感中。家庭成员过度地卷入到其他成员的关注之中，并且有太多的亲密。

⑤ 被抑制的情感。在功能不良的家庭中，不允许成员表达他们对事物的真实感觉。表达一个人诚实的感觉是一种禁忌，因此，家庭成员或抑制他们的情感，或用不适当的方式表达他们的情感，或变得情感麻木。

⑥ 缺乏自由与权力。在功能不良家庭中，不允许成员说出他们自己的意见、感觉他们自己的情感、听他们之所听、思考他们自己之所想、看他们自己的形象或想他们自己所希望的。功能不良家庭不允许它的成员有权利和自由来认识家庭条件的真相。

⑦ 系统规则。功能不良家庭有一种潜在的并且经常是无言地渗透到全家的规则。这些系统规则的例子是“禁止说话”“不要质疑权威”“不要挑衅”以及“没有感情”。

⑧ 严格的角色。角色被强加于家庭成员身上。他们不能自由地选择；在家庭中，他们的角色只是作为适应压力的方式出现。典型的角色是控制者、无能者、迷失的孩子、替罪羊、英雄或圣人以及福神等。典型角色的一些变异是明星、完美者、反叛者、小家长以及问题儿童等。出生顺序可能也影响儿童在家里扮演的角色。例如，对第一个孩子来说，成为高成就者、明星以及英雄是不足为怪的；中间的孩子感到被排挤，成为调和者或迷失者；最小的孩子会被过度放纵、宠坏以及成为吉祥物。

⑨ 封闭。功能不良家庭倾向于将他们自己与那些非家庭成员隔离。家庭不对非家庭成员开放，其他人不被带到家庭中，形成一种“我们对抗他们”的心理。

⑩ 无力真实。在功能不良家庭中，成员行为的方式是防止其他人不安或愤怒。成员经常试图保护其他家庭成员，以至于他们丧失自我。因此，家庭成员不学习表现真实以及诚恳。

⑪ 需要不被满足。在功能不良家庭中，成员基本的生活需要（如安全、自尊、爱和归属）经常不被满足。因此，挫折、恐惧、孤独、痛苦以及不幸福在此种家庭中是常见的。

监狱心理咨询师帮助服刑人员以及他们的家庭识别上面所列的特征，并且通过咨询过程来帮助这些家庭。家庭咨询的过程包括帮助服刑人员家庭认识到家庭中出现的问题和压力、将问题公开给所有家庭成员来反省、帮助他们承认和接受他们否认的情感、学习适当的与每一个家庭成员分享情感的技能、做出决定来建设性地解决家庭问题、接纳自己的家庭并且继续前进。

总之，家庭咨询师的角色是创造一个家庭成员可以艰难、痛苦地审视自己以及功能不良家庭系统的环境。在系统规则已经失去了控制家庭成员生活的力量之前，家庭必须确认它的系统规则。除非成员觉察到他们功能不良的家庭系统，否则他们会倾向忠实于这种系统。咨询师是咨询情境的敏锐监视者，他要确保所有成员都被人聆听，并且能安全表达他们的情绪和思想。家庭咨询师也教导并且帮助成员彼此适当地沟通，并且弄清楚家庭中的各种角色与作用（Satir，1967）。因此咨询的重点是整个家庭是怎样运转的，怎样沟通以及怎样对待家庭成员和应付不同的情景（Satir，1967）。此方法的假设是，如果家庭成员理解在家庭中所发生的事情并且学会坦率地交流，家庭中的很多问题就会得到解决。

家庭咨询在监狱服刑人员心理咨询中的运用受到局限，因为服刑人员的家庭成员不能够与其经常见面，共同探寻家庭互动问题。但是作为一名专业的心理咨询师需要意识到服刑人员问题的产生与家庭互动失调之间的关系，引导服刑人员审视自己家庭的互动模式及自身角色。我国学者万红燕[2]分析了青少年犯罪与家庭治疗，认为家庭心理治疗是预防和矫治青少年犯罪的有效方法。具体操作可以包括：从“家庭”这一宏观体系去分析问题；用“系统”的思想去拉动家庭成员的互动；以“情”为重，积极引导，充分促进家庭成员间的沟通和交流。

我国刑事司法一线工作者曹军瑭[3]对监狱服刑人员运用家庭治疗也提出可借鉴的建议[3]：

第一，咨询师要清楚求询者在被捕前一直生活的家庭处于怎样的生存姿态。萨提亚[4]5种：讨好、职责、超理智、打岔、一致性。

第二，咨询师要清楚服刑事件对家庭各成员的影响。可以让服刑人员自我评估。

第三，咨询师要清楚与服刑人员关系密切的家庭成员对求询者服刑事件的认知。求询者家人对服刑事件的认知与求询者本人的自我评估存在差异性。这个差异性可能是解决服刑人员心理困惑的突破口。

第四，咨询师要清楚求询者的心理有哪些历史遗留问题，即当前心理的情绪和行为问题是由被捕前的人际关系失调所致的，这要考虑在社会关系和家庭关系中来解决求询者的问题。

第五，咨询师要充分利用好拘禁时期家庭成员所具有的人际关系修复功能。拘禁时期，家人会放弃非拘禁时期的家庭争执，比任何时期都要显得团结，咨询师只要给他们搭建好沟通的平台就好了[5]。

家庭治疗在拘禁环境中适用的人群为：犯罪行为给家人带来社会特别是道德压力的服刑人员，例如强奸犯罪；与父母不和的独生子女服刑人员；长期与家人不联系的服刑人员；对家庭成员担心、疑虑的服刑人员。

参考资料

［1］朱幼明．试述心理健康教育在劳教场所的实践与应用［J］．中国司法，2003（7）：24–25.

［2］万红燕．刍议青少年犯罪与家庭心理治疗［J］．求实，2003（11）：56–58.

［3］曹军塘．隐形人——拘禁心理解析与治疗［J］．南京：南京师范大学出版社，2012.

［4］［美］维吉尼亚·萨提亚，等．萨提亚家庭治疗模式［M］．聂晶，译．北京：世界图书出版公司北京公司，2007.

［5］赵芳．与家庭共舞：结构式家庭治疗及其本土化［M］．南京：南京师范大学出版社，2008.

拓展书目

赵芳．与家庭共舞：结构式家庭治疗及其本土化［M］．南京：南京师范大学出版社，2008.

曾奇峰．幻想即现实［M］．北京：北京联合出版有限公司，2017，7.

［美］麦克威廉斯（McWilliams，N）．精神分析治疗：实践指导［M］．曹晓鸥，古淑青，等，译．北京：中国轻工业出版社，2015：2.

［美］麦克威廉斯（McWilliams，N）. 精神分析案例解析［M］. 钟慧，等，译. 北京：中国轻工业出版社，2015：2.

［美］法伯（Farber，B. A.），等. 罗杰斯心理治疗——经典个案及专家点评［M］. 郑钢，等，译. 北京：中国轻工业出版社，2015，2.

［美］弗兰克，杰西卡·C. 利文森. 人际关系疗法［M］. 郭本禹，方红，等，译. 重庆：重庆大学出版社，2015，1.

［美］默纳. M·韦斯曼，等. 人际心理治疗理论与实务［M］. 唐子俊，等，译. 北京：世界图书出版公司，2010，5.

［美］罗伯特·伍伯丁（Robert E. Wubbolding）. 现实疗法［M］. 郑世彦，译. 重庆：重庆大学出版社，2016，11.

［美］阿尔伯特艾利斯（Ellis，A.），［澳］黛比约菲艾利斯（Ellis，D.J.）. 理性情绪疗法［M］. 郭建，叶建国，郭本禹，译. 重庆：重庆大学出版社，2015，1.

［美］莱德利，等. 认知行为疗法［M］. 李毅飞，等，译. 北京：中国轻工业出版社，2012，2.

［美］库尔特·考夫卡. 格式塔心理学原理［M］. 李维，译. 北京：北京大学出版社，2010，12.

［英］乔伊斯（Joyce P.），等. 格式塔咨询与治疗技术［M］. 叶红萍，等，译. 北京：中国轻工业出版社，2016，10.

［美］马斯洛. 动机与人格［M］. 许金声，等，译. 北京：中国人民大学出版社，2012，7.

［美］威廉·格拉瑟. 选择理论：现实疗法创始人带你走出心理困境［M］. 郑世彦，译. 南昌：江西人民出版社，2017，6.

［美］Richard K.James，Burt E Gilliland. 危机干预策略［M］. 高申春，等，译. 北京：高等教育出版社，2009，1.

［美］萨尔瓦多·米纽庆，等. 掌握家庭治疗：家庭的成长与转变之路［M］. 北京：世界图书出版公司北京公司，2010.

［美］亚隆（Yalom，I. D.）. 给心理治疗师的礼物［M］. 张怡玲，译. 北京：中国轻工业出版社，2015，3.

［美］张道龙. 整合式短程心理咨询［M］. 北京：北京大学出版社，2013，9.

技术实训篇

第一章　监狱服刑人员心理咨询概述实训任务

第一节　实训任务：监狱服刑人员心理咨询教材结构编写

一、实训目的：学习者通过对“监狱服刑人员心理咨询教材结构编写”的学习，能够思考监狱心理咨询师需要掌握的知识要点，主动构建知识结构。

二、参加人员：学生 4 人为一组进行练习，含少量 3 人组。全班参与。

三、任务预计完成时间：课前 1 小时；课堂 45 分钟。

四、实训具体步骤：

1. 4 人小组课前查阅教材、资料，完成教材结构的编写，1 个小时。

2. 小组课堂分享，每组 3 分钟，总计 30 分钟。

3. 老师总结、评价，15 分钟。

五、实训材料：

监狱服刑人员心理咨询教材结构			
调研计划提交时间：			
咨询师：姓名	学号	姓名	学号
姓名	学号		
请你根据教参及查阅的资料，编写出“监狱服刑人员心理咨询”教参的一至二级的内容结构组成。			
教材结构			

第二节　实训任务：心理咨询师自我价值观自省练习

一、实训目的：监狱心理咨询师能够意识到内心价值观在咨询活动中的影响，并尝试寻求解决该问题的方法与策略。

二、参加人员：所有学生。

三、任务预计完成时间：课堂 35 分钟。

四、实训具体步骤：

课堂，3 人小组，每人根据记录表中呈现的咨询情境扮演一次来访者和求询者。15 分钟。将练习过程中发现的问题记录，并且尝试回答记录表中的问题。

2 到 3 个小组在班级分享，老师总结评价、启发。30 分钟。

五、教学助教工作：

将参与小组班级分享人员的参与成绩记录于考核表。每人 3 分。

老师为助教记录平时成绩。每人 3 分。

六、实训材料：

<table>
<tr><th colspan="2">心理咨询师自我价值观自省记录表</th></tr>
<tr><td>练习时间：</td><td>练习地点：</td></tr>
<tr><td>咨询师：　姓名</td><td>学号</td></tr>
<tr><td colspan="2">下面为你列出了几位求助者的情况。建议你想象你正在为每一位求助者进行咨询，或者与一位同学扮演每一种情况。注意自己在这一过程中的情感、态度、价值观和行为，并回答下面的问题。
1. 你对求助者的态度和信念是什么？
2. 你的态度和信念是基于实际的信息，还是假设的信息？
3. 你的行为反映了什么样的价值观？
4. 你能够有效地为这个求助者进行咨询吗？
5. 有无某种价值观对服刑人员造成伤害？
6. 如何解决这个问题？</td></tr>
</table>

续表

心理咨询师自我价值观自省记录表
求助者 1：女服刑人员，曾经独自带着 2 个孩子，靠卖淫和贩卖毒品为生。她说仅靠辛苦打工很难养活孩子和自己。
求助者 2：一个被控有强奸和性攻击犯罪行为的男性服刑人员。他告诉你说，这不是他的责任，因为是那个受害女人“让他这么做的”。
求助者 3：对你的问话、沟通不做任何反应，且眼神显现出挑衅的服刑人员。

第三节　实训任务：监狱心理咨询工作者注意事项告知表

一、实训目的：通过建立监狱心理咨询工作者注意事项表，使学习者对关键知识点进行梳理和识记。

二、参加人员：所有学生。

三、任务预计完成时间：课堂 45 分钟。

四、实训具体步骤：

1. 课前，4 人小组，根据第一章的授课内容，初步完成监狱心理咨询工作者注意事项表。1 个小时。

2. 课堂 2 到 3 个小组班级分享，老师同学评价、总结、启发。30 分钟。

五、教学助教工作：

1. 将参与小组班级分享人员的参与成绩记录于考核表。每人 3 分。

2. 老师为助教记录平时成绩。每人 3 分。

六、实训材料：

监狱心理咨询师注意事项告知表	
练习时间：	练习地点：
咨询师：	

第二章　监狱服刑人员心理咨询的工作流程实训任务

第一节　实训任务：监狱服刑人员个体心理咨询概况思维导图

一、实训目的：

通过初步对服刑人员心理咨询工作文献的引导性阅读，了解服刑人员心理大致的过程、特点，对监狱服刑人员心理咨询形成初步印象；通过查阅期刊，多途径寻找信息，对该职业活动最新发展状况形成全貌了解，培养自学能力。

二、参加人员：学生 2 人为一组。

三、任务预计完成时间：45 分钟。

四、实训材料：见下述文献材料。

五、具体步骤：

1. 每个同学阅读该文献材料。

2. 每 2 个为一组将下述材料形成思维导图，20 分钟。

3. 由小组自己报名，呈现自己的小组作业。由 2 个小组呈现（呈现作业小组获得平时考核分），10 分钟。

4. 同学与教师共同对两个小组的思维导图做比较。10 分钟。

5. 课程结束时，每个小组将自己小组完成的思维导图作为作业交给老师，作为平时成绩的考核依据。

6. 每个小组交回文献材料。5 分钟。

六、教学助教工作：

1. 文献材料提前印制，每个同学一份。

2. 将呈现作业小组的人员活动参与成绩记录于考核表。每人 3 分。

3. 将完成思维导图的小组成员成绩记录于考核表。每人 5 分。

4. 老师为助教记录平时成绩。每人 3 分。

七、注意事项：

1. 请同学保持材料的整洁。该文献材料需要重复使用。

2. 该实训任务可以放置课程总体结束后加以实施，便于学习者对服刑人员心理咨询知识点进行结构化的归纳。

第二节　实训任务：监狱个体心理咨询工作流程拼图

一、实训目的：使学生通过工作任务块的拼图，迅速形成对监狱个体心理咨询工作的组织流程框架。

二、参加人员：学生分成 3 组，每组 6 人，共需要 18 人。

三、任务预计完成时间：30 分钟。

四、实训材料：

1. 制作两套卡片，每块卡片（最好带有磁性）上面的内容如下：

求助者提出心理咨询申请	监区辅导员初步审核	上报中心预约监狱心理咨询	心理健康指导中心评估及审核
评估是否适合咨询以及以哪种方式咨询	将审核情况反馈给心理辅导人员	安排合适的咨询师接手咨询	拒绝咨询受理，说明原因
商定咨询安排的细节问题	与监狱责任咨询师取得接洽	监狱咨询师开展心理咨询	结束咨询
特殊案例跟踪随访	面对面咨询	视频网络咨询	团体心理咨询
其他形式的咨询	填写咨询记录	向心理辅导员进行效果反馈	向心理健康指导中心进行反馈
受理面谈（单独留下）	网络预约（单独留下）		

2. 墙面磁性钢化玻璃板两块。

3. 水性彩笔若干支。

五、具体步骤：

1. 每组学生拿着这些卡片，将卡片组成一个符合逻辑的监狱心理咨询工作的组织流程。

2. 完成第一次拼图后，对比两组的结果，比较差异。

3. 每个小组请一名同学来说明他们的思路。

4. 讨论我们思路的差异，分析工作流程更多的可能性。

5. 该工作组织流程是否还存在可以更加完善的方面？将“受理面谈”与“网络预约”“第三方评估”三块卡片呈现，请小组继续拼图。

6. 讨论“受理面谈”与“网络预约”“第三方评估”针对解决的工作问题是什么。每个小组可以将自己的思考内容写到磁板上。

六、教学助教工作：

1. 准备好“工作任务块”卡片；水性彩笔。

2. 准备好团辅教室，其中有磁力板可以粘贴这些卡片。

3. 将参与小组活动的人员的参与成绩记录于考核表。每人 3 分。

4. 老师为助教记录平时成绩。每人 3 分。

七、注意事项：

1. 该实训任务与第二章第三节实训任务为前后衔接，互为一体。因此完成本次实训任务的成员不参与第二章第三节实训任务。教学助教可以提前做好第二章第二节与第二章第三节任务的分组。

2. 凡是参与任务者均记录平时成绩。

八、实训任务参考[①]（注意，任务参考不出现于教参或者实训任务材料中，该参考由教师呈现）：

① 马立骥 . 监狱心理咨询的探索与展望［M］. 武汉：武汉大学出版社，2014.2.

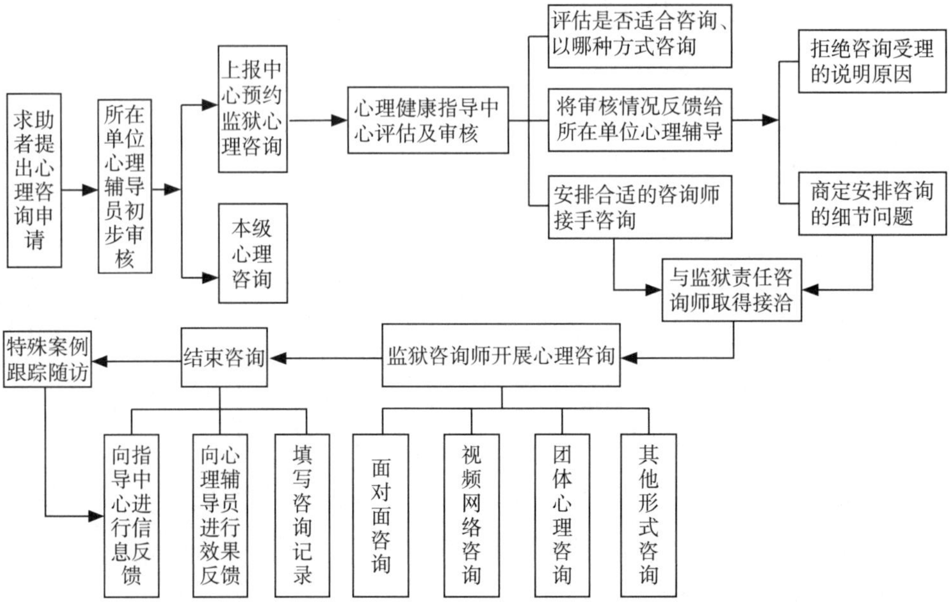
求助者提出心理咨询申请
所在单位心理辅导员初步审核
上报中心预约监狱心理咨询
本级心理咨询
心理健康指导中心评估及审核
评估是否适合咨询、以哪种方式咨询
将审核情况反馈给所在单位心理辅导
安排合适的咨询师接手咨询
拒绝咨询受理的说明原因
商定安排咨询的细节问题
与监狱责任咨询师取得接洽
监狱咨询师开展心理咨询
结束咨询
特殊案例跟踪随访
向指导中心进行信息反馈
向心理辅导员进行效果反馈
填写咨询记录
面对面咨询
视频网络咨询
团体心理咨询
其他形式咨询

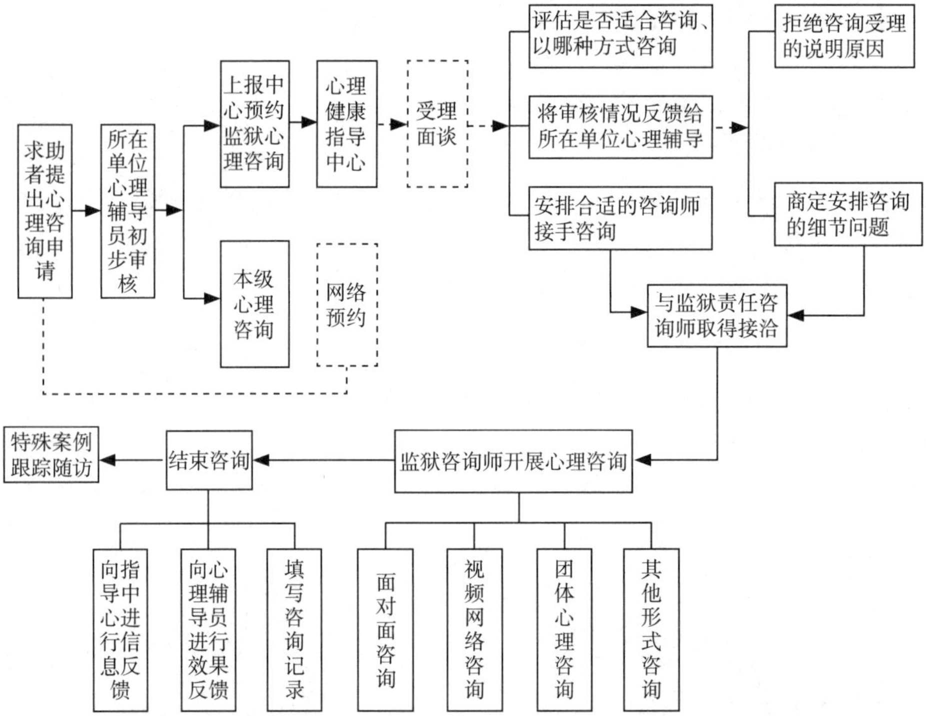
求助者提出心理咨询申请
所在单位心理辅导员初步审核
上报中心预约监狱心理咨询
本级心理咨询
心理健康指导中心
受理面谈
网络预约
评估是否适合咨询、以哪种方式咨询
将审核情况反馈给所在单位心理辅导
安排合适的咨询师接手咨询
拒绝咨询受理的说明原因
商定安排咨询的细节问题
与监狱责任咨询师取得接洽
监狱咨询师开展心理咨询
结束咨询
特殊案例跟踪随访
向指导中心进行信息反馈
向心理辅导员进行效果反馈
填写咨询记录
面对面咨询
视频网络咨询
团体心理咨询
其他形式咨询

第三节　实训任务：受理面谈工作任务拼图

一、实训目的：使学生通过受理面谈任务块的拼图，迅速形成监狱个体心理咨询工作中受理面谈工作流程框架。

二、参加人员：学生分成3组，每组4人，共12人。

三、任务预计完成时间：20分钟。

四、实训材料：

1. 制作两套卡片，每块卡片（最好带有磁性）上面的内容如下：

受理面谈	咨询动机不充分或不合适	建议终止咨询	疑似精神疾病
建议精神疾病鉴定	转介精神科治疗	正式咨询	建议心理治疗
心理问题、发展问题、康复期精神病人	建议合适的咨询师接诊	咨询师接询前的准备	心理障碍、神经症、人格障碍、心身疾病、严重的情绪行为问题等
咨询结束	反馈	记录及归档	跟踪与随访

2. 墙面磁性钢化玻璃板两块。

3. 水性彩笔若干支。

五、具体步骤：

1. 每组学生拿着这些卡片，将卡片组成一个符合逻辑的受理面谈的工作组织流程。

2. 完成第一次拼图后，对比两组的结果，比较差异。

3. 每个小组请一名同学来说明他们的思路。

4. 讨论我们思路的差异，分析工作流程更多的可能性。

5. 该工作组织流程是否还存在可以更加完善的方面。

六、教学助教工作：

1. 备好“工作任务块”卡片；水性彩笔。

2. 准备好团辅教室，其中有磁力板可以粘贴这些卡片。

3. 将参与小组活动的人员的参与成绩记录于考核表。每人 3 分。

4. 老师为助教记录平时的成绩。每人 3 分。

七、注意事项：

1. 该实训任务与第二章第二节实训任务为前后衔接，互为一体。因此参与本次实训任务的成员不参与前面第二章第二节实训任务。

2. 凡是参与任务者均记录平时成绩。

八、实训任务参考①（注意，任务参考不出现于教参或者实训任务材料中，该参考由教师呈现）：

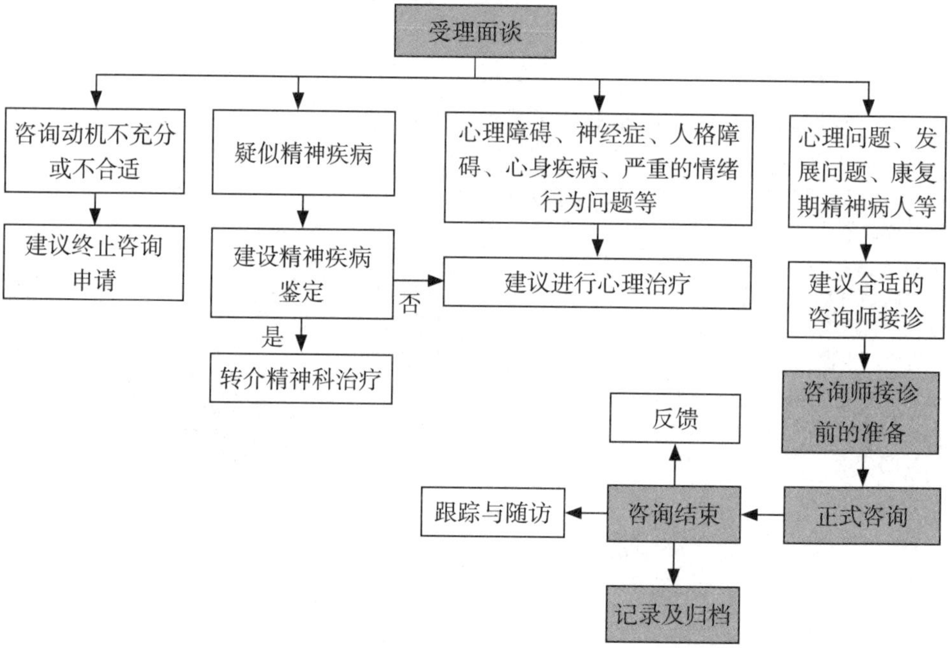

第四节　实训任务：心理健康状态及处置分类拼图

一、实训目的：通过不同心理健康状态卡片拼图使学生主动思考心理诊断所依据的框架。

① 马立骥 . 监狱心理咨询的探索与展望［M］. 武汉：武汉大学出版社，2014.2.

二、参加人员：学生分成两组，每组 4 人，共需 8 人。

三、任务完成时间：20 分钟。

四、实训材料：

1. 制作两套卡片，每块卡片（最好带有磁性）上面的内容如下：

心理正常	心理不正常	心理健康
心理不健康	一般心理问题	严重心理问题
部分可疑神经症	变态人格	确认的神经症
各类精神障碍	精神科治疗	心理治疗
心理咨询（含康复咨询）		

2. 墙面磁性钢化玻璃板两块。

3. 水性彩笔若干支。

五、具体步骤：

1. 每组学生拿着这些卡片，将卡片组成一个符合逻辑的监狱心理咨询工作的组织流程。

2. 完成第一次拼图后，对比两组的结果，比较差异。

3. 每个小组请一名同学来说明他们的思路。

4. 拼图过程中是否有疑问？请说明。

六、教学助教工作：

1. 准备好“心理问题及障碍类型”卡片；水性彩笔。

2. 准备好团辅教室，其中有磁力板可以粘贴这些卡片。

3. 将参与小组活动的人员的参与成绩记录于考核表。每人 3 分。

4. 老师为助教记录平时成绩。每人 3 分。

七、注意事项：

凡是参与任务者均记录平时成绩。

八、实训任务参考[①]：

任务参考不出现于教参或者实训任务材料中。该参考由教师呈现。

① 马立骥 . 监狱心理咨询的探索与展望［M］. 武汉：武汉大学出版社，2014.2.

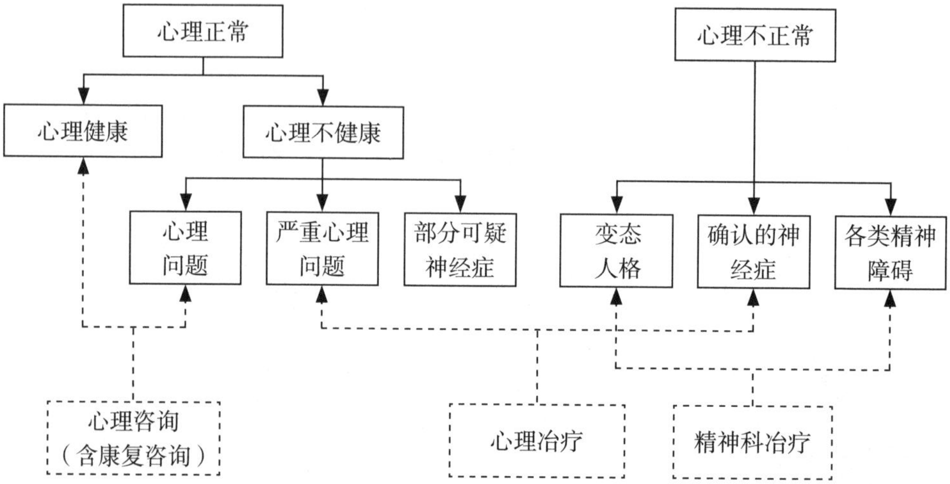

第五节　实训任务：受理面谈模拟训练

一、实训目的：通过学生受理面谈模拟训练，掌握受理面谈所需要把握的方向，做出受理面谈诊断，发现存在的问题并改进。

二、参加人员：学生 2 人一组。

三、任务预计完成时间：40 分钟。

四、具体步骤：

1. 练习中，一人扮演受理面谈师，一人扮演被面谈的求询者。一轮练习完成后，交换角色。

2. 求询者不一定必须是服刑人员。扮演者可以从自己的实际问题对受理面谈师进行回应。

3. 每次扮演结束后，面谈咨询师填写面谈提纲。

4. 两个小组合并为一组，互相交流练习中的体会。依次为每一个练习者的疑惑提供解决建议，并在提纲中注明。

五、教学助教工作：

1. 准备好“受理面谈练习反馈表”及“受理面谈求询者信息表”；每个同学一份。

2. 教室空间，最好是有利于小组活动的空间。

3. 将完成“受理面谈练习”，填写完“受理面谈练习反馈表”同学的成绩记录于考核表。每人 3 分。

4. 老师为助教记录平时的成绩。每人 3 分。

六、实训材料：

受理面谈练习提纲。

<table>
<tr><th colspan="3">受理面谈练习反馈表</th></tr>
<tr><td colspan="3">练习时间：　　　　　　　　　　　　　　　练习地点：</td></tr>
<tr><td colspan="3">咨询师（姓名：　　　学号：　　　）　求询者（姓名：　　　学号：　　　）</td></tr>
<tr><td rowspan="2">练习反馈</td><td colspan="2">情绪感受</td></tr>
<tr><td colspan="2">疑问或困惑</td></tr>
<tr><td rowspan="4">困惑解决的
可行性建议</td><td>建议</td><td>建议人</td></tr>
<tr><td>1</td><td></td></tr>
<tr><td>2</td><td></td></tr>
<tr><td>3</td><td></td></tr>
<tr><th colspan="3">受理面谈求询者信息表</th></tr>
<tr><td>监区：</td><td>年龄：</td><td></td></tr>
<tr><td>项目</td><td>问题</td><td>具体情况</td></tr>
<tr><td rowspan="3">求询问题的症状</td><td>症状持续时间</td><td></td></tr>
<tr><td>精神痛苦程度</td><td></td></tr>
<tr><td>对改造生活的影响</td><td></td></tr>
</table>

续表

受理面谈练习反馈表		
对求询问题的认知	对自己问题原因的分析	
	尝试过哪些方法解决	
	在解决过程中遇到哪些问题	
求助动机	上一次咨询是什么时候	
	对监狱心理咨询的认识	
	为什么想到来申请心理咨询	
	希望问题解决到什么程度	
	有没有特别信任的咨询师	
	对咨询时间和地点有没有特别的要求	
背景情况了解	症状出现之前，有无特别事件发生	
	平时身体健康状况	
	对自己犯罪原因的认识	
	劳动岗位和人际关系如何	
	家庭的关系和支持情况如何	
个人心理成熟程度	对自己的人生如何评价	
	对监狱、监区的评价	
	对人际关系的评价	
	对亲情的认识	

第三章　监狱服刑人员心理咨询过程实训任务

第一节　实训任务：积极谈话者的自我构建

一、实训目的：

通过阅读相关资料，使学习者能够降低面谈咨询的焦虑，构建学习者成为积极谈话者的思维理念。

二、参加人员：学生 4 人为一组。

三、任务预计完成时间：45 分钟。

四、具体步骤：

1. 每个同学阅读该文献材料。

2. 4 个同学为一组，分享自己的共鸣和成为咨询师的优势。小组记录下同学的发言。20 分钟。

3. 由小组自己报名，呈现自己的小组作业。2 个小组呈现（呈现作业小组获得平时考核分）。10 分钟。

4. 同学与教师共同分享对“积极谈话者”的体悟。10 分钟。

5. 分享结束时，每个小组将自己小组的分享记录交给老师，作为平时成绩考核的依据。5 分钟。

五、教学助教工作：

1. 文献材料提前印制：材料一每个同学一份；材料二每个小组一份。

2. 将完成本次实训练习的同学成绩记录于表。每人3分。

3. 将呈现作业的小组成员参与成绩记录于考核表。每人5分。

4. 老师为助教记录平时成绩。每人3分。

六、注意事项：

请同学保持材料的整洁。材料一将被重复使用。

七、实训材料：

材料一（来源于《与任何人都聊得来》）

人们有着怎样的基本交往需求呢？很简单，被理解和被赞赏。被理解意味着他人将时间和注意力集中于我们，将精力倾注于我们，并在此基础上认识到我们的存在，与我们互动。被赞赏意味着他人喜欢我们，并示意和我们建立联系。

从积极的镜头审视自我

我们的思维方式决定了我们的身份，因为有什么样的思维方式，就有什么样的态度。这就是态度重要的原因：因为态度是你思维方式的真实写照。态度进而决定了我们的行为和选择。我们的思想决定了我们的态度，进而决定了我们的行为。我们生而具有不同的性格。成功的关键并不是要改变这种独一无二性，而是学会接受和赞美它。一旦我们对自己有了清楚的认识，了解了自己的独一无二性，我们就能够用这种独一无二性影响他人了。

如果我们从消极的镜头中审视自我，就会觉得他人也是以同样的眼光看待我们。这样一来，我们和他人交流的方式就会受到影响。如果我们能够透过真实的、积极的镜头看待自我，那么，我们会认为他人也是从相同的角度看待我们。

因此，正确且精准地看待自我很重要。那么，会发挥最大作用的积极镜头是什么呢？

镜头一：接受。

要认识到，并非每次交谈都会完美无缺。当我们追求完美时，我们会发现每次交谈都无法如愿，挫败感也就油然而生。这样的经历会挫伤我们对于自我能力的认识，继而影响以后的交谈，因为我们看待自我的镜头乌云密布，失去了真实性。就像雪崩一样，向下的趋势总会不断加速，直到无法阻挡。

相反，一个成功会孕育另一个成功。每一次顺利的交谈都会增强你的自信心，你也会因此更为期待以后的交谈无往而不顺。

镜头二：愿景。

和他人交流不顺的确让人不悦，但是，将这种不悦投放到未来就不好了。某个人的消极观点不应成为我们衡量自我价值的可靠尺码。平日里我总是忍不住去想那些从政的人，我总觉得他们的工作一定不容易。就拿一个市的市长来说吧，不管他做出何种决定，总有市民不满意。要应对市民的这种反应，的确需树立正确的观点。

我给100个人的研讨会上课的时候，会要求他们在每一天结束的时候填写评估表。评估表满分10分，每次都有99个人打9分或打满分，而有一个人却给了5分。于是，我很本能地纠结于那个5分不放手，总想着如何改进一下自己，以便得到更高的分数。可是，这种情况下，我应该关注绝大部分的分数，因为这才是准确的结果。如果对于你所说的内容，只有1%的人给出了消极的反应，99%的人都感觉不错，那问题就不在你了。

如果有人跟你说，你是一匹马，那就不要理睬，如果10个人都这么说了，那就去买个马鞍吧。

镜头三：积极性。

交谈的目的是建立联系，而不是让他人永远记住你。如果你本身好静，那就不要将自己和在场最外向的人相比较。这种比较毫无意义，就像拿着苹果和橙子比较没什么两样。任何时候拿自己和他人做比较，都是不现实的。关键在于认识并接受自己的独一无二性，学会与其和睦相处。如果真正能做到这一点，你就会由内而外地形成积极的观点，进而吸引他人。

镜头四：感恩。

每个人似乎都很忙，因此，时间也显得弥足珍贵。如果有人花时间和你交流，他们就是在送给你最宝贵的礼物。意识到时间的宝贵，你就会改变和他人交流的方式。即使对方在交谈方面并非尽善尽美，你们的交谈也是独一无二的，你在交谈中获得的对方的关注也是他人不可能获得的。因此，好好享受和对方的交谈吧——不要总是心急火燎地冲向下一次交谈。

镜头五：满足。

满足感是发自内心的，只有真正接受自己，认识自己的独特性才会产生。要认识到，我们并非粉墨登场的演员，他人也非台下的观众。我们彼此互相影响，相互分享，只有这样才可能收获让人满意的交流，双方才会奉上真实的自我。

镜头六：坦诚。

坦诚，就是内在和外在相一致。当内外一致时，满足感才会产生，因为这个时候你无须努力假装，努力遮掩，一切都是自然而生。记得戴尔·布尔克成为我们牧师的时候，他的妻子在集会的人群前受访。有人问她，能否说说她的丈夫在讲道台之外是什么样子。她回答说："你们看到的讲道台上的他和我看到的家里的他没什么两样。"这就是坦诚——如果真的做到这一点，你的态度就会吸引他人，他人就愿意和你交流。

材料二　小组分享记录表

<table>
<tr><th colspan="4">实训任务：咨询师作为积极谈话者的自我构建</th></tr>
<tr><td colspan="2">练习时间：</td><td colspan="2">练习地点：</td></tr>
<tr><td>姓名：</td><td>学号：</td><td>姓名：</td><td>学号：</td></tr>
<tr><td>姓名：</td><td>学号：</td><td>姓名：</td><td>学号：</td></tr>
<tr><td colspan="4">问题：材料中的哪一个论点让你产生了共鸣，哪一点有助于你成长为一个心理咨询师，请把自己的体验和小组内的同学分享。</td></tr>
<tr><td colspan="4">咨询师 1 分享：</td></tr>
<tr><td colspan="4">咨询师 2 分享：</td></tr>
</table>

续表

实训任务：咨询师作为积极谈话者的自我构建
咨询师 3 分享：
咨询师 4 分享：

第二节　实训任务：有效倾听“长什么样？”

一、实训目的：

学习者通过阅读、回忆，自查以往个人在人际交往中的倾听模式，建立起咨询师“听”比“说”更为重要的专业观念。

二、参加人员：所有学生。

三、任务预计完成时间：55 分钟。

四、具体步骤：

1. 每个同学分别填写，完成材料一、材料二。10 分钟。

2. 3 个同学为一组，分享讨论自己材料以及材料二中的结果及感受。5 分钟。

3. 班级分享（感受及问题）。15 分钟。

4. 教师对本次实训的重点总结概括。10 分钟。

5. 分享结束时，每个小组将自己材料一与材料二的个人作业交给老师，作为平时成绩考核的依据。5 分钟。

五、教学助教工作：

1. 材料一和材料二提前印制，按照课程的进行阶段逐步分发学习材料。

2. 将完成材料一（5 分）与材料二（5 分）作业的同学成绩记录于考核表。

3. 老师为助教记录平时的成绩。每人 3 分。

六、实训材料：

材料一

实训任务材料一　我们善于倾听吗?		
任务完成时间：　　　　任务完成地点：		
咨询师：		
个人回答感受：		
	是	否
1. 对方说话的时候，你是否正在准备自己要说的内容		
2. 在他人结束说话之前，你是否喜欢插话、打断别人的思路		
3. 如果他人说话的时间比较长，你是否失去耐心		
4. 你是否觉得让他人理解你的观点比理解他人的观点更为重要		
5. 如果他人告诉你有关他们自己的烦恼或挣扎，你是否喜欢出主意		
6. 人们是否觉得你善解人意		
当对方觉得我们不够关注他们，没有专注地倾听时，彼此之间就毫无信任可言，也就不存在后续的任何联系，人际关系进展可能性减小		

材料二　以下材料资料（来源《跟任何人都聊得来》）是在有效人际沟通中，比较有效的经验。

<table>
<tr><td colspan="2">实训任务材料二　我们善于倾听吗？</td></tr>
<tr><td colspan="2">任务完成时间：　　　　　　　　　　任务完成地点：</td></tr>
<tr><td colspan="2">咨询师：</td></tr>
<tr><td colspan="2">小组分享讨论后的感受：</td></tr>
<tr><td>有效倾听的建议</td><td>自己以往的行为
自己的感受</td></tr>
<tr><td>根据对方所谈内容提问题，然后仔细倾听他们的回复，而不是思考接下来你要说什么。仔细倾听，你就可以从对方的回复中获取信息，这样，交谈才会向着新的方向发展。</td><td></td></tr>
<tr><td>学着有意识地屏蔽周围环境中的一切。可能你接触过这样的人，而且对他们印象深刻。他们的反应就是在告诉你：“对我来说，你很重要，周围的一切不会让我分心。”如果周围的干扰太多，想做到这一点就很难了。不过，熟能生巧，做到这一点你才能真正和对方建立联系。如果刻意假装屋子里没有其他人，你就需要有意识地付出努力。如果有人喊你，不妨简单地朝他挥挥手，示意他们你稍后过去。然后继续正在进行的交谈，如果合适，也可以邀请他们加入进来，这样，既照顾到了正在交谈的另一方，又建立了他们之间的联系。</td><td></td></tr>
<tr><td>保持目光接触。有些人将有效的目光接触称为“精神的握手”。没有什么比目光接触更容易建立联系的了。同样如果忽视目光接触、眼神交流，对于潜在的人际关系会形成最大的损害。一些人善于同时处理多项工作，甚至可以一边忙着厨房的清洁，一边深入交谈。可是，如果没有目光接触，无法讨论敏感话题。所以如果是好事情，大家可以边忙边聊，如果是严重或严肃的问题，两人一定会坐下来好好谈。</td><td></td></tr>
<tr><td>时不时点头，让对方知道你在认真倾听。不一定非要在表示赞同的时候点头，点头是为了让对方知道，你在倾听对方，而没有走神。</td><td></td></tr>
</table>

续表

实训任务材料二　我们善于倾听吗?	
不要插话。我们经常会不假思索地插话，因为突然想到了什么，觉得这个和听到的内容有关。但是，如果对方还没说完，插话会让他们觉得你并不重视他们正在说的内容，而更重视发表自己的看法。 不要害怕沉默。沉默就像是交谈中的真空，时间越长，我们越觉得必须说些什么。沉默就像是交谈中出现了故障一样，似乎在暗示我们缺少让交谈顺利发展的基本技能。但是，如果让沉默持续下去，等待对方先开口打断沉默，你就可以根据对方所说继续交谈了。营销人员深谙等待的重要性。等待之后对方开口说话，他们可以因此获取必要的信息，而这些信息是其他任何方式都无法带来的。	
如果你要评论对方所说的相关内容，应该先简要提取对方的观点，然后，加入你的观点，这样，对方就明白你一直都在认真倾听。简述你所听到的对方的话语。不要像鹦鹉学舌一样，一字不差地去重复，这样他们会觉得你在耍花招。要用你自己的话来总结对方刚刚谈论的内容，然后问问对方，你的理解是否正确。做到这一步，他们会觉得得到了理解。如果对方因为某事而不安，这种方式再好不过了。他们感受到了理解，情绪就会有所缓释。	

第三节　实训任务：学会回应感受

一、实训目的：

通过完成下述两份材料，对回应谈话者的感受形成初步印象，并尝试做出相应反应，形成咨询师对来访者的初步共情能力。

二、参加人员：所有学生。

三、任务预计完成时间：80 分钟。

四、具体步骤：

1. 每个同学分别填写，完成材料一。5 分钟。

2. 老师带领同学对材料一的参考答案进行讨论。15 分钟。

3. 每个同学分别填写，完成材料二。5 分钟。

4. 4 个同学为一组，分享讨论自己材料二的备选回应，综合完成一份小组比较认可的回应。20 分钟。

5. 将材料二的小组综合作业练习成果，由小组成员之一汇报，助教写在黑板上，提供做出“回应感受”也即“情感反应或者内容反应”的不同表达方式。20 分钟。

6. 教师对本次实训的重点陈述。10 分钟。

7. 分享结束时，每个小组将自己材料一与材料二的个人作业、材料二的小组作业交给老师，作为平时成绩考核依据。5 分钟。

五、教学助教工作：

1. 材料一和材料二提前印制，按照课程的进行阶段逐步分发学习材料。

2. 将完成材料一（5 分）与材料二（5 分）作业的同学成绩记录于考核表。

3. 老师为助教记录平时成绩。每人 3 分。

六、实训材料：

材料一（材料来自于《如何说孩子才会听》）

在下述例子中，选择你认为可以表示你理解孩子的回应方式。

1. 孩子：爸爸从我指头上拔出那根刺的时候，差点要了我的命。

父母 a. 不可能有那么严重。

b. 听上去好像真的很疼。

c. 他那样做是为了你好。

2. 孩子：就因为一场小雪，教练就取消了我们很重要的比赛。

父母 a. 你一定很失望。你们都那么盼望比赛，现在却只能等待了。

b. 不要因此而失落。你们有的是比赛机会。

c. 教练做得对。有时候小雪可能会转成大雪。

3. 孩子正在玩你新买的珍珠项链。

父母 a. 我跟你讲过多少次了，不要动我的首饰！你真是个不听话的孩子。

b. 不要玩妈妈的珍珠项链。小心弄坏了。

c. 你很喜欢我的项链，问题是，它们很容易就弄断了。你可以玩这些木头串珠或围巾。

4. 孩子：我不喜欢蜘蛛。

父母 a. 哦。

b. 为什么不喜欢？它们也是大自然的一部分啊。

c. 我也不喜欢。

5. 孩子：（看起来焦虑）我明天要考数学期末考试了。

父母 a. 放轻松些，我相信你能考好。

b. 你平时要是多花时间学习的话，现在就不会发愁了。

c. 你听上去很发愁啊，我打赌你肯定很希望现在考试已经结束，并且也通过了。

6. 孩子用手抓着吃面。

父母 a. 你的用餐习惯真恶心。

b. 我知道用手吃东西一定感觉很棒。但全家一起吃饭的时候，我希望你用筷子吃。

c. 我简直不敢相信，你这么大了竟然还在用手抓东西吃。

7. 孩子：大卫想要带我参加学校的舞会。他人特别好，但是我还不知道……

父母：a. 哦，去吧。你会玩得很开心的。

b. 去还是不去，自己做决定吧。

c. 我知道了，你想去，又有些拿不定主意，是吧？

8. 孩子：我要离家出走。

父母 a. 好，我帮你打包。

b. 别犯傻了。我不想听到这种话。

c. 你听起来很不开心。我敢打赌你肯定希望好多事跟现在大不一样。

参考答案：1b 2a 3c 4a 5c 6b 7c 8c

材料二

实训任务材料二　学习回应感受	
练习时间：	练习地点：
咨询师 1：	咨询师 2：
咨询师 3：	咨询师 4：
在下列描述中，写出：a. 没有帮助的回应	b. 有帮助的回应
1. “我再也无法坚持下去了”	
没有帮助的回应	有帮助的回应
2. “为什么我会受到如此不公平的对待”	
没有帮助的回应	有帮助的回应
3. “我的妻子要跟我离婚”	
没有帮助的回应	有帮助的回应
4. “我的劳动任务太多了”	
没有帮助的回应	有帮助的回应
5. 求询者坐了很久，看起来很不开心	
没有帮助的回应	有帮助的回应

第四节　实训任务：问题解决导向式谈话

一、实训目的：

通过问题导向式谈话的模拟演练，使学习者能够初步体验和了解谈话的方向及重点。

二、参加人员：所有学生。

三、任务预计完成时间：60分钟。

四、具体步骤：

1. 每个同学阅读两份材料。5分钟。

2. 尝试找出对话当中咨询师使用的谈话技术，并在表格中标注。10分钟。

3. 老师带领同学对材料一的参考答案进行讨论。10分钟。

4. 2个同学为一组，选择其中一份谈话为模板，尝试模拟该谈话过程。10分钟。

5. 请一个小组为大家演示（或者老师演示）10分钟。

6. 教师对本次实训的重点陈述，回答问题。5分钟。

7. 布置课后材料三作业，每人一份。2分钟。

8. 分享结束时，每个小组将材料一与材料三的个人作业、材料二的小组作业交给老师，作为平时成绩考核的依据。5分钟。

五、教学助教工作：

1. 材料一和材料二提前印制，按照课程的进行阶段逐步分发学习材料。

2. 将完成材料一（5分）与材料二（5分）作业的同学成绩记录于考核表。

3. 老师为助教记录平时成绩。每人3分。

六、实训材料：

材料一

<table>
<tr><th colspan="4">实训任务材料一 问题解决导向式谈话</th></tr>
<tr><td colspan="2">练习时间：</td><td colspan="2">练习地点：</td></tr>
<tr><td colspan="2">咨询师 1：</td><td colspan="2">咨询师 2：</td></tr>
<tr><td colspan="4">练习感受及问题：</td></tr>
<tr><td></td><td>谈话内容</td><td>谈话技术</td><td>技术影响</td></tr>
<tr><td>1</td><td>咨询师：有警官告诉我说，你最近跟其他同改产生了很多的冲突？我想听听，这件事具体是什么样的状况。
求询者：哦，那是因为李秦用手打了我一下，所以我打了他。我们一直互相看不顺眼对方。
咨询师：哦，他这么对你，你不得不回击他。
求询者：是的。
咨询师：还有吗？
求询者：还有，我们队的警官也是不公平，老向着他。
咨询师：所以，你跟别人产生冲突，一方面是因为李秦打了你一巴掌，另一方面是因为你认为警官向着他。</td><td></td><td>倾听并回应求询者的感受和需要，不要评论他所说的，鼓励他把所有的感受都表达出来

弄清楚还有什么地方使他产生问题行为

总结对方的想法</td></tr>
<tr><td>2</td><td>咨询师：我也听说因为这次冲突，这个月的考核你的分值没有达到上个月的标准。我担心如果这个状况不能改变会影响你的考核减刑。</td><td></td><td>简短地说出咨询师的感受</td></tr>
<tr><td>3</td><td>咨询师：我们一起集思广益，看看有没有可能找到一些办法，把这个事情解决好。
求询者：把我调到别的监区；在合适的时候找李秦谈谈；找警官说出自己的想法；把李秦揍一顿，泄泄气；或者给李秦或者警官写一封信进行沟通。</td><td></td><td>邀请对方一起寻找解决方案，并写下所有的想法。但是不对这些想法做好坏的评价，可能的话，让求询者先来</td></tr>
</table>

续表

<table>
<tr><th colspan="4">实训任务材料一　问题解决导向式谈话</th></tr>
<tr><td>4</td><td>咨询师：揍一顿，这个办法可以让你暂时情绪缓解，不过后续会带给你自己更多的麻烦；把你调离监区，目前监区的人员较多，估计很难实现。
求询者：直接找李秦谈，我抹不开面子，也不太会说话，跟警官也是。
咨询师：那你觉得把自己的疑惑、想法用信件的方式告诉他们怎么样？
求询者：这样不错，可是我不太会写字。你能帮我写吗？
咨询师：可以，你说，我来帮你写下来。</td><td></td><td>挑出哪些你们不接受，哪些你接受的建议。并且计划如何执行</td></tr>
</table>

材料二

<table>
<tr><th colspan="4">实训任务材料二　问题解决导向式谈话</th></tr>
<tr><td colspan="2">练习时间：</td><td colspan="2">练习地点：</td></tr>
<tr><td colspan="2">咨询师 1：</td><td colspan="2">咨询师 2：</td></tr>
<tr><td colspan="4">练习感受及问题：</td></tr>
<tr><td></td><td>谈话内容</td><td>谈话技术</td><td>技术影响</td></tr>
<tr><td>1</td><td>咨询师：我注意到，你最近和别人产生口角冲突。是这样吗？
求询者：就是，他们那些人真讨厌。他们总是让我很烦。他们总是在我心烦的时候，在旁边吵个不停。所以我就对他们说，一群疯子。
咨询师：（回应他们的感受，继续你们的谈话）所以，你这样说的时候，是想用这样的方式表达：请让我安静一会儿。
求询者：是的。
咨询师：还有其他事情让你生气、烦心的吗？
求询者：（他还有哪些要补充的）最近心情烦躁，生产任务没有完成好，被警官批评，考核分受到影响。
咨询师：所以，不光是你同改的申请打扰到你，还有因为你烦躁的情绪，使你的考核分受到影响。
求询者：是的。</td><td></td><td>倾听并回应求询者的感受和需要，不要评论他所说的，鼓励他把所有的感受都表达出来

弄清楚还有什么问题使他们产生问题行为

总结对方的想法</td></tr>
</table>

续表

实训任务材料二　问题解决导向式谈话			
2	咨询师：我谈一下我的想法。听完你刚才所说的情况，我发现，似乎在这两件事情的背后，都有你烦躁情绪的出现。不良情绪会影响我们整个的思想、行为状态，会使我们错误地解释别人的行为，也会产生过激的行为应对问题。我有些担心，这个情绪还会对你产生不利影响。 求询者：是的，最近我的情绪一直很差，总觉得无所事事，但是内心又特别的烦躁。		咨询师说出自己的感受和想法。要简短
3	咨询师：让我们一起来看看这个烦躁情绪该怎样疏导，或者下次碰到相同的问题，我们可以怎样更好地解决。		邀请对方一起寻找解决方案
4	求询者：或者跟警官说说，把我的考核分"特殊照顾下"；或者，我心情烦躁的时候，自己找一个地方平静下；或者，我可以写下自己的心情故事；或者我可以找个可信任的朋友说说。		并写下所有的想法。但是不对这些想法作好坏的评价，可能的话，让求询者先来
5	咨询师：前面的"特殊照顾"不可能做到，这对其他服刑人员不公平。后面三个是很好的想法，可以试试。 求询者：如果我试了后面三个，我的烦躁心情还是解决不了，怎么办？ 咨询师：那到时候，我们在一起找找究竟是怎样的问题影响你的心情。我们可以一起探寻。		挑出哪些你们不接受，哪些你们接受的建议。并且计划如何执行
6	咨询师：我们初步决定就这样做。我也会把刚才共同的决定记录在我们的咨询小结里。		为所达成的共识握手

材料三

<table>
<tr><th colspan="2">实训任务材料三　问题解决导向式谈话</th></tr>
<tr><td colspan="2">练习时间：　　　　　　　　　　　　练习地点：</td></tr>
<tr><td colspan="2">咨询师 1：　　　　　　　　　　　　咨询师 2：</td></tr>
<tr><td>练习感受及问题：</td><td></td></tr>
<tr><td>对话（已包含参考）</td><td>咨询师的观察</td></tr>
<tr><td>“你好！我有什么可以帮到你？”
“我最近非常担心一件事情。”
“什么事情？”
“我们监区这次将要考核，表现好的就给记分减刑，但我担心这次减刑我评不上。”
“你很在意这次评比。”
“对，这是机会。”
“你担心什么？”
“担心我的同改会跟管教干警说我的坏话。”
“他们会说什么坏话呢？”
“他们会说我是个小气鬼，会说‘他烟都没请我们抽过一次’。”
“你平时和同改的交往怎样？”（这个问题是可以问的，这里问得有些太快，同改的坏话还可再问得详细一些。）
“平时我不怎么和他们交往。”
“那你怎么知道别人怎么说你的呢？在什么时间什么地方说你的？”（虽然这个确认是必要的，但语气上有些硬，仿佛律师在取证。）
“是在入监集训时。有一天集训完我实在太累了，在宿舍先睡了，结果那些人就一直拿我说事。”
“这件事对你的影响是什么？”
“我觉得不能信任任何人，他们肯定和更多的人说了这件事。我走在路上，别人看我一眼，我就知道这个人心里肯定在想：‘这就是那个小气鬼’。”（很重要的细节是“泛化”，这往往是精神分裂症与正常群体的一个分界线，因而需要详细询问、仔细辨别。）</td><td></td></tr>
</table>

续表

实训任务材料三　问题解决导向式谈话	
"是不认识你的人吗？" "是啊，这件事情会传出去的呀！"（呈现出思维偏执状态） "还有其他让你担心的事情吗？" "没有。" "你跟其他人谈过这件事情吗？" "我没有什么朋友。"（孤立性。） "你不是本省人？" "是的。" "那你跟管教干警谈过吗？" "没有。他们不知道。你会跟管教干警说这件事吗？"（思维偏执的状态再次呈现。） "心理咨询会遵守保密原则，这一点你放心好了。就这一件事情让你有这么大的心理负担吗？"（潜台词是说"这件事不应让你有这么大的心理负担"，这会让来访者感觉被指责。） "这件事对我今后的考核减刑都会有影响。谁都不会给我说好话。"（把事情极端化。） "这件事情是什么时候发生的？"（在前文中已提及事情发生的时间，但没有倾听。） "是刚进来的时候啊！" （顿涩、沉默。） "这件事情对你有什么影响吗？"（和上文已问过的问题相似。） "我就不敢和别人交往啊，做什么事情都独来独往。" "那没有发生这件事情的时候，你和他们在一起吗？" "没有。"（需要详细考察之处。来访者这种行为是因为具体事情而引发的，还是人格特质就是如此，即在之前也有类似的行为。） "今天你到这里来还有其他困扰你的事情吗？" "没有。" "你跟别的人说过这件事吗？"（重复提问。） "我跟你说过，我没有跟什么人往来的。" "也就是说，这件事情让你很自卑、很不爽。" "嗯，不能信任任何人。你不会对其他人说吧？！"（再次表现思维偏执） "你和同改沟通吗？" "我不和他们在一起。"	

续表

实训任务材料三　问题解决导向式谈话

（顿涩、沉默。）
“那你睡觉和吃饭都还好吧？”
“我自己睡自己的，自己吃自己的，不和别人在一起。”
“你的劳动任务完成得怎么样？”
“该做就做。”
“你的改造表现呢？”
“不好也不坏。”
“你跟干警的关系呢？”
“还行。”
（顿涩、沉默。）
“如果，如果你的同改真的对管教干警讲了，会怎样？”
“我的减刑机会就会没有了，不减刑，在这里待上十多年，我这一辈子就没有希望了。我越发认为人是不可信任的。”（极端化、夸大化思维。）
（沉默。）
“那你平时除了劳动，有其他爱好吗？”
“我平时就是看看书，不参加其他活动。”
“你父母跟你现在关系怎么样？”
“他们很忙。”
“你对他们的印象怎样？”
“他们挺好的。”
“我觉得你目前的问题是由考核减刑引起的困惑，有些抑郁，因为，你过分看重减刑才会有这样的想法。但这毕竟只是一种想法，只有考核结果出来才能验证是不是真的。在这期间你需要认真改造。”

评价：这是做得比较糟糕的练习片断。扮演咨询师的学员没有很好地倾听，有数次重复的提问，对已经得到的信息仍继续提问。由于没有甄别出关键信息，没有就一些关键细节追问，尤其是没有掌握诊断标准，所以咨询过程非常生涩，不时会出现沉默和断档，流畅性不够，节奏乱。越到后面，扮演咨询师的学员越失去了章法。而最后的诊断为一般抑郁情绪，更是大错特错。对该来访者，应考虑偏执性精神分裂症或偏执型人格障碍，需要确认来访者的偏执、不信任、极端是由具体事件引发的、变化的结果，还是一直稳定的。前者更有可能是精神分裂症，后者更有可能是人格障碍。

第五节　实训任务：初次面谈练习

一、实训目的：通过初次面谈练习，使学生掌握谈话的大致思路，熟悉结构性的告知事项内容，与求询者建立良好的咨访关系。

二、参加人员：学生 2 人为一组进行练习，含少量 3 人组。全班参与。

三、任务完成预计时间：40 分钟。

四、具体步骤：

1. 每组 2 个人轮流扮演咨询师与求询者，进行咨询初次接触。5 分钟。

2. 求询者陈述的问题可以是自己的问题，也可以是扮演的服刑人员的问题。5 分钟。

3. 录制下每一轮扮演的对话语言，双方共同讨论彼此的感受。5 分钟。

4. 写下彼此作为咨询师面谈时的问题或者疑惑。5 分钟。

5. 教师呈现面谈的可借鉴方式（视频或者现场演示）10 分钟。

6. 两两小组合并，寻找问题解决的途径或可行性方案。10 分钟。

五、教学助教工作：

1. 准备好“初次面谈练习反馈表”。

2. 将完成练习，填写完反馈表同学的成绩记录于考核表。每人 3 分。

3. 老师为助教记录平时成绩。每人 3 分。

六、实训材料：

1. 录音工具。

2. 白纸、笔。

3. 初次面谈练习反馈表。

<table>
<tr><th colspan="4">初次面谈练习反馈表</th></tr>
<tr><td colspan="2">练习时间：</td><td colspan="2">练习地点：</td></tr>
<tr><td colspan="2">咨询师（姓名：　　学号：　　）</td><td colspan="2">求询者（姓名：　　学号：　　）</td></tr>
<tr><td colspan="2">咨询师的练习感受及问题：</td><td colspan="2">求询者的练习感受及问题：</td></tr>
<tr><td>结　构</td><td>内　容</td><td>未完成</td><td>完　成</td></tr>
<tr><td rowspan="6">初次面谈可能涉及的内容</td><td>解释心理咨询的工作内容</td><td></td><td></td></tr>
<tr><td>告知求询者咨询的原则</td><td></td><td></td></tr>
<tr><td>解释自己的工作角色</td><td></td><td></td></tr>
<tr><td>告知对求询者的期望：守时、积极主动、积极反馈……</td><td></td><td></td></tr>
<tr><td>心理咨询保密原则</td><td></td><td></td></tr>
<tr><td>了解求询者的问题</td><td></td><td></td></tr>
<tr><td rowspan="2">咨询关系</td><td>建立宽容接纳的咨询气氛</td><td></td><td></td></tr>
<tr><td>表现出对求询者有能力、有可能解决问题的信任</td><td></td><td></td></tr>
</table>

第六节　实训任务：心理抵抗知识要点整理及面谈练习

一、实训目的：对抵抗的求询服刑人员从理论与实际应对上进行知识建构与活动体验，获得处理抵抗型求询者的心态与技能的准备。

二、参加人员：学生2人为一组进行练习，含少量3人组。全班参与。

三、任务完成时间：45分钟。

四、具体步骤：

1. 知识要点整理：请根据教参中有关服刑人员对心理咨询活动的抵抗内容，整理知识思维导图。15分钟。

2.2 人一组，进行咨询面谈练习。其中，求询者可以根据谈话实际，适时适度呈现“心理抵抗”，咨询师尝试对抵抗进行应对。然后填写下面表格“心理抵抗应对练习反馈表”。20 分钟。

3. 请其中一组来现场演示或者老师模拟演示。老师与学生共同学习分享，发现问题并探讨。15 分钟。

4. 教师总结概括。10 分钟。

五、教学助教工作：

1. 准备好“心理抵抗应对练习反馈表”。

2. 收集反馈表作业及思维导图作业。

3. 将完成练习，填写完反馈表同学的成绩记录于考核表。每人 3 分。

4. 将参与展示的小组同学成绩记录于考核表。每人 5 分。

5. 老师为助教记录平时的成绩。每人 3 分。

六、实训材料：

1. A4 纸、笔。

2. 录音笔。

3. 心理抵抗应对练习反馈表。

<table>
<tr><th colspan="2">心理抵抗应对练习反馈表</th></tr>
<tr><td colspan="2">练习时间：　　　　　　　　　　　　　　练习地点：</td></tr>
<tr><td colspan="2">咨询师（姓名：　　　　　　学号：　　　　　　）
求询者（姓名：　　　　　　学号：　　　　　　）</td></tr>
<tr><td>咨询师练习感受及问题：</td><td>求询者练习感受及问题：</td></tr>
<tr><td>求询者的抵抗表现</td><td>咨询师反应</td></tr>
<tr><td></td><td></td></tr>
<tr><td>咨询师已完成的应对</td><td>咨询师可完善的应对</td></tr>
<tr><td></td><td></td></tr>
</table>

七、练习参考

服刑人员的抵抗表现	来访者可能把自己表现为不需要帮助的、感到屈辱的 不愿意和咨询师建立关系 任何有可能的情况下反对咨询师 尽可能早的时候中止咨询 暴躁，甚至会辱骂和攻击 过度地配合 从不完成任何任务 制定不现实的或无法达到的目标 在改变行为上几乎不做任何努力 有意地沉默或不说话 迟到或者不露面 逃避责任等
咨询师反应	认知反应：注意力分散，被迷惑 情绪反应：激动、敌意、惊慌、受伤、内疚甚至愤怒 行为反应：攻击，逃避
咨询师对抵抗的应对建议	具体措施： 把抵抗看成是正常的，把抵抗看成一个治疗问题。抵抗很少会自行消失，然而，当它被识别而且被认真探究时，服刑人员和咨询师将更有可能越过它而继续前进 一定要知道哪些阶段会出现服刑人员的抵抗 咨询师觉察到自己对遇到抵抗的感受，意识到抵抗的产生 识别并且区分抵抗行为产生的原因 服刑人员自己的动机（包括是否是被强迫） 咨询师自己的动机 服刑人员心理咨询计划和过程中出现的问题 和服刑人员讨论在建立咨询关系中所产生的抵抗，站在有利于求询者问题解决的角度，双方共同探讨处理抵抗的可能性措施

第七节　实训任务：咨询师如何应对服刑人员的沉默与多话

一、实训目的：对沉默与多话的求询服刑人员进行感受体验，通过面谈练习获得应对的技能。

二、参加人员：学生 2 人为一组进行练习，含少量 3 人组。全班参与。

三、任务完成时间：60 分钟。

四、具体步骤：

1. 阅读完材料一，2 人讨论应对来访服刑人员出现上述现象该如何处理，有何想法。10 分钟。

2. 尝试 2 人一组，依次轮流扮演上述的沉默和多话两种情景中的心理咨询师和服刑人员角色。15 分钟。

3. 填写材料二中"沉默或多话咨询师应对练习反馈表"。5 分钟。

4. 扮演结束后，两两小组合并，共同分享自己的体验。15 分钟。

5. 某小组展示，或者老师对话模拟展示 5 分钟。

6. 老师与同学共同交流讨论。10 分钟。

五、教学助教工作：

1. 准备好材料一和材料二。

2. 将完成练习，填写完反馈表同学的成绩记录于考核表。每人 3 分。

3. 将参与展示的小组同学成绩记录于考核表。每人 5 分。

4. 老师为助教记录平时成绩。每人 3 分。

六、实训材料：

1.A4 纸、笔。

2. 录音笔。

材料一

与来访者谈话是治疗的基本规则之一。如果这一规则遭到破坏，其他就都变得不确定。偶尔，我们会治疗一些人，通常是小孩，他们不那么善于口头表达，如果要回答问题，也只会以单音节字做回应，而且不肯定、模糊不清，或者所答非所问。我们可以尝试书本上任何的诀窍——相互凝视、询问、独白、卡片游戏，但最后他们可能仍保持沉默。面对小孩比较好办，因为仍然有许多非语言的方法可用，用这样的方法，时间可以过得有意义。

但面对过分被动或退缩的成人，我们可能会感到度日如年。当那些人进入房间时——如果时钟没有彻底停下的话——我想时钟肯定也已经慢了下来，他们体内激素中的某些物质可以阻止时间。最初我们像杂耍演员，手舞足蹈以博人一笑，我们唱歌、跳舞，就差表演脱衣舞了，而那沉默的来访者却只会宽容地看着。

“你为什么来这儿呢？”

“不清楚。”

（积极倾听）“你好像有点不确定和困惑。”

“嗯——哼。”

（等着他多说点。沉默了 4 分钟。）

（积极倾听。）“对你来说，很难在这里讲话。”

“嗯——哼。”

（再次尝试，表示安慰）“嗯，我的意思是，面对一个完全陌生的人，大部分的人都会觉得不知如何开口。”

“对。”

（开放性提问）“你能跟我说一点困扰你的事吗？”

“我的母亲。”

（坚持）“这只是一点点，那详细的情况呢？”

“她不理解我。”

最后，终于有了一个突破！那段治疗将会以它无休止的节奏展开。一旦我们捕捉到任何有关来访者情感、判断和关注方面的线索，我们会慢慢但坚定地探究其外表和内在，利用线索并把它和以前的谈话内容结合起来。渐渐的，我们帮助这些人更多地表露，但这要花许多功夫。

同样让人头痛的是，有些来访者不停地说，但几乎没什么内容，而且从不倾听。这些来访者同样具有使时钟慢下来的能力。他们成为强迫性谈话者太久了，估计除了火警警报外，他们对外界的插话、质问、鼾声或限制他们说话的规定都完全不予理睬。有时当他们喘气时、喝水时或停下来开支票时，他们会让咨询师说一分钟——如果我们说得快的话，只能说上几分钟——不过停顿之后，又是他们继续唱独角戏。让人非常惊讶的是，在下一个治疗时段开始时，来访者会准确记得上次他停止的地方，然后接着继续，仿佛这中间只是相隔了片刻而非一周。来访者这样做的意图很显然是想避免听见任何引起不快的话。最终，通过耐心和坚持不懈，并设法与来访者建立信任，我们可以使来访者改变。

无论面对沉默寡言还是喋喋不休的来访者，治疗师更需要做的是尽量少干预。我们越想控制治疗过程，那些妨碍性的行为就会越持续。其实我们对此很清楚，仍不能或不愿克制自己控制周围的冲动，和来访者一小时接一小时地坐在那儿，并与他感同身受，而他却全然沉浸在自己的世界里，这对咨询师来说，可真是一个巨大的挑战。

材料二

沉默或多话咨询师应对练习反馈表	
练习时间：	练习地点：
咨询师（姓名：　　学号：　　）	求询者（姓名：　　学号：　　）
内　容	具体表现
求询者的抵抗表现（沉默或者多话）	
咨询师感受	
咨询师已做出的应对	
咨询师可完善的应对	

第八节　实训任务：寻找你最愿意和最不愿意面谈的求询者

一、实训目的：通过寻找作为咨询师的自己最愿意和最不愿意面谈的求询者，使学习者对自己的内在好恶、价值观、包容进行自查，从而深刻体验咨询师角色的要求以及自己成长的方向，以及对自己的咨询活动形成良好的自我觉察意识。

二、参加人员：学生 2 人为一组进行练习，含少量 3 人组。全班参与。

三、任务完成时间：30 分钟。

四、具体步骤：

1. 这段材料使你想到了什么，请你跟你的同伴进行分享。10 分钟。

2. 从上述类型中，挑出你最想见和最不想见的类型，并尝试说明你所想到的原因及对自己的咨询可能带来的影响是什么。15 分钟。

3. 请愿意的同学向其他同学展示。10 分钟。

4. 老师结合教学内容，与同学进行讨论总结。10 分钟。

五、教学助教工作：

1. 准备好“寻找咨询师最愿意和最不愿意面对的求助者练习反馈表”。

2. 收集反馈表作业及思维导图作业。

3. 将完成练习，填写完反馈表同学的成绩记录于考核表。每人 3 分。

4. 将参与展示的小组同学成绩记录于考核表。每人 5 分。

5. 老师为助教记录平时成绩。每人 3 分。

六、实训材料：

1. 文字材料：以下材料是从《心理治疗师之路》之中选取的部分内容。请学习者在初步了解服刑人员的普遍心理特点后，阅读此部分材料，讨论分享。

困难的个案

有经验的治疗师对哪类来访者会成为困难的案例是有共识的。边缘型人格、反社会人格以及那些行为障碍者最考验治疗师的耐性和防御能力，他们带给治疗师最大的挑战、愈后不乐观，如果有进展的话也很慢！治疗师很可能要忍受操纵、强烈并痛苦的移情以及投射性认同的结果。

对那些令治疗师最有压力的来访者的行为进行研究后发现，最常见的行为有自杀的威胁、愤怒的表达、敌意的态度、重度抑郁、情感冷漠和提前终止。一些调查表明（Corey & Corey，2007; Farber & Heifetz，1981; Deutsch，1984; Robbins，Beck，Mueller，Mizener，1988; Kottler，1992），最让治疗师感到头疼和麻烦的来访者主要有下面这些类型：

有生理障碍的来访者（中风、脑内伤）

有重型精神病症状（主要是幻觉和错觉）的来访者，但仍然需要接受治疗

有隐藏工作内容的来访者（工人的赔偿和法庭的转诊）

忽视规则的来访者（习惯性地迟到或者失约）

向外推卸责任的来访者（这不是我的错）

拒绝承担责任的来访者（你得把我治好）

喜欢争执的来访者（敌意和怀疑论者）

害怕亲密关系的来访者（逃避或引诱的行为）

感情太丰富又不能控制的来访者

不包容的来访者（要求那些你不能或不会给他的东西）

袭击治疗师死穴来访者（指出哪些治疗室未能解决的问题）

没有耐性的来访者（快点治好我）

刻板而就事论事钓来访者（不能挖掘和表达内心状态）

有明显自杀倾向的来访者

不能控制冲动的来访者（犯罪者、物质依赖者）

生活处于困境中的来访者（无家可归，贫穷），这使得与最急需的相比，治疗显得无足轻重

限制你对语言（文字和肢体语言）的使用的来访者

这么一张单子似乎让人觉得我们所有的来访者都很麻烦。作为治疗师、我

们会看到那些有悖常理的、怪异的，有时甚至是邪恶的人性。我们常常会目睹残忍、冲突、欺骗、操纵、愤世嫉俗、猜疑和背叛。我们看到的绝对是他们最糟糕的时候，我们知道了他们最秘密、隐藏的自我。我们是鼓励他们在失望、离婚和濒临死亡后爬起来的亲人。

我们遇到过这样的来访者，他们生活的主要目的似乎就是为了使他人痛苦。他们已经陷在反社会、自恋、歇斯底里和边缘行为这些既复杂又成问题的人格中不能自拔。他们知道如何让我们无可奈何，而达到这个目的后，他们会有一种满足感。尽管我们肯定会愤怒、失望和困惑，但我们仍应保持清醒，要知道，只要我们能在这样的行为面前保持镇定和克制，就能让来访者软下来。

但是很有趣的一点是，要评选出什么是最麻烦的案例，治疗师彼此的意见并不一致，比如一般治疗师都害怕接待那些人格分裂或有边缘障碍的来访者，可就有一些治疗师偏爱这些案例的戏剧性和挑战性。一些临床治疗师茁壮成长于挑战人格障碍，而另一些临床治疗师则对那些有明显精神病症状的人、药物滥用者或智力受损者，不仅非常有耐心，而且治疗卓有成效。其实真正有意义的是，认真确认谁是我们最想见和最不想见的来访者，并分析这对你说明了什么。

2. 表格

实训任务　寻找咨询师最愿意和最不愿意面对的求助者练习反馈表			
练习时间：		练习地点：	
咨询师（姓名：　　　学号：　　　）			
		对咨询带来的影响	可能的原因
最想见的类型	1		
	2		
	3		
	4		
最不想见的类型	1		
	2		
	3		
	4		

第九节　实训任务：自我剖析报告撰写

一、实训目的：学习者通过完成自我剖析报告来学会运用心理学的专业知识分析自我。

二、参加人员：全班同学。

三、任务完成时间：1~2 小时。

四、具体步骤：

每个学习者在课后从心理学的角度完成自我剖析报告一份。

第四章　监狱服刑人员心理咨询情绪处理实训任务

第一节　实训任务：刑事司法系统是否有责任培养和发展服刑人员的共情？

一、实训目的：通过辩论，使学习者深入思考培养和发展服刑人员共情能力在心理咨询中的重要性及可行性。

二、参加人员：辩论小组，共计 8 人。

三、任务完成时间：辩论时间 20 分钟，准备时间 1 天。

四、具体步骤：

1. 选取学生 8 人，分为 2 个小组，正方和反方。

2. 提前一周准备辩论材料。

3. 课堂辩论 20 分钟。

4. 同学反馈和讨论。

5. 教师概括和总结。

五、教学助教工作：

1. 做好辩论小组分组工作。

2. 辩论辅助工作（计时，记录，安排评审人员，准备奖品）。

3. 给参加辩论的同学记录考核成绩（每人 10 分）。

4. 老师为助教记录平时成绩。

第二节　实训任务：咨询师自我情绪的调整

一、实训目的：角色扮演及咨询师小组讨论，使学习者做好自我情绪情感的调整及应对。

二、参加人员：全班同学，2 人为一组。

三、任务完成时间：45 分钟。

四、具体步骤：

1. 全班同学分为 2 个小组，完成角色扮演，并记录下对该问题解决的应对策略、问题。25 分钟。

2. 请 1~2 个小组在班级分享讨论。15 分钟。

3. 教师概括和总结。5 分钟。

五、教学助教工作：

1. 做好小组分组工作。

2. 给参与分享的同学记录考核成绩。每人 5 分。

3. 老师为助教记录平时成绩。每人 3 分。

六、实训材料：

<table>
<tr><th colspan="4">实训任务：咨询师自我情绪的调整</th></tr>
<tr><td colspan="2">练习时间：</td><td colspan="2">练习地点：</td></tr>
<tr><td>姓名：</td><td>学号：</td><td>姓名：</td><td>学号：</td></tr>
<tr><td colspan="4">当咨询一个服刑人员时，你开始感觉对这个人性格的厌恶，如果是这样，什么时候、你做些什么事情来处理你的感情？</td></tr>
<tr><td colspan="4">咨询师小组考虑的应对策略：</td></tr>
<tr><td colspan="4">咨询师小组的问题：</td></tr>
</table>

第三节　实训任务：如何处理未成年服刑人员创伤影响的情绪问题

一、实训目的：角色扮演及咨询师小组讨论，使学习者应对因创伤而引发的情绪问题。

二、参加人员：全班同学，2 人为一组。

三、任务完成时间：45 分钟。

四、具体步骤：

1. 全班同学分为 2 个小组，完成角色扮演，并记录下对该问题解决的应对策略、问题。25 分钟。

2. 请 1~2 个小组在班级分享讨论。15 分钟。

3. 教师概括和总结。5 分钟。

五、教学助教工作：

1. 做好小组分组工作。

2. 给参与分享的同学记录考核成绩。每人 5 分。

3. 老师为助教记录平时成绩。每人 3 分。

六、实训材料：

<table>
<tr><td colspan="2">实训任务：如何处理未成年服刑人员创伤影响的情绪问题</td></tr>
<tr><td colspan="2">练习时间：　　　　　　　　　　　　练习地点：</td></tr>
<tr><td>姓名：　　　　　学号：</td><td>姓名：　　　　　学号：</td></tr>
<tr><td colspan="2">你正在咨询一个男性少年犯团体，他们在小学阶段均反复遭受过身体的、性的以及情绪上的虐待。他们都通过犯罪来处理年幼时受到的身体上或性方面的虐待，并且他们的情绪都被深深印刻幼时的不良印记。对这些未成年孩子的咨询，你如何进行？咨询中你将处理哪些方面的问题？</td></tr>
<tr><td colspan="2">咨询师小组考虑的应对策略：</td></tr>
<tr><td colspan="2">咨询师小组的问题：</td></tr>
</table>

第四节　实训任务：咨询中如何处理服刑人员的言语挑衅

一、实训目的：角色扮演及咨询师小组讨论，使学习者积极有效地做好咨询中服刑人员言语挑衅的应对。

二、参加人员：全班同学，2 人为一组。

三、任务完成时间：45 分钟。

四、具体步骤：

1. 全班同学分为 2 个小组，完成角色扮演，并记录下对该问题解决的应对策略、问题。25 分钟。

2. 请 1~2 个小组在班级分享讨论。15 分钟。

3. 教师概括和总结。5 分钟。

五、教学助教工作：

1. 做好小组分组工作。

2. 给参与分享的同学记录考核成绩。每人 5 分。

3. 老师为助教记录平时成绩。每人 3 分。

六、实训材料：

<table>
<tr><td colspan="2">实训任务：咨询中如何处理服刑人员的言语挑衅</td></tr>
<tr><td>练习时间：</td><td>练习地点：</td></tr>
<tr><td>姓名：　　　　　学号：</td><td>姓名：　　　　　学号：</td></tr>
<tr><td colspan="2">一名服刑人员在咨询当中侮辱你和你的母亲，你被激怒，他又动手推搡你。由于服刑人员口出恶言，导致你想要猛击服刑人员。这会发生什么事情？此刻咨询将如何继续下去？</td></tr>
<tr><td colspan="2">咨询师小组考虑的应对策略：</td></tr>
<tr><td colspan="2">咨询师小组的问题：</td></tr>
</table>

第五节　实训任务：如何处理服刑人员的人际回避

一、实训目的：角色扮演及咨询师小组讨论，使学习者积极有效地做好咨询中服刑人员人际回避的应对。

二、参加人员：全班同学，2 人为一组。

三、任务完成时间：45 分钟。

四、具体步骤：

1. 全班同学分为 2 个小组，完成角色扮演，并记录下对该问题解决的应对策略、问题。25 分钟。

2. 请 1~2 个小组在班级分享讨论。15 分钟。

3. 教师概括和总结。5 分钟。

五、教学助教工作：

1. 做好小组分组工作。

2. 给参与分享的同学记录考核成绩。每人 5 分。

3. 老师为助教记录平时成绩。每人 3 分。

六、实训材料：

<table>
<tr><th colspan="2">实训任务：如何处理服刑人员的人际回避</th></tr>
<tr><td colspan="2">练习时间：　　　　　　　　　　　　　　　练习地点：</td></tr>
<tr><td>姓名：　　　　　　　学号：</td><td>姓名：　　　　　　　学号：</td></tr>
<tr><td colspan="2">咨询中一个服刑人员叙说他感到想要躲藏或不想与他人交往。你也注意到这个服刑人员不能与你保持视线接触。你怎样处理这种情况？这名服刑人员可能正在体验什么情绪？你做些什么帮助这个服刑人员？</td></tr>
<tr><td colspan="2">咨询师小组考虑的应对策略：</td></tr>
<tr><td colspan="2">咨询师小组的问题：</td></tr>
</table>

第六节　实训任务：制定激情犯罪型服刑人员的情绪管理策略

一、实训目的：角色扮演及咨询师小组讨论，使学习者积极有效地为激情犯罪型服刑人员制定情绪管理策略。

二、参加人员：全班同学，2 人为一组。

三、任务完成时间：45 分钟。

四、具体步骤：

1. 全班同学分为 2 个小组，完成角色扮演，并记录下对该问题解决的应对策略、问题。25 分钟。

2. 请 1~2 个小组在班级分享讨论。15 分钟。

3. 教师概括和总结。5 分钟。

五、教学助教工作：

1. 做好小组分组工作。

2. 给参与分享的同学记录考核成绩。每人 5 分。

3. 老师为助教记录平时成绩。每人 3 分。

六、实训材料：

<table>
<tr><td colspan="4">实训任务：制定激情犯罪型服刑人员的情绪管理策略</td></tr>
<tr><td colspan="2">练习时间：</td><td colspan="2">练习地点：</td></tr>
<tr><td>姓名：</td><td>学号：</td><td>姓名：</td><td>学号：</td></tr>
<tr><td colspan="4">在监狱里你正在咨询一个服刑人员，这个服刑人员在他妻子和她的情人发生性关系时走进去杀死了他妻子的情人。当目睹这种不贞行为后，服刑人员十分冲动并且失去理智，他因此而“被定罪”。在咨询期间，这个服刑人员不断地重复他不知道发生了什么，他以前连一只苍蝇都没有伤害过，他不能回忆起发生过什么，为此他很难过。你如何为他做咨询？</td></tr>
<tr><td colspan="4">咨询师小组考虑的应对策略：</td></tr>
<tr><td colspan="4">咨询师小组的问题：</td></tr>
</table>

第五章　监狱服刑人员心理咨询常见问题实训任务

第一节　实训任务：设计未成年服刑人员的咨询方案

一、实训目的：通过咨询师小组讨论，方案的设计，使学习者对未成年服刑人员的咨询做好初步准备，了解应对这一类人群需要考虑的要素。

二、参加人员：全班同学，2 人为一组。

三、任务完成时间：45 分钟。

四、具体步骤：

1. 全班同学分为 2 个小组，完成角色扮演，并记录下对该问题解决的应对策略、问题。25 分钟。

2. 请 1~2 个小组在班级分享讨论。15 分钟。

3. 教师概括和总结。5 分钟。

五、教学助教工作：

1. 做好小组分组工作。

2. 给参与分享的同学记录考核成绩。每人 5 分。

3. 老师为助教记录平时成绩。每人 3 分。

六、实训材料：

<table>
<tr><td colspan="2">实训任务：设计未成年服刑人员的咨询方案</td></tr>
<tr><td colspan="2">练习时间：　　　　　　　　　　　　　练习地点：</td></tr>
<tr><td>姓名：　　　　　学号：</td><td>姓名：　　　　　学号：</td></tr>
<tr><td colspan="2">你需要对一个16岁的男孩进行咨询。他曾是一个帮派成员，在一次聚众斗殴中，将另外一名少年殴打重伤。你将如何设计对这个未成年服刑人员的咨询？你需要了解哪些问题？你设计出了哪些咨询方案？</td></tr>
<tr><td colspan="2">咨询师小组考虑的应对策略：</td></tr>
<tr><td colspan="2">咨询师小组的问题：</td></tr>
</table>

第二节　实训任务：设计年老或年长服刑人员的咨询方案

一、实训目的：通过咨询师小组讨论，方案的设计，使学习者对年长或年老服刑人员的咨询做好初步准备，了解应对这一类人群需要考虑的要素。

二、参加人员：全班同学，2人为一组。

三、任务完成时间：45分钟。

四、具体步骤：

1. 全班同学分为2个小组，完成角色扮演，并记录下对该问题解决的应对策略、问题。25 分钟。

2. 请 1~2 个小组在班级分享讨论。15 分钟。

3. 教师概括和总结。5 分钟。

五、教学助教工作：

1. 做好小组分组工作。

2. 给参与分享的同学记录考核成绩。每人 5 分。

3. 老师为助教记录平时成绩。每人 3 分。

六、实训材料：

实训任务：设计年老或年长服刑人员的咨询方案	
练习时间：	练习地点：
姓名：　　　　学号：	姓名：　　　　学号：
你作为咨询师，被分派到一组老年男性服刑人员中。你需要去应对他们重复出现的一系列问题：医疗问题、无法看到他们的儿孙、不想死在狱中。而且，有些人已经开始出现老年痴呆症状。你将怎样解决他们所担心的事情？	
咨询师小组考虑的应对策略：	
咨询师小组的问题：	

第三节　实训任务：设计女性服刑人员的咨询方案

一、实训目的：通过咨询师小组讨论，方案的设计，使学习者对女性服刑人员的咨询做好初步准备，了解应对这一类人群需要考虑的要素。

二、参加人员：全班同学，2 人为一组。

三、任务完成时间：45 分钟。

四、具体步骤：

1. 全班同学分为 2 个小组，完成角色扮演，并记录下对该问题解决的应对策略、问题。25 分钟。

2. 请 1~2 个小组在班级分享讨论。15 分钟。

3. 教师概括和总结。5 分钟。

五、教学助教工作：

1. 做好小组分组工作。

2. 给参与分享的同学记录考核成绩。每人 5 分。

3. 老师为助教记录平时成绩。每人 3 分。

六、实训材料：

<table>
<tr><td colspan="2" align="center">实训任务：设计女性服刑人员的咨询方案</td></tr>
<tr><td>练习时间：</td><td>练习地点：</td></tr>
<tr><td>姓名：　　　　　　学号：</td><td>姓名：　　　　　　学号：</td></tr>
<tr><td colspan="2">你正在咨询一位女性服刑人员。她正盼望着她的孩子来看她。她已经有一年多的时间没有看到孩子了，所以对这次会面非常地期待。可是在最近的电话联系中得知，孩子害怕到监狱来看妈妈，不想来了。照看孩子的人也没有办法强迫孩子。因此，她现在悲痛、失望至极。你如何应付这种情境？</td></tr>
<tr><td colspan="2">咨询师小组考虑的应对策略：</td></tr>
<tr><td colspan="2">咨询师小组的问题：</td></tr>
</table>

第四节　实训任务：设计创伤型服刑人员的咨询方案

一、实训目的：通过咨询师小组讨论，方案的设计，使学习者对创伤型服刑人员的咨询做好初步准备，了解应对这一类人群需要考虑的要素。

二、参加人员：全班同学，2人为一组。

三、任务完成时间：45分钟。

四、具体步骤：

1. 全班同学分为2个小组，完成角色扮演，并记录下对该问题解决的应对策略、问题。25分钟。

2. 请1~2个小组在班级分享讨论。15分钟。

3. 教师概括和总结。5分钟。

五、教学助教工作：

1. 做好小组分组工作。

2. 给参与分享的同学记录考核成绩。每人5分。

3. 老师为助教记录平时成绩。每人3分。

六、实训材料：

<table>
<tr><td colspan="2">实训任务：涉及创伤型服刑人员的咨询方案</td></tr>
<tr><td colspan="2">练习时间：　　　　　　练习地点：</td></tr>
<tr><td>姓名：　　　　　　学号：</td><td>姓名：　　　　　　学号：</td></tr>
<tr><td colspan="2">你正在咨询一位男性服刑人员。这名服刑人员在其 4 岁时母亲因为家中贫穷离开家再也没有回来。父亲缺乏教育孩子的时间和方法，并且因为怀有对其母亲的怨恨，因此经常因为他稍有差错而打他。因忍受不了父亲对他的责骂和毒打，在其 14 岁的时候离家出走过，后被父亲找回来，但是父亲仍旧通过“不打不成器”的方式教育他。他 16 岁后开始混社会，并且也容易激动易怒，最终因殴打致人死亡入狱服刑。你作为咨询师在考虑到他的过往经历时，你会考虑到应对该咨询情境的哪些因素？</td></tr>
<tr><td colspan="2">咨询师小组考虑的应对策略：</td></tr>
<tr><td colspan="2">咨询师小组的问题：</td></tr>
</table>